स्वतंत्र होना / पजिड़े से छूटना

स्वतंत्र कैसे हो और स्वतंत्रता में कैसे बने रहे

व्लादमीर सावचुक

बनिा आपत्तति के, पवत्रिशास्त्र के सभी उधारण न्यू कगि जेम्स संस्करण बाइबलि से हैं।

कॉपीराइट © 2018 व्लादमीर सावचुक
सर्वाधकिार सुरक्षति।

आईएसबीएन (paperback): 978-1-951201-34-0
आईएसबीएन (ebook): 978-1-951201-35-7

समर्पण

मै यह किताब उन सभी को समर्पित करता हूं जो इस समय अपने से बडी़ समस्याओं के साथ संघर्ष कर रहे है | आपकी सहायता मार्ग में है |

वषियसूची

बॉब लार्सन द्वारा फॉरवर्ड vii

परचिय - सहि हत्यारा 1

1.गधे को मत मारो 7

2.छे शैतानी आत्मा 17

3.खुला दरवाज़ा....................29

4.कब्र के कपड 43

5.बच्चों की रोटी....................59

6.स्वतंत्रता प्राप्त करे....................69

7.शैतान का चारा 81

8.सही स्वतंत्रता....................91

9.गढ़ों को तोडना 101

10.मन का नवीनीकरण....................113

11.जलते रहना....................127

12.जैसे आप बढ़ते जाए....................135

13.दो शाऊल की कहानी....................143

14.देने के लिए उठाया गया 151

कैसे उद्धार पाए 161

अधयन्न नर्दिेशकिा....................163

लेखक के वषिय म 177

जुडे. रहयिे....................179

टप्पिणयिा....................181

बॉब लार्सन द्वारा फॉरवर्ड

पादरी व्लादमिीर सावचुक एक अद्भुत युवापासवान हैं जन्हिें मुझे व्यक्तगित रूप से जानने का सौभाग्य प्राप्त हुआ है। उनकी क्रयिाशील सेवकाई आत्मकि युद्ध के मामलों पर साहसकि तरीके से ध्यान केंद्रति करती है | उनकी पुस्तक "छुटकारा" एक बहुत ही आवश्यक दृष्टकिोण है छुटकारा और तंत्रवद्यिा के अपसारण और उन सभी वषियों के जनिसे हर एक मसीही को सावधान रहना चाहिए। मुझे उनका मसीही के नए मन पर और आज़ादी जो छुटकारा लाये उसकी महत्वता पर महत्त्व बेहद पसंद है। एरजिोना में रहते हुए, मैंने उनके "मृत सांपों" पर अंतर्दृष्टि को व्यक्तगित रूप से उत्तेजक पाया।

पुस्तक के अंत में एक सहायक अध्ययन पाठक को सबसे महत्वपूर्ण मुद्दों को शीघ्रता से समझने का एक अवसर देती है। "छुटकारा" बहुतों को साधारण धर्म के बंधन से बचने और हर मसीही को उसकी नयिति एक ऐसी ज़न्दिगी जो दुष्टता के बेवजह सताव से छुटकारा भरी हो जीने के लिए महसूस कराने में मदद करेगा।

पादरी सावचुक एक नई, ताज़ा आवाज़ है जो पश्चमिी दुनयिा की कलीसयिा को बुला रही है मसीह में एक असाधारण जीवन का अनुभव करने के लिए। मैं व्यक्तगित रूप से इस पुस्तक और इस परमेश्वर के अद्वतिीय व्यक्ति से महान चीजों की अपेक्षा करता हूँ |

डॉ बॉब लार्सन

पंथों, तंत्रवद्यिा, और पर दुनयिा के अग्रणी अलौककि वशिषज्ञ
37 पुस्तकों के लेखक, जनिमें शामलि हैं: "लार्सन्स बुक ऑफ़ स्पिरिचुअल वारफेयर," "लार्सन बुक ऑफ वर्ल्ड रलिजिन," "डेमन प्रूफगि प्रेयर," "कर्स ब्रेकगि," "ईजेबेल," "डीलगि वथि डेमंस" और चार काल्पनकि उपन्यास

परचिय
सहि का हत्यारा

यह सामान्य गुरुवार की रात थी जब सभी युवा आराधना के लिए इकट्ठा हुए थे । प्रवेश द्वार से एक लंबा, सुंदर इतालयिन नौजवान प्रवेश कयिा । उस रात, मैंने अपनी पूरी क्षमता से वचन का प्रचार कयिा और उत्साहपूर्वक उद्धार के लिए वेदी के सामने बुलाया । यह आदमी ससिसकते हुए यीशु के समीप दौड़ता हुआ आया । जैसे ही आराधना समाप्त हुआ —लोग गरिजे से बाहर नकिल रहे थे—युवा उसके आसपास इकट्ठे होकर उसकी कहानी सुनने लगे । मैंने उसे उसके पापों को कबूल करते सुना ; की वह कसि तरह धन आर व्यभचािर के पीछे भाग रहा था |

उसने शैतानी धर्म में शामलि होने का फैसला कयिा था। यह घटति हुआ जब उसने शैतान की पुस्तक को लयिा और शैतान से अनुरोध कयिा की वह उसके शरीर में प्रवेश करे। मुझे पता था कमिुझे पश्चाताप की प्रार्थना में उसकी अगुवाई करनी है,ताकवि वह उस गटबंधन को तोड़ सके जो उसने शैतान के साथ कयिा था। उसने कहानी बताना जारी रखा कि उसने शैतान के साथ अपना गठबंधन क्यों तोडा़। उसने नरक का एक भयावह सपना देखा, जसिने उसे सभी शैतानी कतिाबें फेंकने के लिए प्रेरति कयिा । यह युवक साधारण जीवन जीना चाहता था और अब शैतान के साथ कुछ भी संबंध रखना नहीं चाहता था ।

मैं इस युवक को बाधति कएि बनिा नहीं रह सका। मैंने उससे मेरे साथ एक प्रार्थना दोहराने के लिए कहा ताकवि वह शैतान के राज्य के साथ अपना हर संबंध तोड़ सके। यह सरल प्रार्थना इस प्रकार हुयी, “मैं शैतान के साथ गठबंधन करने के लिए पछताता हूँ। मैं परमेश्वर से मुह मोड़ने से दुखति हूँ । हे प्रभु यीशु, आज मुझे छुडा़ ले।” जैसा ही मैंने कहा, “प्रभु यीशु,” यह आदमी प्रार्थना के दौरान यह दोहराने में असमर्थ था | इसके बजाय, वह शैतानी आत्माओं को प्रकट करने लगा।

जब मै केवल 17 साल का था और मैंने केवल शैतान से छुडाये जाने का वीडयिो देखा था, लेकनि कभी कसिी के छुटकारे के लिए प्रार्थना नहीं की थी। इस दौरान सरि्फ जवान

ही रह गए औरपासवान पहले ही जा चुका था। उत्तेजना और घबराहट के बिच महसूस करते हुए, पवित्र आत्मा ने मुझे उससे दूर खड़े होने के लिए प्रेरित किया

और मैंने उससे आग्रह किया कि वह यीशु के नाम का उच्चारण करे। एक असामान्य लड़ाई उस आत्मा के खिलाफ हुई जो उसे सता रही थी। यीशु के नाम का उच्चारण करना और क्षमा मांगना उसके लिए एक बड़ा संघर्ष था । उसके चेहरे का रंग बदल गया और ऐसा लग रहा था कि वह अपने हाथ से किसी को मारना चाहता था । ऐसा लग रहा था मानो जैसे कोई उसे पकड़ा हुआ है किन्तु कोई भी उसे नहीं छुआ था । सब दूर खड़े हो गए जब वह जमीन पर गिर गया।

हम सभी उत्साहित थे क्योंकि कुछ आश्चर्यकर्म हुआ था। हालाँकि, अभी भी एक समस्या थी। वह बेहोश हो गया और मैं डर के मारे खड़ा हो गया! मेरे दिमाग में एक ही विचार चल रहा था, "इस कलीसिया में रूसियों द्वारा इतालवी व्यक्ति को मार डाला गया था। तुरन्त, मुझे बाइबल की वह कहानी याद आई जिसमें यीशु ने एक लड़के से एक दुष्टात्मा को निकाला था । वह लड़का ऐसे गिरा जैसे वह मर गया हो, लेकिन जिस क्षण उसे उठाया गया वह जीवन लौट आया और सब कुछ ठीक हो गया । हमारा एकमात्र विकल्प इस आदमी को उठाना था, और कुछ मिनटों के बाद वह अपने आप में वापस आ गया।

हम सभी इस बात को लेकर उत्सुक थे कि अभी-अभी उसके साथ क्या हुआ। वह हमें बताया कि उसके ऊपर कुछ आया था। मजबूत आवाज़े उसे हमें मुक्का मारने के लिए उकसा रही थी , हालांकि, किसी ने उसे रोक रखा । इटली का युवक इस बात से आश्चर्यचकित हो गया कि कोई भी उसे पकड़ा नहीं था! निश्चित रूप से,

छुटकारे के समय में परमेश्वर के दूत उसके चारों ओर थे।

इस घटना के बाद इस आदमी का जीवन पूरी तरह से बदल गया।

अगले दिन, जब हम मिले, तो उसने लम्बे समय की बीमारी से चंगाई की गवाही दी। यह मेरी पहली किसी की दुष्टात्मा से छुटकारे की सफलतापूर्वक प्रार्थना थी |

शायद आपने हमारी सेवकाई के छुटकारे के वीडियो देखे होंगे। कुछ अभिव्यक्तियाँ बहुत ही उग्र होती हैं, जबकि अन्य सौम्य होते हैं। उग्र अभिव्यक्तियाँ छुटकारे का आधार नही हैं, हालाँकि,सिच्चे छुटकारे के लिए पवित्र आत्मा का अभिषेक हमेशा एक आवश्यकता है।

परमेश्वर ने गोलियत को सार्वजनिक रूप से मारने के लिए दाऊद का इस्तेमाल करने से पहले, उसे पहले अकेले में एक शेर और एक भालू का सामना करना पड़ा। मुझे विश्वास है कि हमारा निजी विजय हमें हमारी सार्वजनिक विजय के लिए तैयार करता है। जब मैं

सहि का हत्यारा

दाऊद के जीवन पर वचिार कर रहा था , तब मैंने जाना कवि‍ह शेर का सामना करने का बहुत इच्छुक नहीं था। मैं इसकी कल्पना कर सकता हूं उसके मन में ये वचिार आये होंगें

-"मुझ पर हमला क्यों हुआ?" और, " इस सब के दौरान परमेश्वर कहाँ थे ?"। जब दाऊद शेर का सामना कर रहा था और जब एक भेड़ को खो दयिा, वह हार और आत्म-दया में डूबा हुआ हो सकता था । हालाँक,ि दाऊद ने एक भेड़ को खो देने में असफल रहने के कारण पछतावे में न जीने का नर्िणय कयिा। इसलए,ि उसने उठकर शेर का सामना कर उसका जो कुछ खोया था वापस पाने का नर्िणय लयिा। दाऊद को इस बात का आभास न था कशि‍िर से युद्ध अंततः उसे साहस और दृढ़ संकल्प देगा वशिाल, गोलयित का सामना करने के लए ि।

आज भी मैं छुटकारे में वश्विास करता हूं। मैं छुटकारे में वश्विास करता हूँ,

सर्िफ इसलए ि नहीं क ि मैंने दूसरे लोगों के जीवन को बदलते देखा है या क्योंक ि यीशु ने हमें दुष्टात्माओं को नकिालने की आज्ञा दी है, परन्तु इसलए ि क ि मैंने अपने जीवन में खुद वभिन्नि चीजों से छुटकारे का अनुभव कयिा है | 12 साल की उम्र में, मुझे अश्लील तस्वीरें मलिीं। उस समय, मैंने उसके प्रभाव पर वचिार नहीं कयिा,क्योंक ि मैंने ऐसी चीजों का मेरे जीवन पर प्रभावों को नहीं समझा था ।

मैं 13 साल का था जब मेरा परवािर अमेरकिा में आ गया था। सब कुछ नया था - देश, दोस्त, और यहाँ तक क ि भाषा! हालाँक,ि मुझे अंदाज़ा न था क ि मुझे एक नयी लत लगेगी, जसिके लए ि परमेश्वर के छुटकारे की आवश्यकता होगी। हमारे परवािर के अमेरकिा जाने के छह महीने बाद, मेरे पड़ोसी ने मुझसे पूछा क ि क्या मैं सात दनि तक उनके घर की देखभाल करूँगा | मैं यह जानने के लए ि बेहद उत्सुक था क ि अमेरकिी कैसे रहते थे। घर की साफ-सफाई, बल्लियिों को खाना खलिाना और घास काटने की दनिचर्या के अतरिक्ति, मैं पूरे घर को अच्छे से देखने के लए ि उत्सुक था। ऐसा करते हुए, मुझे वीएचएस टेप का एक सेट मलिा। टेपों के कवर देखकर यह स्पष्ट था की उसका कैथरीन कुल्हमन या बलिी ग्राहम क्रूसेड्स के साथ कोई लेना-देना नहीं था। याद रखें क ि पाप चापलूस और भ्रामक है। सबसे बुरी बात यह है क ि आप शरीर की अभलिाषाओं को पूरा करने का बहाना बनाकर अपने आप से झूठ बोलना शुरू कर देते हैं।

आखरिकार, मैं केवल यह जांचना चाहता था क ि टेप के अंदर का वषिय वीएचएस के कवर से मेल खाता है या नहीं। यह स्पष्ट था क ि उसका क्रूसेड से कोई लेना देना नहीं था। वह स्पष्ट रूप से अश्लील वडियिो था; और टेलीवजिन बंद करने के बजाय,मैंने पूरा वीडयिो देखा। उसी क्षण कुछ मेरे भीतर प्रवेश कयिा ।

नतीजतन, मुझे अपराधबोध और शर्म का आभास हुआ। मुझे खुद से बहुत घृणा हुई। मैंने तुरंत परमेश्वर से वादा किया कि मैं ऐसा फिर कभी नहीं करूंगा, और जल्दी से पश्चाताप किया। सप्ताह पूरा होने से पहले मैंने अपना वादा तोड़ दिया|

अगले कुछ सालों में मैंने खुद को अश्लीलता में डूबा हुआ पाया।

हाँ, मैं जानता था कि यह गलत था, लेकिन मैं इसे देखना बंद नहीं कर सका। इससे कोई फर्क नहीं पड़ता कि मैंने अपने पासवान के समक्ष कितनी दफा अपने गुनाहों को कबूल कर या हर हफ्ते उपवास करके छोड़ने की कोशिश की; बस एक क्षण की कमज़ोरी और मैं वापस पाप में गिर पड़ता था।

मुझे पता था कि मैं इस तरह ज्यादा दिन नहीं जी सकता; मैं हताश था आजादी के लिए! वास्तविकता तब महसूस हुई जब मुझे एहसास हुआ कि मैं पाप करने के लिए बाध्य था और मैं वास्तव में सेवकाई में प्रभावी नहीं हो सकता था। साथ ही उस समय विवाह एक विकल्प भी नहीं था, क्योंकि इसका मतलब था कि मेरी होने वाली पत्नी को बहुत मानसिक पीड़ा से गुज़रना पड़ता जब मैं इस जंग से लड़ रहा होता। जैसे ही मैंने किताबें पढ़ना और उपदेश सुनना शुरू किया, जैक हेफोर्ड, एक सम्मानित सेवक, ने अपने एक डकिन के बारे में एक कहानी बताई की वह किस तरह

अनैतिकता की आत्मा से उद्धार पाया था। कई सालों बाद इस डीकन ने पासवान हेफोर्ड से संपर्क किया अपनी अश्लीलता की लत को स्वीकार करने के लये, इसलिए जैक हेफोर्ड ने उनके लिए प्रार्थना की।

उस प्रार्थना सत्र के दौरान पवित्र आत्मा ने पासवान को दिखाया की उस व्यक्ति के आत्मा में कई छेद थे। प्रत्येक छेद उनके जीवन में पिछले यौन मुठभेड़ों का प्रतिनिधित्व करता है। पासवान हेफोर्ड ने कहा की उतना ही पत्थर वह चुने जितने बार वह यौन पाप में लिप्त थे, जो उनके बंधन का कारण है। जब उन्होंने पश्चाताप किया और हर एक यौन पाप को परित्याग करते हुए एक एक पत्थर नदी में फेकने लगे और जब हर पत्थर नदी में फेक दिया गया तो वह पूरी तरह से मुक्त हो गया।

जैसे ही मैंने किताब पढ़ी, एक बेचैनी की अनुभूति मुझे होने लगी। पवित्र आत्मा ने मुझे अंतर्दृष्टि दी कि मेरी आत्मा के घर का सामने का दरवाजा पहली बार १२ साल की उम्र में अश्लीलता के संपर्क में आया था। फिर पिछले दरवाजे से मेरी आत्मा का घर १३ साल की उम्र में शैतान के लिए खोल दिया गया था। हालांकि ये दरवाजे बंद थे परन्तु अवरोधित नहीं थे!

मैंने सात दिन प्रार्थना और उपवास में बिताए। पूरी तरह से टूटा हुआ उसके सामने, मैं अपने अतीत के उन दो पापों को स्वीकार करते हुए परमेश्वर से दया की याचना की।

मुझे कोई भी फर्क महसूस नहीं हुआ पर मैं जानता था की कुछ परविर्तन अवश्य हुआ । उस समय से,मुझमे एक गहरा परविर्तन हुआ, जो मुझमे पहले नहीं था वह मुझे दयिा गया। मुझे परीक्षा के वक्त अनुग्रह, आत्म-अनुशासन और अपने आप को नयिंत्रण करने की शक्त मिलिी।

आज, मैं स्वतंत्र हूं और मैं दूसरों को स्वतंत्रता प्रदान करता हूं। हर कोई परमेश्वर से इस प्रकार की स्वतंत्रता का अनुभव कर सकता है। बहरहाल, स्वतंत्रता सरिफ शुरुआत है और अंतमि लक्ष्य नहीं है। आप देखिए, स्वतंत्रता का उद्देश्य यह है कहिम पूरी तरह से परमेश्वर की सेवा कर सकें और हमारे जीवन के लिए उसकी बुलाहट को पूरा करें। स्वतंत्रता प्राप्त करने के बाद पूरी तरह से परमेश्वर की सेवा ना कर पाने के कारण इस्रायली मस्रि से बहार नकिलने के बाद भी कनान में प्रवेश नहीं कर सके। वे अपने प्राप्त छुटकारे को अपने लक्ष्य तक पहुँचने के लिए इस्तमाल नहीं कर सके।

यह पुस्तक केवल दुष्टात्मा, लत और असुरक्षा से उद्धार के लिए नहीं हैं| परमेश्वर आपको बंधन से आज़ाद करना चाहता हैं ताकआपको आपके लक्ष्य की ओर पहुँचा सके|

इस पुस्तक में, मैं आपको बताना चाहता हूँ की स्वतंत्रता पहला कदम हैं | स्वतंत्रता को बनाए रखने का सबसे अच्छा तरीका इसका उपयोग परमेश्वर में बढ़ने के लिए करना है और अपनी पूरी क्षमता तक पहुँचना , इससे हमारी पीढ़ी में यीशु के नाम की महमिा होगी! हो सकता है कआप दाऊद के समान हो, जो अपने चरवाहे के खेत में सहिों का सामना कर रहा हो। आपकी लड़ाई आपको मारने के लिए नहीं बल्कआपको तैयार करने के लिए है ताककुछ बड़ा आपके जीवन से हो सके। परमेश्वर ने आपको छुड़ाने, चंगाई देने और आपकी पीढ़ी को बचाने के लिए बुलाया है। जब आप अपने जीवन के व्यक्तगित सहि पर वजिय पाएंगे परमेश्वर आपके चरत्रि को बदलता जाएगा और आपके हृदय में उन लोगों के लिए दया भरेगा जसि आप परमेश्वर के पास लाएंगे। मूसा की तरह ही, मस्रि से उसका बचना सरिफ उसके लिए नहीं था, बल्कअपने लोगों को मस्रि की गुलामी से छुड़ाने के लिए! यहाँ तक कयीशु मसीह को भी लोगों में से दुष्टात्माओं को नकिालने से पहले शैतान का सामना करना पड़ा।

सार्वजनकि रूप से गोलअित को पराजति करने के पहले हमें नजिी जीवन में सहि पर वजिय पाना होगा । आइए हम एक साथ गोता लगाएँ और सीखें हमारे आम दुश्मन की पहचान करें, सामना करें, युद्ध करें और उसे हराएं।

अध्याय 1
गधे को मत मारो

रविवार, ९ मार्च की सुबह, हमारा एक बड़ा समूह अफ्रीका के एक कलीसिया में पहुंचा। यह कहना कम होगा की उस सेवकाई के द्वारा परमेश्वर शक्तिशाली रूप से कार्य कर रहे थे|

साल में तीन बार हम संयुक्त राज्य अमेरिका से इस कलीसिया में विभिन्न समूह को लाते हैं। इस बार करीब 50 लोगों का समूह इकट्ठा हुआ।

वहीं, बोको के नाम से कुख्यात आतंकवादी समूह हरम- पिछले एक दशक में 10,000 से अधिक नाइजीरियन मसीहों को मारने के लिए जाना जाता है — हमारे क्षेत्र में मौजूद था। हमारे लिए अनजान, पाँच आदमियों ने रणनीतिक रूप से बाहर निकलने के रास्ते के पास निर्दिष्ट स्थान का चयन किया, रविवार की सेवा के दौरान एक बम विस्फोट करने के लिए। दुर्भाग्य से, हमारे समूह भी उस निकास द्वार के बहुत निकट बैठा था। जैसा की तुम सोच सकते हो,हर कोई बाहर निकलने के पास बैठा है, जिसमें हमारा पचास का समूह शामिल था,बम विस्फोट होने पर मर गया होता।

जैसा कि सेवा जारी रही, इन पांचों आतंकवादियों ने पास की एक दुकान में खाने का फैसला किया। क्योंकि हर रविवार की सेवाएं 11 से 17 घंटों ता होती थी ,सेवा समाप्त होने से पहले वे स्वयं को समय में लिप्त रखना चाहते थे। इस बीच, दुकान के मालिक के पास कलीसिया सेवा टेलीविजन पर प्रसारित हो रही थी। कलीसिया के पासवान को टीवी के माध्यम से देखने वालों सहित सभी लोगों के लिए प्रार्थना करने के लिए कहा गया। प्रार्थना के दौरान पवित्र आत्मा का सामर्थ उस दुकान में दृढ़ता से उतरा। पांच में से चार आतंकी

उन्होंने महसूस किया कि इस प्रकार की शक्ति के सामने उनका कोई मुकाबला नहीं है, इसलिए वे जल्दी से उस दुकान से भाग गये।

एक आतंकवादी ने ठहरकर परमेश्वर की उपस्थिति से लड़ने का फैसला किया। हालाँकि, कोई भी शक्ति पवित्र आत्मा की शक्ति से मेल नहीं खा सकती है। यह आतंकवादी फर्श पर गिर गया और फिर उसे दुकान के मालिक द्वारा घसीट कर कलीसिया में लाया गया। मैं आगे की पंक्ति में बैठा था,इसलिए ठीक से नहीं जनता था किसे घसीट कर लाया गया था। पासवान आगे आए और उसके छुटकारे के लिए प्रार्थना करने लगे,और आतंकवादी पूरी

तरह से छुटकारा पा गया । उसका चेहरा बदल गया, वह रोने लगा और यीशु को स्वीकार करने अपने घुटनों पर बैठ गया । जब उसने कलीसयिा आने का अपना असली मकसद का खुलासा कयिा, मैं चकति रह गया।

यदपिवति्र आत्मा का बीच-बचाव नहीं होता, तो हम नश्चिति रूप से उस दनि के अंत तक मर चुके होते। मुझे सबसे बड़ा झटका लगा उससे जो पूर्ण परवर्तिन मैंने अपनी आँखों के सामने देखा; एक आतंकवादी से एक उद्धार प्राप्त और बचाए गए व्यक्तिक। इससे पहले, मैं सोचता था कउिसके जैसे लोगों के पास छुटकारे का कोई मौका नहीं है,

उनके दलिों में बुराई की उमड़ती हुई मात्रा के कारण । कन्तिु दूसरी तरफ परमेश्वर कसिी भी व्यक्तिको बदल सकते है, यहाँ तक कएिक आतंकवादी को भी। परमेश्वर सक्षम है

मनुष्य के अंदर की सभी बुराइयों को दूर कर, उस व्यक्तिका सम्पूर्ण परवर्तिन करने के लएि।

सुसमाचार में लखिति पहला छुटकारा यीशु की सेवकाई में

एक समय था जब यीशु आराधनालय में पवति्र आत्मा के अभषिेक के स्थान में गए थे — और वहां एक दुष्ट आत्मा एक व्यक्तिके भीतर प्रकट होने लगा (मरकुस 1:21-28 देखें)। यीशु ने मनुष्य को आराधनालय से बाहर नहीं नकिाला, इसके बजाय दुष्ट आत्मा को बाहर नकिाल दयिा। हालाँक,ि आज, अधकिांश चर्चों में, यदिऐसी दुष्ट आत्मा प्रकट होने की स्थतिहिोती है, तो उस व्यक्तिको आराधनालये से बाहर नकिाल दयिा जाता है । यीशु सार्वजनकि छुटकारा करने से नहीं डरते थे। ना उसे यह डर था की उससे शैतान की महमिा होगी या उस छुटकारा प्राप्त होते व्यक्तिको शर्मदिंगी होगी ||। जब हम आत्मकि दुनयिा को समझते हैं, तब हम व्यक्तिको प्रभावति करने वाली दुष्ट शक्तयिों पर आक्रमण कर सकते हैं,व्यक्तगित रूप से उनका मनोबल गरिाए बनिा। इस वजह से हम मसीह में अपनी वास्तवकि पहचान को मान्य और बनाए रखने में सक्षम हैं।

यदहिमारी अलौककि की वास्तवकिता कसिमझ गलत या अस्पष्ट है, तो हम पहले मकड़ी को मारने के बजाय मकड़ी के जाले साफ करते है । लक्षणों से नपिटना,समस्या की जड़ के बजाय हमारी दुवधिा क कारण है। आत्मकि दुनयिा सभी मूल मुद्दों को प्रकट करती है, इसके वपिरीत,प्राकृतकि दुनयिा परणिाम दखिाता है। आत्मकि दुनयिा ने प्राकृतकि दुनयिा बनाई और इसमें सभी मुद्दों का स्रोत शामलि है।

जब गधे ने आत्मकि दुनयिा देखी

यह मेरा अवलोकन रहा है कि कई बार मसीह समाज से ज़्यादा अवश्विासी आत्मकि दुनयिा में अधकि रुचि रखते है और जागरूक प्रतीत होते हैं। गनिती की पुस्तक के अध्याय 22 में एक कहानी है बलिाम नाम का एक व्यक्ति जसिे इजरायल देश को श्राप देने के लिए बुलाया गया था । परमेश्वर ने उसे स्वप्न में ऐसा काम न करने की चेतावनी दी। लालच के कारण, उसने परमेश्वर की अवज्ञा करके आगे बढ़ने का फैसला कयिा। वह अपने गधे पर सवार होकर एक वशिष्टि गंतव्य के लिए आगे बढा़। हालाँकि, यहोवा के दूत ने उसके यात्रा के मरग पर खडा़ होकर उसे रोकने क प्रयास कयिा । गधा, जसिे आत्मकि क्षेत्र के मामले मे अंधा माना जाता था, उसे स्वर्गदूत को देखने के लिए दृष्टि दी गई थी; जबकी बलिाम की आंखें इस सत्य घटन के लिए दृष्टहीन थीं।

इसकी तुलना वर्तमान समय में कई वश्विासयिों की आत्मकि स्थति से की जा सकती है । लोग क्या कहेंगे और दूसरों को खुश करने की कोशशि की मानसकिता के कारण, हमारी आँखें आत्मकि दुनयिा की वास्तवकिता के प्रति अंधी हो जाती है। लालच और भय

हमें अदृश्य राज्य के वषिय में अंधा कर देता हैं।

हमारे आसपास के लोग, जो यीशु मसीह के अनुयायी नहीं हैं,अलौककि की वास्तवकिता के लिए भूखे हैं और उससे डरते नहीं हैं। फल्मिें, टीवी शो, गाने और कतिाबें अलौककिता से भरे पडे़ हैं जो उन्हें उनकी आत्मकि खोज के उत्तर देने के बजाय, गहरे अंधकार में डुबो देते हैं। जसि प्रकार परमेश्वर ने एक गधे का इस्तेमाल कयिा एक भवष्यिवक्ता को जगाने और उससे बात करने के लिए, मुझे वश्विास है कि वह

आज कलीसयिा को जगा रहा है ,दुनयिा की अलौककि भूख को देख। परमेश्वर का अधकिार और प्रभाव कसिी भी शत्रु की शक्तयिों से श्रेष्ठ है ।

जब गधे ने स्वर्गदूत को देखा, "...गधा सड़क से मुडा़ और खेत में चला गया" (गनिती 22:23)। फरि, "...गधा एक दीवार से सटकर नकिला। इससे बलिाम का पैर दीवार से दब गया। इसलिए बलिाम ने अपने गधे को फरि मारा।" (गनिती 22:25)। यह असामान्य व्यवहार, अदृश्य राज्य में उनके मार्ग में आये वरिोध के कारण हुआ। जब बच्चे लतों और आदतों के कारण जो यीशु की महमिा नहीं करते,अलग व्यवहार करने लगते हैं वे मसीह से दूर हो जाते हैं और अपने माता-पिता के दलिों को कुचल देते हैं। इन अवज्ञाकारी व्यवहारों का समर्थन आत्मकि शक्तयिाँ करती हैं और हमें उनका मुकाबला करने के लिए तैयार रहना चाहिए।

बलिाम गुस्से में था, इसलिए उसने गधे को लगभग मार दयिा। उसे नहीं पता था कि समस्या गधा नहीं लेकनि वह वरिोध जो आत्मकि दुनयिा से उत्पन्न हुआ था

गधे को रास्ते पर चलने से रोकने के लिए। हमे भवषि्यद्वक्ता बलिाम के समान गलती नहीं करनी चाहिए।

बाइबल बहुत सूपषट है कि हिमें अपने शत्रु का आत्मकि युद्ध में वरिोध करना है अगर हम आत्मकि वजिय में चलना चाहते हैं। हमें वपिक्ष से नपिटना चाहिए, सड़क पर गधे को पीटने के बजाय। गधा उन लक्षणों का प्रतनिधित्वि करता है जनि्हें देखा जा सकता है, जबकि सिड़क पर वरिोधी स्वर्गदूत समस्या की जड़ की बात करता है। उदाहरण के तौर पर, यदि हिमारे व्यवसाय में वरिोध है, तो हमें उसकी जड़ से नपिटना चाहिए । इसके अलावा, अगर हमारी आय में कमी होती है, तो हमें उसकी जड़ को समझना चाहिए। इसके अलावा, अगर हमारे आत्मकि जीवन में ठहराव है, तो हमें उसके जड़ को जानना चाहिए। केवल गधे पर और अधकि दबाव न देकर - इसके बजाय अपनी आत्मकि आंखें खोलें और एहसास करें कि आप एक असली दुश्मन के खलिाफ लड़ाई में हैं जो आपकी आत्मकि प्रगति और सफलता के पीछे बाधक है।

शैतान पाप के पीछे है

एक और कहानी जो आत्मकि राज्य के प्रभावों की वास्तवकिता की गवाही देती है, वह है राजा दाऊद द्वारा इज़राइल के लोगों की गनिती का लेखा-जोखा । दाऊद के लिए लोगों को गनिने जतिना आसान काम, परमेश्वर की ओर से अप्रसन्नता और दण्ड लाया। “और शैतान ने इस्राएल के वरिुद्ध उठ कर, दाऊद को उकसाया कि इस्राएलयिों की गनिती ले।।” (1 इतहिास 21:1). दाऊद परमेश्वर की शक्ति से ज़्यादा अपनी सेना की ताकत पर भरोसा करने लगा । अभमिान ने शैतान के लिए द्वार खोल दयिा था, जसिके कारण दाऊद ने पाप कयिा और बहुत से लोगों को उसके कार्यों के कारण परणिाम भुगतना पड़ा । साफ है कि अगुवों की ऐसी हार के कारण, उनके अनुयायओिं को कष्ट भोगना पड़ता है।

दाऊद के पाप करने का कारण नमि्नलखिति है, “...और शैतान ने इस्राएल के वरिुद्ध उठ कर...”| शैतान अपने अस्तति्व के कण-कण से हमसे घृणा करता है,और वह अगुवों को पाप की ओर धकेलना चाहता है। शैतान जानता है कि वह अगुवों के पाप करने का कारण बना सकता है, वह हमारे वशि्वास को कुचल सकता है, या कम से कम हमारे परमेश्वर पर वशि्वास को हलिा सकता है। यह सूपषट है कि कोई भी शैतान की सहायता के बनिा पाप में नहीं पड़ सकता है। बहरहाल, दाऊद ने अपनी करनी का दोष शैतान या अन्य पर देने की बजाय, उसने अपनी वफिलता को स्वीकार कयिा और पश्चाताप कयिा। पश्चाताप ही

एक ऐसा उपाय है जसिसे हम उस चंगुल को तोड़ सकते हैं जो शैतान के प्रभाव के कारण हमारे वकिल्पों पर हो सकता है।

मनुष्य द्वारा कयिा गया पहला पाप शैतान के प्रभाव में हुआ था। आदम का बुराई करने का कोई इरादा नहीं था, और ना ही कोई बाहरी जीव उसके फैसले को पलट सकता था। हालाँकि, बगीचे में एक साँप ने आदम को अपराध करने के लिए तैयार कयिा और धोखा दयिा। दाऊद के वपिरीत, आदम ने अपनी पत्नी को दोषी ठहराया, और बाद में हव्वा ने शैतान (साँप)को दोषी ठहराया । भले ही शैतान अपनी भूमकिा नभिाता है, फरि भी यह हमारी जम्मिदारी है की हम पश्चाताप करें और परमेश्वर को हमें शुद्ध करने दें । पछतावा कभी नहीं होगा अगर हम दोषारोपण का खेल खेलते रहेंगें |

जब परमेश्वर ने न्याय कयिा, न केवल आदम और हव्वा का न्याय कयिा गया,सांप को भी श्राप मलिा था। आदम और हव्वा सीधे तौर पर श्रापति नहीं थे, हालाँकि, शैतान था; और परमेश्वर ने शैतान को आसानी से नहीं छोडा़ ,उसने शैतान से अधकि कठोरता से नपिटा बजाय

हमारे पहले माता-पति, आदम और हव्वा से। कई आधुनकि मसीही शैतान के मामले में दूर रहना चाहते है और लोगों के ऊपर दोष देते हैं। वश्विासयिों जो दुसृतात्माओ से नपिटते हैं उन्हें "पागल" कहते है। एक समय था जब परमेश्वर को मुझे सुधारना पडा़ क्योंकि मैं आत्मकि युद्ध पर अपना रुख कम करना चाहता था। मुझे पता था कि मुख्यधारा के मसीहों के लिए एक लोकप्रयि वषिय नहीं है, इसलिए मुझे लगा कि इस वषिय में बातें करना सही नहीं है। हालाँकि, पवति्र आत्मा ने मुझे राजा शाऊल के जीवन की यह कहानी याद दलिाई जब राजा शाऊल परमेश्वर के शत्रुओं का वनिाश नही कयिा। जब राजा शाऊल अमलेक के राजा अगाग के प्रति दया दखिाया यह वषिय परमेश्वर को नाराज कर दयिा। मैं इस तरह की फटकार के बाद जल्दी ही पछताया, और मैंने अपने नर्णिय को नवीनीकृत कयिा की रा अगाग को कसिी भी तरह ना छोडा़ जाए। शैतान परमेश्वर का शत्रु है, इसलिए वह मेरा शत्रु भी है। मैं वैसा ही कार्य करूंगा जैसा यीशु ने कयिा था, और मैं यीशु के आज्ञा के अनुसार उससे लड़ूंगा। हम इसे अपने दलि में तय कर लें की इसके द्वारा परमेश्वर प्रसन्न होंगे और शैतान क्रोधति होगा; और बाद में, बहुत से लोग मुक्त हो जाएंगे।

जड़ से नपिटे,फल से नहीं

यीशु ने लोगों के साथ व्यवहार करते समय एक अनोखा तरीका अपनाया।वह आत्मकि दुनयिा का नर्मिाता है। जब मसीह ने अपने चेलों से पूछा उसके अनुयायी उसके बारे में क्या

सोचते थे, पतरस ने तुरंत उत्तर दयिा,"...'आप मसीहा हैं, जीवति परमेश्वर के पुत्र," (मत्ती १६:१६)। यीशु ने ऐसे प्रकटीकरण के लिए पतरस की सराहना नहीं की; बजाय,यीशु ने इसका श्रेय पिता को दयिा, जो पतरस का सच्चा स्रोत था।

आत्मकि दुनयिा का समझ हमें पहले और आखरी परमेश्वर से ही मलिता है, हमारी योग्यता और अच्छे कार्य के द्वारा नहीं। पवत्रि आत्मा के बनिा पवत्रि होना असंभव है। इसके अलावा, हम परमेश्वर को तब तक खोज नहीं सकते जब तक परमेश्वर हमें ना खोजें, हम इसे कभी न भूलें, की कोई भी अच्छी वषिय केवल परमेश्वर का और उसके महमिा के लिए हम करते हैं। जब हम इस सच्चाई को भूल जाते हैं, तब हम इसे नज़रअंदाज़ करते हैं, पतरस ने प्रभु यीशु मसीह के इस घोषणा के बाद जो गलती कयिे थे। जैसे ही यीशु ने अपने दुःख भोग के बारे में उन्हें बताया, पतरस उन्हें सलाह देने लगे। तब पतरस कोई प्रकाशन के द्वारा नहीं पर अपने इच्छा को जाहरि करते हुए परमेश्वर को सलाह देने लगे।

मनुष्य के धारणा के अनुसार पतरस यीशु मसीह को दुःख भोगने से बचाना चाहते थे , पर आत्मकि दृष्टीकोण से यीशु समझ गए की यह सलाह पतरस से नहीं परन्तु शैतान से आया है। अजीब बात यह है कि उसी समय के भीतर महान प्रेरति पतरस प्रकटीकरण बोलने के लिए पवत्रि आत्मा द्वारा पहली बार उपयोग कयिा गया था; और फरि एक क्षण के बाद शैतान ने उसे मूर्खता प्रकाश करने के लिए इस्तेमाल कयिा। हम साफ देख सकते हैं की राजा दाऊद—परमेश्वर के मन के अनुसार का व्यक्त‍ि था, जैसा कि बाइबलि में वर्णति है , उसी तरह पतरस भी अहंकार का शकिार हो गया। गर्व एक बड़ा खुला द्वार है जो शैतानी घुसपैठ और यहाँ तक कि मसीह के सच्चे अनुयायी भी इसमें गरि सकते हैं। घमंड ने एक सद्धि स्वर्गदूत को शैतान में बदल दयिा। इससे हमें यह सीख मलिता है की हमारी हर आशीष और अग्रती के लिए परमेश्वर को श्रेय देना है।

दुश्मन आमतौर पर हमारी कसिी भी बुराई पर अपनी उंगलयिों के नशिान रखता है। जब हम कुछ अच्छा करते है तो हम श्रेय लेते हैं, और जब कुछ खराब होता है तो हम परमेश्वर पर दोष लागतें है, और शैतान को अछूता छोड़ देते हैं। शैतान को शायद ही समाज या मीडयिा दोष लगते है इस दुनयिा के दुष्टता के लिए। सारे अधर्म का रचयति‍ा शैतान है। इससे स्पष्ट होता है की पतरस की यीशु को गलत सलाह, साथ ही पतरस द्वारा यीशु को नकारने में (देखें लूका 22:31), यहूदा द्वारा यीशु को पकड़वाने में (देखें लूका 22:3), और जब हनन्याह ने पवत्रि आत्मा से झूठ बोला (देखें प्रेरतिों के काम 5:3)। इस कारण से, प्रेरति पौलुस हमें आत्मकि युद्ध में लगे रहने के लिए प्रोत्साहति करता है। यह तथ्य

है कि इस धरती पर हम चाहे या ना चाहे, इस युद्ध में शामिल है, यद्यपि हर मसीही इस आत्मिक युद्ध में लिप्त नहीं है।

निर्णय और परिणाम

हम जानते हैं कि फैसलों के अच्छे या बुरे परिणाम होते हैं। हालाँकि,कई बुरे निर्णय आत्मिक दुनिया के प्रभाव से उत्पन्न होते हैं। सुलैमान के पुत्र रहूबियाम ने प्राचीनों के सलाह लोगों के ऊपर से बोझ कम करने का सलाह को ना मान कर गलत निर्णय लिया जिसके कारण ११ गोत्र उससे अलग हो गए। और वे ११ गोत्र फिर कभी दाऊद के घराने के पास लौट कर नी आये। वाकई, गलत निर्णय गलत परिणाम लाता। बहरहाल, रहूबियाम का गलत निर्णय उसके पिता के मूर्ति प्रार्थना के कारण उत्पन्न हुआ था। इससे वह अंजान थे, वह विफल होने के लिए स्थापित किया गया था, क्योंकि उसके विषय में एक भविष्यवाणी थी की 11 गोत्र राजा दाऊद से कैसे अलग किये जाएंगे।

राजा रहूबियाम में बुद्धि की कमी थी जिससे वह अपने अतीत के बारे में बिना सोचे भविष्य की ओर बढ़ने का कोशिश किया। क्या आपने कभी सोचा है की "मेरे निर्णयों को कौन प्रभावित कर रहा है?" या "मैं आज तक हमेशा गलत लोगों को ही क्यों चुन रहा हूँ?" या क्यों ऐसा लगता है कि मैं हमेशा अपने वित्त के बारे में गलत निर्णय लेता हूँ?" कई मसीही आपको बताएंगे की आप अनुशासित, शिक्षित नहीं, या नासमझ है। फिर भी, ये सभी विवरण बाहरी लक्षण हैं, क्योंकि असली जड़ें अदृश्य, आत्मिक दायरे में हैं। यहूदा धन चुराने और यीशु को धोखा देने का हानिकारक निर्णय शैतान से प्रभावित होकर लिया था। यह एक ऐसा निर्णय था,जिससे अन्धकार की आत्मिक शक्तियाँ, उसके जीवन को बर्बाद किया। गलत निर्णय दुष्टआत्माओ के प्रभाव से हो सकता है और अगर हम सही निर्णय लेना चाहते है, तो हमें पवित्र आत्मा के आधीनता में जीना होगा।

आत्मिक युद्ध लोगों में से बुराई को दूर करता है

मेल बॉण्ड एक शक्तिशाली सुसमाचार प्रचारक —जिसके द्वारा परमेश्वर चंगा करता और छुटकारा देता है, उनसे मुलाकात मुहे आज भी याद है। यह घटना 2013 में हंगरी जनरेशन कलीसिया में घटित हुआ । उन्होंने साझा किया कि हम कैसे आत्मिक दुनिया में देख सकते था। उन्होंने बताया कि वे देख सकते है की जब लोगों के शरीर में धब्बे या सांप उनके शरीर के अंगों में जो रोगों से ग्रसित है। कई बार वह दुष्ट आत्माओं को भी सकते थे। जैसे ही वह उस दुष्ट आत्माओं का सामना करते तो वे चले जाते और वह व्यक्ति

चंगाई प्राप्त करते थे। मैंने, व्यक्तिगत रूप से हमारे सभाओं में इसे देखा है । वास्तव में, परमेश्वर ने मेल बॉण्ड,उसकी पत्नी, और बच्चे को इसी तरह चंगा किया।

वह पहले एक दर्शन प्राप्त करते की एक दुष्ट आत्मा शरीर के उस भाग को जकडे हुए जहाँ पर वे दर्द महसूस करते है। जब वे उसे जाने की आदेश देते है,वह चले जाता और वह व्यक्ति चिंगा हो जाता। यीशु ने कहा, "कोई बलवान के घर में प्रवेश नहीं कर सकता और उसका माल लूट लो, जब तक कि वह पहिले उस बलवन्त को न बान्ध ले। और

तो वह उसका घर लूट लेगा" (मरकुस 3:27)।

प्राकृतिक युद्ध बनाम आत्मिक युद्ध

नार्वेजियन एकेडमी ऑफ साइंसेज के पूर्व अध्यक्ष, और इंग्लैंड, मिस्र, जर्मनी और भारत के इतिहासकारों के पास है कुछ चौंकाने वाले तथ्य को सारणीबद्ध और विश्लेषण किया। इससे उन्हें यह पता चला की 5,600 वर्ष के भीतर केवल २९२ वर्षों में इस पृथ्वी पर शान्ति बिना रहा,इन शालों के दौरान १४३५१ बडे या छोटे युद्ध में लगभग 3.64 अरब लोग मारे गए हैं। जिस संपत्ति की हानि हुई उससे १७.२ मील लम्बी और ३३ फीट चौडी सोने की बेल्ट हम बनवा सकते थे ।

650 ई.पू से 1,656 लडाइयों की तयारी उस्मे केवल 16 युद्ध में नहीं बदला। 1

एक भौतिक युद्ध मनुष्य को मार सकता है, लेकिन उसके भीतर के दुष्टता को नहीं मार सकता। एक व्यक्ति के अंदर बुराई तब तक निवास करती रहेगी जब तक कि एक आत्मिक युद्ध भीतर की बुराई को दूर नहीं करता है। इसी कारण यीशु अपने विश्वासियों को भौतिक युद्ध में शामिल न होने के लिए कहता है क्योंकि वहाँ आत्मिक युद्ध जो अधिक महत्वपूर्ण और प्रभावशाली है। पौलुस विश्वासियों को शरीर के अनुसार लड़ने के लिए नहीं, बल्कि आत्मा में युद्ध करने के लिए प्रोत्साहित करता है "क्योंकि यद्यपि हम शरीर में चलते हैं, तौभी युद्ध नहीं करते मांस के अनुसार। हमारे युद्ध के हथियार नहीं हैं शारीरिक है, परन्तु गढ़ों को ढा देने के लिये परमेश्वर में सामर्थी है..." (2कुरिन्थियों 10:3-4)।

अभिषेक को बिना लूट के बर्बाद मत करो

पुराने नियम में हमें छुटकारा दिखाई नहीं देता है क्योंकि अधिकतर लोग शारीरिक युद्ध में लगे थे। आत्मिक युद्ध में सफलता तब हमें मिलता है जब हम दुसरे लोगों से युद्ध करना छोड़ते हैं। "क्योंकि हम मांस से नहीं लड़ते, और... रक्त, लेकिन रियासतों के खिलाफ, शक्तियों के खिलाफ, शासकों के खिलाफ इस युग के अंधकार से, दुष्टता के

आत्मकि यजमानों के वरि‍ुद्ध स्वर्गीय स्थान"(इफसियिों 6:12)। जब तक हम मांस और लहू के खलिाफ लड़ते हैं, तब तक हम परमेश्वर का अभषिेक प्राप्त कर नहीं कर सकते आत्मकि युद्ध में लड्नेके लएि।

दाऊद इसका एक अभूतपूर्व उदाहरण है। उसे दूर जाना पड़ा गोलयित के खलिाफ लड़ने से पहले अपने भाइयों के खलिाफ लड़ाई से। उसके भाइयों ने उसके इरादों और दलि पर सवाल उठाकर उसे उकसाया, जो उसे युद्ध में खींचने का एक तरीका था। भले ही उसके भाई फौजी थे,वे असली दुश्मन से नहीं लड़ रहे थे, इसके बजाय, उन्होंने अपने ही भाई के खलिाफ लड़ने की कशशि की। दाऊद अपना अभषिेक को बचाए रखा, असली युद्ध में लड़ने के लएि बनिा अपने भाइयों से लढे।

हमें याद रखना चाहएि, हर लड़ाई लड़ने लायक नहीं होती। अपने अभषिेक की रक्षा करना ताकसिही आत्मकि युद्ध लड़ सके। यदहिम दूसरों के साथ बहस करना, नदिा करना, अपने आप को बचाना या प्रतशिोध लेने की कोशशि करे जो हमें उकसाते है तो हम अपने जीवन की गोलअिथ के साथ लड़ने का अभषिेक खो देंगे। हां, आप जंग जीत सकते हैं अपने भाइयों के वरि‍ुद्ध,परन्तु असली दुश्मन के खलिाफ लड़ने की शक्तनि होगी तुझमें। इस कारण यीशु चुप रहे रोमन गवर्नर पलितुस के सामने। उनका इरादा युद्ध करने का नहीं था फरीसयिों और रोमयिों के वरि‍ुद्ध, इसके बजाय, उसका एकमात्र उद्देश्य था अंधकार की आत्मकि शक्तयिों से लड़ने के लएि। आप लड़ना चुन सकते हैं और कसिी भी समय दुष्ट को हरा सकते हैं, लेकनि आपको खुद से पूछना होगा, "क्या यह लड़ाई लड़ने लायक है?

प्रार्थना

"प्रभु यीशु, मैं आपके पास वैसे ही आता हूँ जैसे मैं हूँ, आत्मकि की वास्तवकिता से अन्धा हूँ। जैसे आपने बरतमिाई की आंखें खोलीं, कृपया मेरी आत्मकि आँखों को खोलें। पवत्रि आत्मा, मेरी आँखों को अपनी आँख के नमक से अभषिेक करें ताकमिैं देख सकूँ। स्वर्गीय पति‍ा, मुझे यह समझ दे क्योंकजिो हमारी और है, वह उनसे अधकि है, जो उनकी और है।"

अध्याय दो
छह दुष्ट आत्माएं

केसी क पति आठ साल की उम्र में एक दुष्ट देवता बाल के पास उसे समर्पति कयिा था। उसका परविार एक गुप्त समूह का हस्सिा था। जैसे-जैसे वह बढी़ अप दुष्ट आत्माओ ने उसके जीवन पर नयिंत्रण करना शुरू कर दयिा। उसके मन में आत्महत्या और अपने को काटने पीटने की इच्छा उत्पन्न होने लगी। जैसे-जैसे समय बीतता गया, उसमे मानसकि बीमारी जैसे सजि़ोफ्रेनयिा, बाइपोलर की लक्षण उसमे दखिने लगी। अत्यधकि मानसकि, भावनात्मक और शारीरकि शोषण के कारण केसी एक समलैंगकि जीवन शैली की शकिार हो गयी। दुष्ट आत्मा के कारण वह मानसकि रूप से पीड़ति हुई, जसिके कारण उसे चकित्सिा उपचार की आवश्यकता पडी़। उसके कारण उसे 15 अलग-अलग मनश्चकित्सिीय दवाएं, दनि में चार बार लेना पढ़ रहा था।

2018 में उसने नर्णिय कयिा की वो हंग्री जेनरेशन वार्षकि "उठाया गया उद्धार करने के लिए" सम्मेलन में भाग भाग लयिा। सभा के दौरान दुष्ट आत्मा उसमे प्रकट हुआ और पवत्रि आत्मा के शक्तसि उसे बाहर नकिाला गया। कुछ महीनों बाद, वह हंग्री जेनरेशन में वापस आई और उसे साझा कयिा उसके छुटकारे की गवाही। न केवल परमेश्वर ने उसे बाल की आत्मा और समलैंगकिता से मुक्त कयिा बल्कि उसे वह पूरी तरह से मानसकि बीमारी से चंगा कयिा। डॉक्टरों और पेशेवरों ने उसे सलाह दी कि उसकी सभी 15 दवाओं को बंद करने के लिए कम से कम दो साल लगेंगे।

हालाँकि, उसके छुटकारे के बाद, उसने उन सभी दवाइयों को लेना बंद कर दयिा; और उसके शरीर को कसिी नकारात्मक प्रभाव का अनुभव नहीं हुआ। वह एक स्थानीय कलीसयिा से भी जुडी़ और उसने साप्ताहकि बाइबल अध्ययन में भाग लेने लगी; वह प्रतदिनि अपनी बाइबल पढ़ने लगी और शास्त्र याद करने लगी। यह सब इसी के बारे में है की परमेश्वर लोगों क छुटकारा देता की बेहतर ढंग से उसकी सेवा हो। कोई भी दुष्टात्मा पवत्रि आत्मा की बराबरी नहीं कर सकता, न ही उसे यीशु के नाम की शक्त प्रिाप्त हो

सकता है। कभी-कभी मसीही इस तरह के शब्द इस्तमाल करते है "उस की आत्मा" या "शैतान की आत्मा" यह बनिा समझे जीवन

जीवन एक युद्ध का मैदान है खेल का मैदान नहीं। शैतान मजाक नहीं है, वह असली दुश्मन है। अधकिांश वशि्वासी युद्ध के दौरान पहली गलती करते हैं की वे दुश्मन को कम आंकते हैं और वह कसिके वरि्द लड़ रहे है इस ज्ञान की कमी होती है। जब हम कसिी का छुटकारा देखते हैं तब दुष्ट आत्मा अपना नाम बताता है, जैसे, "ईजेबेल की आत्मा," "क्रोध की आत्मा," और "मृत्यु की आत्मा।" कभी कभी ऐसा भी होता है की वे अपना नाम कसिी देवता, पशु, या ऐतहिासकि व्यक्त‌ि का नाम जो बहुत दुष्ट प्रकृत‌ि के थे बताते हैं। उनके नाम से उनके स्वभाव और कार्य का पता चलता है। हमारी आत्केमकि युद्ध कसिी अनभव पर आधारति ना होकर परमेश्वर के वचन के ऊपर आधारति होना चाहएि। हम पवति्रशास्त्र में देखते हैं क‌ि दुष्टात्माओं का एक नाम हो सकता है। यीशु अपने पार्थवि सेवकाई के दौरान इस वषिय पर प्रकाश डालें है।

क्षेत्र की सेना

मुझे इज़राइल जाने का सौभाग्य मलिा, और मैंने गलील का सागर देखा जहां यीशु ने तूफान को शांत कयिा था और एक शहर जहाँ पर उन्होंने एक व्यक्त‌ि को दुष्टात्माओं की सेना से छुटकारा दयिा था। (मरकुस 4:39 देखें)।

इस वशिेष छुटकारे से यह पता चलता है e व्यक्त‌ि के अन्दर कई दुष्ट आत्मा रह सकते हैं हैं, वास्तव में एक व्यक्त‌ि मेंं हजारों दुष्ट आत्मा नविास कर सकते हैं। आत्म-वनिाशकारी व्यवहार के पीछे दुष्ट आत्माएं होते हैं। एक दुष्ट आत्मा से ग्रसति व्यक्त‌ि असाधारण शारीरकि शक्त‌ि का प्रदर्शन कर सकता है।

उपर्युक्त कहानी में आवष्टि व्यक्त‌ि कब्रों के अंदर रहता था। दुष्ट आत्माएं कब्रों या कब्रस्तिानों में रहना पसंद करते हैं। इसकी तुलना पवति्र आत्मा से करें जो वशि्वासी में रहता है और हमें जीवति परमेश्वर का मंदरि बनाता है। इसके वपिरीत,दुष्ट आत्मा अपना नविास कब्रों में बनाना पसंद करते हैं। आप सोच रहे होंगे क‌ि ऐसा क्यों है। मंदरि जीवन के स्थान हैं, जबक‌ि कब्र मृत्यु के स्थान हैं। कब्रस्तिान वे स्थान हैं जहाँ जीवन हुआ करता था। यही कारण है क‌ि यीशु ने धार्मकि लोगों को कब्र के रूप में उल्लेख कयिा। वे परमेश्वर के लएि जीवति हुआ करते थे, परन्तु अब वे केवल एक ऐसी जगह हैं जहाँ दुष्ट आत्मा आ सकते हैं और नविास कर सकते हैं। यह है की कल के मन्ना पर जीना क्यों अत्यंत खतरनाक है; परमेश्वर आपके जीवन में बहुत समय पहले कसि तरह कार्य करते

थे परन्तु आज आपके अन्दर यीशु के लिए वह प्यार नही है। कल का मन्ना कीड़ा उत्पन्न करता है, इसलिए यदि आप उस पर जीते हैं तो आप एक कब्र के समान बन जाएँगे जहाँ पर दुष्ट आत्मा निवास करना पसंद करते हैं।

दुष्ट आत्माएं जानवरों में भी प्रवेश कर सकते हैं, क्योंकि वे आत्माएँ हैं जो भौतिक शरीरों की तलाश में रहतें हैं। उनका मुख्य लक्ष्य मनुष्य में बसना है,लेकिन जरूरत पड़ने पर, वे जानवरों के शरीर में भी बस सकते हैं। क्योंकि परमेश्वर द्वारा सूअरों को अशुद्ध माना जाता था,यह कोई आश्चर्य की बात नहीं है कि दुष्ट आत्मा सूअरों के झुंड में घुस गया। इसलिए अशुद्ध आत्माएं अशुद्ध विषियों में निवास करते हैं।

मनुष्य से बाहर, लेकिन देश से बाहर नहीं

अलग-अलग आत्माएं हैं जो स्थान और क्षेत्रों को नियंत्रित करती हैं। पुराने नियम में, दानिय्येल की प्रार्थनाओं के उत्तर में देरी हुई फारस के प्रधान के कारण, एक मजबूत क्षेत्रीय आत्मा फारस साम्राज्य के पीछे काम कर रही थी (दानिय्येल 10:12 देखें)। प्रेरित पौलुस ने इफसिुस के विश्विासिओं को बताया कि हम संसार के अन्रधिकार के हाकिम, प्यारधानो और अधिकारीयों से लड़ रहे है(इफसियिों 6:12 देखें)। हम यह समझ सकते है क्यों दुनिया के कुछ क्षेत्रों में अपराध की दर अधिक है,जैसे कि हत्या या हिंसा।

यह जानकर आपको झटका लग सकता है कि यीशु ने दुष्ट आत्माओं के अनुरोध का सम्मान किया और उन्हें उस चेत्र में रहने दिया (मत्ती 8:31-32 देखें)। ईश्वर अय्यूब पर हमला करने के शैतान के अनुरोध का भी सम्मान किया (देखें अय्यूब 1:12)। इसके अलावा, शैतान ने पतरस को गेहूँ के समान छानने का अनुमति माँगा (देखें लूका 22:31)। हम ठीक-ठीक नहीं जानते कि परमेश्वर ने ऐसा क्यों होने दिया, परन्तु एक बात निश्चित है, इससे हमें प्रार्थना करने और अधिक उपवास करने के लिए प्रेरित होना चाहिए। यदि परमेश्वर ने शैतान का जो विद्रोही था, उसके अनुरोधों का सम्मान कर सकता है, फिर हम जो परमेश्वर के संतान हैं कितिना अधिक प्रार्थनाओ का उत्तर देगा। जब हम परमेश्वर की सिद्ध इच्छा के अनुसार माँगते हैं, हमें अपनी प्रार्थनाओं का उत्तर मिलता है।

दुष्टात्माओं ने यीशु से उस क्षेत्र में रहने की विनिती की; इसके विपरीत लोगों ने यीशु से उस क्षेत्र को छोड़ने के लिए विनिती की। यीशु ने दोनों के अनुरोधों का सम्मानित किया। फिर भी, जिस मनुष्य को छुटकारा मिला था जब उसने यीशु से अनुरोध किया उस स्थान को छोड़ कर उसके पीछे चलने का यीशु ने उसे मन किया। हम यह समझ सकते हैं यीशु ने उसे उसी क्षेत्र में वापस भेज दिया जिस पर दुष्ट आत्माओ का कब्जा था। उसकी

गवाही उस क्षेत्र के लिए महत्पूर्ण था। यीशु हमेशा अपने प्रतनिधियों को उन क्षेत्रों में छोड़ देते हैं जो उन्हें अस्वीकार करते हैं, ताक उनकी गवाही के द्वारा उन्हें दूसरा मौका मलि सके। जब परमेश्वर आपको स्वतंत्र करता है, तो वह इस उद्देश्य से करता है की दूसरों को आज़ादी मलि जो समान आत्माओं से बंधे हैं।

दुष्ट आत्माएं बोलते हैं

इस छुटकारे के बारे में जो महत्वपूर्ण और अलग था वह यह है कयीशु ने दुष्टात्मा से पूछताछ की। इससे पता चलता है क दुष्ट आत्माएं बात कर सकते हैं, हालाँक, हमें ऐसा कोई नर्दिेश नहीं दयिा गया है की हम शत्रु से बातचीत करें, लेकनि उसे बाहर करना हमारा काम है। दुष्ट आत्माओ को छुडाते समय कभी कभी यीशु की तरह पूछ सकते है "आप इस व्यक्त में कैसे प्रवष्टि हुए?" और "आपने इस व्यक्त के साथ क्या कयिा है?" जब दुष्ट आत्माएं चल्लिाती हैं, वे आमतौर पर स्वीकार करते हैं क उन्होंने पाप के माध्यम से प्रवेश कयिा, और वे भी स्वीकार करें क वे प्रार्थना से कतिना घृणा करते हैं। इससे वश्विसओिं को यह सीख मलिता है की दुष्ट आत्माएं पाप के द्वारा प्रवेश करता है परन्तु केवल चोरी करने, घात करने और नस्ट करने को आता है।

उदाहरण के लिए, परमेश्वर ने गदिोन को शत्रु के शवरि में जाने के लिए कहा और

सुनिए वे क्या कह रहे थे। परमेश्वर का वचन गदिोन के लिए पर्याप्त था, परन्तु परमेश्वर चाहता था क गदिोन दुश्मन का बातचीत सुने। हम हमेशा अपने युवाओं से कहते हैं, "

पाप से दूर रहो, अपने माता-पति का आदर करो, और प्रभु के साथ चलो।" लेकनि कुछ इन शब्दों पर ध्यान देने से इनकार करते हैं। हालाँक, जब वे छुटकारे को अपने आँख से देखते है कसि तरह दुष्ट आत्माएं उन लोगों के जीवन में कार्य करता है जो पाप में जीते हैं और उन में परमेश्वर का भय आता है ।

हम यह नहीं चाहते है शैतान जाने प्रार्थना कतिना शक्तशिाली है; हालाँक,जब दुष्ट आत्माएं प्रार्थना के समय चल्लिाते हैं, प्रार्थना उनमे आग की तरह कार्य करता है। इससे हमें पता चलता है क प्रार्थना और उपवास अन्धकार के साम्राज्य के खलिाफ शक्तशिाली हथयिार है।

जो लोग हमारे कलीसयिा या सभाओं में आते हैं उन्हें हम मीडयिा रलीज फॉर्म पर हस्ताक्षर करने के लिए कहते है ताक उनकी गवाही को हम ऑनलाइन के माध्यम से दखिा सके परमेश्वर की महमिा के लिए। वहाँ कई बार पासवानो ने इस अभ्यास की आलोचना करते है। वे दावा करते हैं क इस सामग्री को जनता के साथ साझा करने से लोग शर्मिंदा

होते हैं और शैतान को ऊपर उठाता है। इसके वपिरीत, हमने पाया है कि यिह साबति करता है कि छुटकारा शैतान को लज्जति करता है, लोगों का वश्विास बढ़ाता है, और इस नई पीढ़ी में परमेश्वर का भय बढ़ाता है। यीशु ने कसिी भी सुसमाचार में इस छुटकारे को अलग नहीं कयिा या नजिी तौर पर in कामों को कयिा। उसने उन्हें दखिावे के लिए नहीं, बल्कि परमेश्वर की महमिा करने के लिए कयिा और संघर्ष कर रहे लोगों की मदद करने के लिए।

दुष्ट आत्माओं के नाम उनके प्रकृति को प्रकट करता हैं

शास्त्र में दुष्ट आत्माओं के नाम दयिा गया, ताकि हिम उनकी प्रकृति और उनके कार्य को लोगों के जीवन में समझ सके। हम यह जानते हैं दुष्टात्माएँ पतति स्वर्गदूत हैं जो शैतान की सेवा करते हैं (प्रकाशतिवाक्य 12:8-9 देखें)। दुष्ट आत्माओं को बुरी आत्माएं, अशुद्ध आत्माएं, परचिति आत्माएं, झूठ बोलने की आत्मा,और शैतान के दूत कहा जाता है। चूँकि शैतान ईश्वर नहीं है, वह एक ही समय में हर स्थान पर रह नहीं सकता, इसलिए वह अपना अधकिांश गंदा काम दुष्ट आत्माओं के माध्यम से करता है।

उनका लक्ष्य लुभाना, परेशान करना, पीड़ा देना, गुलाम बनाना, लत में डालना, अशुद्ध करना, धोखा देना और भौतकि शरीर पर आक्रमण करना है। आइए देखते हैं दुष्ट आत्माओं के कुछ नामों पर, जनिका उल्लेख शास्त्र में कयिा गया है।

भय की आत्मा

बाइबल कहती है कि भिय की आत्मा है (देखें 2 तीमुथयिुस 1:7)। प्रेरति पौलुस युवा पासवान तीमुथयिुस को यह बताने के लिए लखिता है कि परमेश्वर ने हमें भय की आत्मा नहीं दी है। इस प्रकार का भय प्राकृतकि भय से भन्नि है, जो परमेश्वर ने हमें रक्षा करने के लिए दयिा है। यह भय परमेश्वर के भय से भन्नि है, जो परमेश्वर का भय मानना और उसे सम्मान देना है। भय की आत्मा अत्यंत शैतानी है, क्योंकि यिह हमारी क्षमता को पंगु बना देता है और हमें कैद करता है। वास्तव में,शैतान के राज्य में सब कुछ भय से चलता है। दूसरी ओर, परमेश्वर के राज्य वश्विास से संचालति होता है। हमें समझना चाहिए कि दुष्ट आत्माओं के कारण अप्राकृतकि भय जैसे हालात का डर, मौत, कार चलाना, या अन्य लोगों के प्रति भिय। इन्हीं कारणों से लोग पागल होने का डर, पुरानी समयबद्धता, व्यामोह, भय का अनुभव, अलगाव का डर, असफलता का डर, अपनी नौकरी खोने का डर, शादीशुदा, बीमार होने का डर, घबराहट और बुरे सपने।

मेरी खूबसूरत पत्नी से शादी के बाद उन पर दुष्ट आत्माओं के हमले होने लगे

रात के दौरान। उन्हें लगातार डरावने सपने आते रहते थे। कई बार मैं उन्हें नींद से जगाता था जब वह नींद में पीड़ा का अनुभव कर रोती थी। ये बुरे सपने वास्तव में दनि के दौरान उनके व्यवहार को प्रभावति करता था, जसिसे हमारा रशि्ता खराब होने लगा। इसके कारण वह अपने आप को अकेली महसूस करती थी ज उनकी सेवा और कार्य को प्रभावति करता था। हमें लगता था यह केवल भावनात्मक हालात है और मुझे भी ऐसा ही लगता था। समय के साथ हमें समझ में आने लगा इसका जड़ और भी गहरा है, केवल भावना नहीं। यह स्थतिहिमें बहुत प्रभावति कर रही थी, क्योंकयिह थी हर दूसरी रात होने वाली घटना थी। हम समझ गए कयिह मुद्दा शैतानकि था। हम, तब, इस वरिोध के खलिाफ खडे हुए और हमारी स्थतिकि लिए प्रार्थना करने के लिए दूसरों को भी शामलि कयिा। इसके बाद दुष्ट आत्मा हार गई, और शक्त‌ि, प्रेम और स्वस्थ मन मेरी पत्नी की नई जीवन शैली का हसि्सा हो गया। डर हमेशा हमें नयिंत्रति करता है, हमारी क्षमता को सीमति करता है और हमारे आंतरकि आनंद को अपंग बनता है। परमेश्वर हमें कभी डर की आत्मा नहीं देता है, इसके बजाय, वह एक बहुत अच्छा पति है और हमें प्यार और अच्छाई की आत्मा देता है।

वासना की आत्मा

वासना, या अनैतकिता की आत्मा,हमारी संस्कृतमिें सबसे अधकि प्रचलति आत्मा है (होशे 5:4 देखें)। यह वासना की आत्मा हर बुरे कार्य जैसे अश्लील साहति्य, व्यभचिार, लुचपन, वेश्यावृत्तऔिर समलैंगकिता। कई बार यह दुष्ट आत्मा यौन सपने दखिाते है, और इसे हमारे आत्मकि पतयिा आत्मकि पत्नी के रूप में प्रकट करते हैं। यह दुष्ट आत्मा अववािहतिों को ववािह पूर्व यौन संबंध बनाने के लिए प्रेरति करता है और इसके वपिरीत, यह ववािहति जोड़ों को अलग करती है, और उनसे शादी में सच्ची अंतरंगता से दूर रखती है।

वासना की आत्मा को वास्तव में सेक्स में कोई दलिचस्पी नहीं है, लेकनि इसका एकमात्र उद्देश्य हमें पाप में गरिना है। इस वासना का फल टकिाऊ नहीं है और यह कभी संतुष्ट नहीं होता है। ज्यादातर लोग जो इन वासनापूर्ण व्यवहार में शामलि होते हैं उन्हें पता चलता है शरीर कभी संतुस्ट नहीं होता है लेकनि कुछ और है जो यह काम करने के लिए प्रेरति करता है।

मैं, स्वयं, अश्लील साहति्य की आत्मा से छुड़ाया गया था, और मैं गवाही दे सकता हूँ कनिश्चिति समय पर यह दुष्ट आत्मा मुझ पर हावी हो जाती थी और मुझे कनिारे पर ले जाती थी। मै शैतान को अपने कार्य के लिए दोषी नही ठहराता। हालाँक‌ि, मुझे इस बात का एहसास हुआ कचिाहे कतिना भी कोशशि मै करू, पश्चाताप और प्रतज्ञिा करू कि

मैं फरि एक बार पाप ना करू, मै वही अश्लीलता में लप्ति हो जाता था। मैं वास्तव में उस स्थति सि नफरत करता था जसिमें मैं था।

दासत्व की आत्मा

बहुत से लोग यह अहसास नहीं होता हैं क सिभी लतों के पीछे एक दासत्व की आत्मा है (देखें रोमयिों 8:15)। यह दुष्टात्मा लोगों को प्रेरति करता है शराब, ड्रग्स, धूम्रपान, जुआ और वीडयिो गेम की लत लगाने के लिए।

कुछ हल्की लतें भी हैं जनिका श्रेय इस आत्मा को दयिा जाता है,जैसे भोजन, टेलीवजिन, सेल फोन, कंप्यूटर,पैसा, काम, नींद और लगातार सुस्ती। कई आरोग्य प्राप्त कार्यक्रम प्रभावी नहीं होते हैं, क्योंक वि इन लतों की आत्मक जिड़ से नपिटने में वफिल होते हैं । लत की तुलना एक मकड़ी के जाले से की जा सकती है, और एक शैतान की मकड़ी से । जब तक हम मकड़ी को नहीं मार देते,मकड़ी के जाले साफ करना पूरी तरह से नष्प्रिभावी होता है।

एक बार कसिी कलीसयिा के एक अगुवे ने उनके धूम्रपान से छुटकारे के वषिय में एक गवाही दी। मसीही बनने के बाद भी, वह धूम्रपान छोड़ने के लिए असमर्थ था। फरि, एक वशिेष शाम की आराधना के बाद, वह एक फ़लाने सड़क पर चल रहा था, और तब परमेश्वर ने अचानक उसकी आँखें आत्मक दिुनयिा के प्रत खिोल दी । उसने दो दुष्टात्माओं को बजिली के तारों पर बैठे देखा, और उसने उनकी बातचीत सुनी। एक दुष्टात्मा ने दूसरे से कहा, "देखो वह कलीसयिा से आ रहा है, वह धूम्रपान छोड़ने जा रहा है।" अन्य दुष्टात्मा ने उत्तर दयिा, "मेरे ऐसा करने के बाद वह धूम्रपान करेगा।" इस दुष्टात्मा ने एक तार खींच लयिा और, तुरंत, कलीसयिा के इस अगुवे में एक इच्छा होने लगी धूम्रपान करने की । उसी क्षण उन्हें एहसास हुआ क उिनकी धूम्रपान करने की तीव्र इच्छा इस दुष्टात्मा के एक तार खींचने के परणािमस्वरूप हुई थी। एक पवति्र क्रोध फरि उनके ऊपर आया , और उन्होंने धूम्रपान करने के शैतान के प्रभावति आग्रह का वरिोध कयिा। उसी क्षण से, वह फरि कभी धूम्रपान न करने के लिए छुटकारा पा गये। जैसा पवति्र आत्मा हमें उननी इच्छाएँ देता है, इसके वपिरीत, शैतान भी कोशशि करेगा पीने, धूम्रपान करने, पोर्न देखने, जुआ खेलने, धोखा देने,और अन्य अनैतक कार्य की प्रबल इच्छा पैदा करने के लिए।

दुर्बलता की आत्मा

एक और आत्मा जसि हम पवत्रिशास्त्र में पाते हैं वह दुर्बलता की आत्मा है (देखें लूका 13:11; मरकुस 9:25)। अक्सर, ये दुष्टात्मा एलर्जी, मधुमेह, गठयिा, कैंसर, लगातार कमजोरी, मानसकि परेशानयिाँ, पीठ की समस्याएं, अंग वफिलता, तंत्रकिा गड़बड़यिा,जीर्ण

चकत्ते, और फंगल संक्रमण का कारण होती है। इससे हमें आश्चर्य नहीं होना चाहए क्योंक

यीशु ने उन लोगों को चंगा कयिा जो शैतान के द्वारा सताए गए थे (देखें प्रेरतिों के काम

10:38)। परमेश्वर ने लोगों को बीमारयिाँ नहीं दीं; यह स्पष्ट है क लोग जब उनके शरीर बीमार होते हैं तब वे शैतानी उत्पीड़न के अधीन होते हैं |

अगर बीमारी परमेश्वर की ओर से होती, तो डॉक्टर के पास जाने की कोई कोशशि

और दवा लेना ईश्वर की इच्छा का अपमान होता। बीमारी हमेशा शैतान की ओर से होती है। हम इस तथ्य को सोमवार से शनविार तक स्वीकार करते हैं, लेकनि रववार को, कसिी कारण से, हम मानो बीमार होना अच्छी बात समझते है। यीशु ने हमारी सारी दुर्बलताओं को अपने साथ क्रूस पर उठा लयिा, हमारे सारे पापों के साथ। हर कोई जो यीशु के पास उसकी सांसारकि सेवकाई के दौरान आया था और चंगाई मांगी, वह चंगा हो गया। उसका क्रूस पर पूरा कयिा हुआ कार्य हमारा मानक है। आप पूछ सकते हैं, "अय्यूब के बारे में क्या?", "पौलुस के कांटे के बारे में क्या?" यीशु हमारा मानक है, अय्यूब नहीं या पौलुस भी नहीं। यीशु परमेश्वर है। वह पति के स्वभाव का सबसे अच्छा उदाहरण है। मुझे कोई दृष्टान्त नहीं दखिा

जहां कोई बीमार था, और उसने यीशु से उन्हें चंगा करने के लिए कहा और उसने मना कर दयिा हो।

यह ध्यान रखना दलिचस्प है क यीशु ने चंगाई के लिए प्रार्थना नहीं की, उसने

बस लोगों को चंगा कयिा। उन्होंने बीमारयिों को डांटा चाहे सरि का सामान्य ज्वर क्यों ना हो (देखें लूका 4:39)। यीशु ने एक स्त्री को भी आज्ञा दी उस पीठ के दर्द से छुटकारे के लिए जसिने उसे अठारह वर्षों से परेशान कर रखा था (लूका 13:12 देखें)। लूक का सुसमाचार यह स्पष्ट करता है क यीशु ने यह नहीं कहा, "अपनी बीमारी से चंगे हो जाओ," क्योंक उसकी बीमारी शैतानी उत्पीड़न का परणािम थी। यीशु ने यह कहकर इस तथ्य की पुष्ट की

क शैतान ने उसे अठारह वर्ष से बाँध रखा था (देखें लूका 13:16)।

हमें अधकि चंगाई न दखिाई देने का एक कारण यह है कि केवल हम चंगाई के लिए प्रार्थना करते हैं दुर्बलता की आत्मा को दूर करने के बजाय । हमारे एक सम्मेलन के दौरान, एक व्यक्त चिंगाई प्राप्त करने के लिए दूसरे राज्य से आया था। उन्हें ल्यूकेमयिा की गंभीर बीमारी थी। हालांकि, उनके देर से आने के कारण, वह प्रार्थना में सम्मलिति नहीं हो पाए। फरि भी, सेवा के दौरान,सभी लोगों के लिए सामूहकि प्रार्थना की गयी थी। पवति्र आत्मा की आग हमारे पवति्रस्थान में उतर आई, और दुष्ट आत्माएं प्रकट होने लगीं और नकिलने लगी। इस आदमी ने खुद को फर्श पर फेंका हुआ पाया, यीशु के नाम से छुटकारा प्राप्त कयिा हुआ। जब वह घर वापस गया,

उसने रक्त जाँच कराई और डॉक्टरों ने पुष्ट की कि वह पूरी तरह से ठीक हो गया था। उसने हर छह महीने में रक्त परीक्षण को दोहराया,और प्रत्येक परीक्षण ने पुष्टि की कि वह ठीक हो गया था, परमेश्वर की महमिा के लिए। जसि क्षण बीमारी की आत्मा को नकिाल दयिा जाता है, चंगाई प्राप्त हो जाती है।

और एक बार, एक युवा जोडे. ने हमारी टीम के पास अपनी माँ को लाया

प्रार्थना के लिए । इस महलिा को क्रॉनकि स्लीप एपनयिा (सोते हुए सांस रकने की बीमारी) थी, इसलिए वह रात में मशीन के साथ सोती थी, और हमेशा थकी रहती थी। हमारी प्रार्थना के दौरान स्लीप एपनयिा की इस दुष्ट आत्मा को बाहर नकिाल दयिा गया। जब वह घर गई तो वह बलि्कुल ठीक महसूस कर रही थी और उनकी श्वास मशीन के बनिा सो पाने में समर्थ थी। इसके बाद जब डॉक्टर ने उनकी जांच की तो उन्होंने पुष्ट की कि वह पूरी तरह से नींद की दुर्बलता से छुटकारा पा चुकी थी। दुर्बलता की आत्मा मरणासन्न बीमारी ला सकती है, परन्तु परमेश्वर की आत्मा हमेशा उस बीमारी का स्थाई समाधान करेगा।

हम शास्त्र में और अपने अनुभव से देखते हैं कि दुष्टात्मा बीमारी ला सकती है। हालांकि, इसका मतलब यह नहीं है कि हर व्यक्त जो बीमार है वह दुष्ट आत्मा ग्रसति है। बाइबलि इस वचिार को ना सखिाती है ना उस पर वशि्वास करने को कहती है।

घमण्ड की आत्मा

घमण्ड की आत्मा भी एक वास्तवकि दुष्टात्मा है (नीतवचिन 16:18 देखें)। जैसा सुलैमान हमें सखिाता है, यह आत्मा वनिाश से पहले जाती है। इसका मतलब यह है इससे पहले कि शैतान वनिाश ला सके, वह पहले एक दुष्टात्मा भेजता है गौरव के नाम से। यह आत्मा अहंकार, बदला,वद्रिोह, अहंमन्यता, शक्त की लालसा, आलोचना, क्रोध, स्वतंत्रता,क्रूरता, और ईर्ष्या लाता है।

संक्षेप में, घमण्ड स्वयं की मूर्तपूजक आराधना है। गौरव नरक का राष्ट्रीय धर्म है। वस्तुतः व्यक्ति के भीतर जतिना अहंकार होता है उसमे दुष्टात्माओं की संख्या उतनी ही होती है। घमण्ड ने लूसफ़िर को बदल दयिा,अभषिक्ति करूब, से शैतान में (देखें यहेजकेल 28:14)। यह दुष्ट आत्मा नश्चिति रूप से जसिमे प्रवेश करती है उस हर चीज को नष्ट कर देती है।

घमण्ड हमारे हृदय में शैतान के लिए एक खुला द्वार नर्मिति करेगा हार लाने के लिए । दूसरे शब्दों में, आत्म-धार्मकिता घमण्ड लाती है, और घमण्ड दुष्टात्माओं को आकर्षति करता है, और यह दुष्टात्मा हार लाती है। जब यीशु ने अपने शष्यिों से कहा क उनमें से हर एक अंततः उसे त्याग देगा, पतरस असहमत था। पतरस अत आत्मवश्विासी था और उसे खुद के यीशु के प्रतपि्रतबिद्धता पर घमण्ड था। तब शैतान ने इसका फायदा उठाया, और इस कारण से, उसने पतरस को के परखने लिए कहा और अन्य शष्यिों को नहीं (देखें लूक 22:31)।

जब हम घमण्ड की आत्मा के आगे झुक जाते हैं, तो वह अंततः हमारे लिए वनिाश लाती है। इस लिए, वनिम्रता से चलना सबसे अच्छा है, क्योंक ऐसा करना

पवत्रि आत्मा और उसकी शक्ति को आकर्षति करना है।

भावी कहने वाली आत्मा

अंत में, एक दुष्टात्मा है जसि भावी कहने वाली आत्मा या अजगर की आत्मा कहा जाता है (प्रेरतिों के काम 16:16 देखें)। यह आत्मा तंत्रवद्यिा से संचालति होती है जैसे फ्री मेसनरी, साइंटोलॉजी, सीक्रेट सोसाइटीज, नया ज़माना, पूर्वी धर्म, भाग्य बताना, श्रृंखला पत्र, काला और सफेद जादू,शैतान को बुलाना, सम्मोहन, अंकशास्त्र, शैतानी प्रार्थना,जल जादू, उत्तोलन, आकर्षण, ओएजा बोर्ड, कुंडली,राश चिन्हि, और ड्रीम कैचर।

मेरे एक अच्छे मत्रि हैं, जो एक महान पास्टर हैं, जनिकी बेटी को हाल ही में अजगर की आत्मा से छुटकारा मलिा है। यह आत्मा खरपतवार धूम्रपान के माध्यम से, तंत्रवद्यिा के छड़िकाव,और वशिेष रूप से फ्री मेसनरी से उसके पास आई। फरि भी, कसिी भी अजगर का परमेश्वर के मेम्ने के आगे कोई मुकाबला नहीं है, इसलिए, वह इस पीड़ादायक आत्मा से छुटकारा पा गई।

अजगर हमेशा धोखा देना चाहता है। प्रेरतिों के काम की पुस्तक, अध्याय 16,में एक लड़की थी जसि पर दुष्टात्मा थी और वह इस दुष्टात्मा के प्रभाव के तहत सही ढंग

छह दुष्ट आत्माएं

से भावी कह रही थी । अगर प्रेरति पौलुस को ववि‍क उपहार होता, तो वह इस लड़की से अनुरोध करते उनके साथ सुसमाचार फैलाने में मदद करने एक लिए।

बाइबलि में शैतान का पहला वर्णन तब था जब उसने हमारी दुनयिा में एक साँप के रूप में प्रवेश कयिा था । साथ ही, शैतान का अंतमि उल्लेख भी साँप के रूप में था ।

अजगर ज्यादातर सांपों से अलग होता है। यह ध्यान रखना दलिचस्प है

कज्यिादातर कीडे़ खून चूसने के लिए काटते हैं, सांप जहर छोड़ने के लिए काटते हैं,

लेकनि अजगर अपने शकिार को दबोच कर मार डालता है। अजगर की यह आत्मा हमारी आत्मकि सांस के पीछे है । यह हमारे आत्मकि जीवन का गला घोंट देगा पवत्रि आत्मा के साथ, और यह हेरफेर , धमकी और प्रभुत्व द्वारा इसे पूरा करता है ।

पवत्रि आत्मा के वपिरीत, दुष्टात्माएँ हमेशा नयिंत्रण करने, हावी होने, और लोगों को डराने की तलाश में रहते हैं। हमें इसकी चपेट में नहीं आने के लिए सतर्क रहना चाहिए । कोई भी जो परमेश्वर के नाम से बोलता है, लेकनि लोगों पर हावी होता है और उन्हें यंत्रति करने का प्रयास करता है वह अशुद्ध आत्मा के प्रभाव में है । इसके वपिरीत, पवत्रि आत्मा कबूतर के समान है; वो जबरदस्ती नहीं करता, नयिंत्रण नहीं करता, धोखा नहीं देता, हेरफेर नहीं करता या डराता नहीं। ऐसे में यह जरूरी है जो नेतृत्व में हैं वे अजगर की आत्मा से अपने दलि की रक्षा करे।

जैसा कहिम देख सकते हैं,दुष्टात्माओं के नाम होते हैं, और उनके नाम उनके वास्तवकि कार्य को प्रकट करते हैं । यह संभव है कऊिपर बताई गई इनमें से कुछ आत्माएं, आज आपके जीवन में सक्रयि हो सकती हैं। फरि भी, आश्वस्त रहें कयिीशु में आपके लिए सच्चा छुटकारा है। यह अद्भुत छुटकारा उतनी ही वास्तवकि है जतिना वर्तमान में आपका बंधन हो सकता हैं ।

प्रार्थना

"प्रयि यीशु, अपने पवत्रि आत्मा को मेरे हृदय में भेजने के लिए धन्यवाद। मुझे कबूतर के स्वभाव के समान बनने की सामर्थ दें। मैं पश्चाताप करता हूं हेरफेर के कसिी पाप के लिए। मुझे माफ़ करना, अगर मैंने अपने पद का इस्तेमाल हावी होने के लिए और दूसरों को डराने के लिए कयिा है । मैं कसिी भी गर्व और अतआित्मवश्विास के लिए पश्चाताप करता हूं जो मुझे शैतान की तरह कार्य करने दयिा। मैं वासना की आत्मा के लिए पश्चाताप करता हूं जसि मैंने अपने जीवन में बडे़ पैमाने पर चलाने की अनुमतदिी। मुझे क्षमा कर दें पतिाजी!

स्वतंत्र होना / पंजिडे. से छूटना

मैं भय की हर आत्मा को बाहर नकिालता हूं और शक्ति, प्रेम और अच्छे मन की आत्मा को प्राप्त करता हूं । मैं हर उस आत्मा को बाहर नकिाल देता हूँ जो कसिी बंधन या लत के पीछे है। कसिी बमिारी या दर्द की आत्मा को मैं यीशु के नाम स आज्ञा देता हूँ की वो मुझसे चली जाएँ। मैं हर तरह की धमकी , पभुत्व और हेरफेर के खलिाफ खडा हूं जसिने मेरे वरिूद्ध कार्य कयिा। पवति्र आत्मा, आपकी मदद के लएि, धन्यवाद।"

अध्याय 3
दरवाजा खोलें

मेरी सबसे बडी़ चूक है खुले दरवाजे । मैं तब तक प्रार्थना नहीं करता जब तक कि कमरे या गिरिजे के सभी दरवाजे बंद न हो जाएं । मैं खुले दरवाजे के बारे में हमेशा जागरूक रहता हूँ। मेरी पत्नी और मेरे पास हमेशा हमारे घर में लोग रहते है । इसलिए, मैं अपने घर में रहने वालों को याद दिलाता हूं घर से निकलने से पहले सभी दरवाजे और खिड़कियां बंद कर दें। एक समय था जब हमारे एक स्थानीय पार्क में एक कार्यक्रम था, जहाँ हमारी

आराधना के सदस्य गा रहे थे। हम पूरे दिन पार्क में थे, तो जब तक हम घर पहुंचे तब तक अंधेरा हो गया था।

जब मैंने अपने घर में प्रवेश किया और बैठक कमरे में कदम रखा, अचानक हवा का झोंका महसूस किया। उस पल, मुझे लगा कि मैं जैसे मैंने कुछ आत्मिक अनुभव किया जैसा प्रेरितों के काम की किताब, अध्याय 2 में वर्णित हैं | बाद में, एक कमरे से मैंने गली में होता एक शोर सुना। जैसे ही मैं उस कमरे में जाने लगा, मैंने देखा रसोई में कई दराजें खुली हुई हैं, और मैंने देखा सामान तख्तों से लटक रहा है। जिस क्षण मैंने कमरे में प्रवेश किया, मैंने देखा कि पूरा कमरा अस्त-व्यस्त था, मानो विनाशकारी बवंडर यहाँ से गुज़रा हो । इस कमरे में सब कुछ उलटा-पलटा था । इसके अलावा, मैंने देखा कि खिड़की के खाचों के रक्षक को हटाकर खिड़की के पास छोड़ दिया गया था। वहां पूरी सूखी दीवारों पर और खिड़की जो खुली रह गई थी उसके फ्रेम पर दस्तानों के छाप थे ।

हमें एहसास हुआ कि एक घुसपैठिया हमारे घर में घुस आया था जब हम पार्क में थे। यह वास्तव में एक डरावना एहसास था, और हमें आक्रमण से डर था , क्योंकि इस घुसपैठिए ने हमारी निजी स्थान में दखल किया था। यह घुसपैठिया हमारे सभी सामानों को टटोला था, गैरेज की चीजों सहित। हैरानी की बात है, मैंने देखा कि कंप्यूटर, आईपैड, गहने और बाकी सब कुछ अभी भी अपने मूल स्थान पर था। हमारा कोई सामान गायब नही हुआ,वाहन को छोड़कर। विडंबना यह है कि जो वाहन चोरी हुआ वह हमारा भी नहीं था। यह

कार हमें उधार दी गई थी, क्योंकि हमने हमारे दोनों वाहन दे दिए थे। हमारे घर में सेंध लग गई थी, लेकिन केवल वह वाहन गायब था।

यह स्पष्ट है कि इस चोर ने हमारा अध्ययन किया था और प्रतीक्षा की थी

उपयुक्त समय की - जब सभी लोग घर पर ना हो तो वह अंदर घुस आए। वह इसलिए सफल हुआ क्योंकि एक व्यक्ति ने खिड़कियों को खुला छोड़ दिया था।

पुलिस रिपोर्ट दर्ज करने के बाद, कुछ बहुत ही दिलचस्प हुआ। वह व्यक्ति जिसका वह कमरा था जिससे चोर हमारे घर में घुसा था - उसी ने हमारी चोरी हुई कार को पास की पार्किंग में देखा, कुछ लोगों को छोड़ते वक्त। पुलिस पहुंची तो पाया कि कार में एक नोट लिखा था, "मुझे आपकी कार चुराने के लिए माफी दें।" सयोंग से हमारे लिए, चोर का हृदय परिवर्तन हो गया था। हमने भी उस दिन एक बहुत ही मूल्यवान सबक सीखा! अगर हम एक चोर से अपनी रक्षा करना चाहते हैं, हमें यह सुनिश्चित करना चाहिए कि हमारे दरवाजे और खिड़कियां बंद रहें, क्योंकि चोर हमेशा खुले दरवाजे की तलाश में रहता है।

शैतान चोर है; और, एक चोर की तरह, वह रात में सबसे अच्छा कार्य करता है (देखें युहन्ना 10:10)। वह गुप्त रूप से और गुमनाम रूप से काम करना पसंद करता है। उसकी शैतानी गतिविधि के बाद , हमारे जीवन में हमेशा कुछ न कुछ छूट जाता है।

हालांकि, कुछ खोने और चोरी होने के बीच एक अंतर है । लापरवाही से हम चीजों को खो देते हैं, लेकिन कई बार जब हम याद करते हैं कि हमने उन्हें कहाँ छोड़ा था, तो हम इन वस्तुओं को ढूँढ़ने में सक्षम होते हैं। दूसरी ओर, जब कोई चीज चोरी होती है, तो वह हमेशा एक चोर का काम होता है।

जब आनंद, शांति, या पवित्रता गायब हो जाती है, तो आप सुनिश्चित हो सकते हैं कि शैतान - चोर की तरह, आपके जीवन से गुजरा है और उसमें से चोरी की है। लेकिन

एक चोर की तरह, वह चोरी नहीं कर सकता अगर हम अपने जीवन को पवित्र जीवन में सुरक्षित रखते हैं। शैतान हमेशा हमारा अध्ययन करता रहता है ताकी अवसर की एक खुली खिड़की पा सके जिसका उपयोग वह अंदर आने और सामान लेने के लिए कर सके ।

आपको समझना होगा, चोर मेरे घर में रहने के लिए कभी नहीं आया था, लेकिन वह घर में घुसा और कुछ लिया। यदि शैतान आपके भीतर रहकर आप पर अधिकार नहीं कर सकता, वह आपसे चीजें ले कर आपको परेशान करने की कोशिश करेगा यदि आप

समझौते की एक खुली खिड़की छोड़ दें।

पाप ट्रोजन हॉर्स है

शैतान तभी काम कर सकता है जब पाप कयिा जाए। परमेश्वर काम नहीं कर सकते हमारे वशि्वास के बनिा और उसी तरह, शैतान पाप के असि्तत्व के बनिा कुछ नहीं कर सकता है। पाप एक व्यक्तिके जीवन तक शैतान की पहुंच है। बाइबलि चेतावनी देती है, "... और न शैतान को अवसर दो," (इफसियिों 4:27)। यह शास्त्र मसीहयिों को सलाह देने के लिए लखिा गया है। मसीहयिों के रूप में,हम अपने जीवन को शैतान के लिए खोल देतें हैं जब हम पापपूर्ण व्यवहारों के आगे झुक जाते हैं । आदम और हव्वा शैतान के अधकिार में आ गए जानबूझ कर कयिे गए पाप के द्वारा। हालाँकि,"इस दुनयिा के राजकुमार" के पास यीशु पर कुछ भी नहीं था, उसके नषि्पाप जीवन के कारण (देखें यूहन्ना 14:30)।

ट्रोजन युद्ध के बारे में एक प्रसदि्ध कहानी है, जहाँ यूनानयिों ने दुश्मन के शहर में प्रवेश करने के लिए एक लकड़ी के ट्रोजन घोड़े का इस्तेमाल कयिा और युद्ध जीता। 10 साल की बेकार घेराबंदी के बाद, यूनानयिों ने एक वशिाल लकड़ी का घोड़ा बनाया और कुछ शक्तशिाली लोगों को अंदर छपिा दयिा। उस शहर के लोगों ने सोचा कि यह यूनानयिों से एक उपहार है और इस बात का एहसास नहीं कयिा की यह केवल एक जाल था। उसी तरह, पाप हमेशा एक उपहार की तरह लगता है,मज़ा और खेल, लेकनि वह शैतान का एक जाल है।

उत्पत्ति अध्याय 3 में, हमें शैतान के चरति्र के बारे में अंतर्दृष्टि दी गई है । वह चालाक, डरपोक और धोखेबाज है। पाप न केवल परमेश्वर के प्रति एक अपराध है, बल्कि उनकी इच्छा का प्रत्यक्ष वदि्रोह है। पाप एक खुला द्वार भी है जसिके द्वारा शैतान आक्रमण कर सकता है, अत्याचार कर सकता है, और, कुछ मामलों में, एक व्यक्तिमें समा सकता है।

हमारा शत्रु हमेशा पाप को हमारे लिए चाहने वाली वस्तु के रूप में प्रस्तुत करता है ताकी हम उसके प्यार में पड़ जाये। हालाँकि, पर्दे के पीछे, पाप का हमेशा एक गुप्त मकसद होता है जो अंधेरे के राजकुमार द्वारा नर्धिारति होता है।

यह युक्तिदिलीला और शमिशोन की कहानी में प्रकट होती है (देखें न्यायियों 16)। शमिशोन को पलशि्ती स्त्री दलीला से प्रेम हो गया था,लेकनि यह एक वर्जति रूमानी रशि्ता था। मशोन के शत्रु,पलशि्तयिों ने इस प्रेम संबंध का फायदा उठाया और दलीला के साथ एक साजशि रची शमिशोन को हराने के लिए । दलीला ने शमिशोन के साथ सर्िफ प्यार करने का नाटक कयिा, लेकनि वह हर समय पलशि्तयिों को खबर दे रही थी शमिशोन की अलौककि शक्तिके रहस्य के वषिय में। दरअस्ल, उसने अपने घर में पलशि्तयिों को

रखा था की शमिशोन को उस हीं क्षण पकड़वाये जब वह अपनी असाधारण ताकत खो दे । पलशि्तियों ने दलीला को उनके साथ काम करने के लिए रूपया दयिा।

वैसे ही, पाप भी दलीला के समान है, क्षणकि सुख देता है, परन्तु पाप की एकमात्र नष्ठिा शैतान की बोली को पूरा करना है। पाप को हमारी भलाई की परवाह नहीं है । जब हम पाप के साथ मजे. कर रहे होते हैं, शैतान दुष्टात्माओं को हम पर हमला करने, पीडा़ देने और हमें सताने के लिए पहले से ही तैयार कर रखता है। जैसे शमिशोन को हराने के लिए दलीला के कार्यों के पीछे पलशि्तियों का हाथ था उसी तरह, शैतान आपको हराने के अपने उद्देश्य को पूरा करने के लिए इस युक्ति का उपयोग करता है। शमिशोन के लिए, दलीला खुला द्वार थी, जसि पलशि्तियों ने उसे पराजति करने के लिए इस्तेमाल कयिा। अब, आइए कुछ खुले दरवाज़ों को देखें, जो शैतान हमारी पीढ़ी में प्रवेश करने और हमें हराने के लिए उपयोग करता है।

तंत्र वद्यिा का द्वार

"तंत्र-वद्यिा" शब्द का शाब्दकि अर्थ है "छपिा हुआ।" 2 यह कुछ छपिा हुआ, गुप्त और रहस्यमय है । तंत्र-मंत्र ज्योतषि है, जादू टोना, काली कला, भाग्य बताना, काला जादू, सफेद जादू, औजा़ बोर्ड, प्रेतात्मवाद, टैरो कार्ड, राशफिल, और मृत लोगों से बात करना। ये सभी प्रथाएं हमारे जीवन में दुष्टआत्मा के प्रवेश के लिए वशिाल खुले द्वार हैं । तंत्रवद्यिा में झूठे धर्मों में भाग लेना भी शामलि है जो प्रत्यक्ष या अप्रत्यक्ष रूप से शैतान की प्रार्थना करते हैं। मसीहयिों को इन सब शैतानकि कार्यों से दूर रहना चाहिए कभी नहीं मलिना चाहिए।

मैं इस बात को कभी ना भूलूंगा जब हम एक युवक के छुटकारे के लिए प्रार्थना कर रहे थे उस व्यक्ति ने एक कब्रस्तानमें जाकर दुष्ट आत्माओं को अपने अन्दर प्रवेश करना का आवृहान कयिा। यह युवक परमेश्वर से क्रोधति था, क्योंकि उसके भाई की हाल ही में मृत्यु हो गई थी। वहीं कब्रस्तान पर, कुछ उसमें प्रवेश कयिा। उसके बाद वह बदल गया। हसिा, क्रोध और वद्रिोह उसके जीवन में आ गया। उन्हें स्कूल से नकिाल दयिा गया और बाद में अपने व्यवहार के लिए जेल में डाल दयिा गया। इस सब के बावजूत,वह अपने आप को मसीही समझता था। हमारी रववार की सुबह की सेवा के दौरान, उसके जीवन में काम करने वाले दुष्टात्मा परमेश्वर की उपस्थति में खडे. नहीं हो सकते थे,इसलिए वे प्रकट हुए। वह छुडा़या गया, अपने पाप से मन फरिाया, और परमेश्वर ने उसे पुनर्स्थापति कयिा।

यह मेरा वशि्वास है कि सच्चे मसीहियों को ऐसा कभी नहीं करना चाहिए, क्योंकि जब हम शैतान के इलाके में कदम रखेंगे, तो दुष्ट आत्मा हा पर आक्रमण करेंगी। कई बार ऐसा भी होता है कि माता-पिता अपने बच्चों को शैतान के पास समर्पण करते हैं, और इसके परिणामस्वरूप दुष्टआत्मा उनमें प्रवेश कर जाते हैं। मुझे आज भी एक हिंसक छुटकारा याद है। इस छुटकारे में एक जवान लड़की शामिल थी जो अपने माता-पिता द्वारा शैतान को समर्पित थी,वह रक्त वाचा के द्वारा एक चुडै़ल बन गयी थी। यह लड़की 17 साल की थी जब वह हमारे यहाँ अपनी सहेलियों के साथ दुसरे राज्य से हमारी रविवार की उपासना में हिस्सा ली थी। प्रार्थना के दौरान, दुष्टात्मा प्रकट हुए और, यीशु की सामार्थ से, वे बाहर कर दिए गए। मुझे उस दिन इस बात का एहसास हुआ की बच्चों को भले या बुरे कार्य के लिए जब हम समर्पित करते हैं तब आत्मिक दुनिया इस बात को जानती है।

पुराने नियम में, परमेश्वर ने इस्राइलियों को उन सब राज्य जो मूर्तिपूजक थे दे दिया जो भावी कहना,तंत्रविद्या और जादू टोना के कार्य में लिप्त थे(व्यवस्थाविवरण 18:9-14 देखें)। ईश्वर अपने लोगों, इज़राइल को भी चेतावनी दी, कि उन्हें इन शैतानी प्रथाओं में शामिल नहीं होना चाहिए , वरना वह उनके विरुद्ध हो जाएँगे (लैव्यव्यवस्था 20:6 देखें)। शास्त्रों से, हम सीखते हैं कि इज़राइल राष्ट्र मूर्तिप्रार्थना, जादू टोना और भूत-प्रेत की प्रार्थना में शामिल होकर परमेश्वर को ठेस पहुँचाया।

मसीही के रूप में, हम सभी परीक्षा में पड़ते हैं; और हम हमारी शारीरिक इच्छाओं के कारण पाप में पड़ सकते हैं। लेकिन मदद के लिए, या जिज्ञासा से,जानबूझकर शैतान के राज्य में जाना आपकी आत्मा को हानकिारक होगा। ऐसे लोग हैं जो उपचार और सफलता के लिए ओझा के पास जाते हैं। एक ओर, शैतान आपको चंगाई या सफलता दे सकता है, और दूसरी ओर, वह आपसे आपकी आज़ादी दूर ले जाएगा। इस प्रकार, आप उसके अंधेरे राज्य की पकड में आ जाएंगे, जिसका उद्देश्य नष्ट करना ही है। फिर भी, हमारे पीढ़ी में ज्यादातर लोग जिज्ञासा के कारण अंधेरे के साम्राज्य की तलाश करते है और ये सोचते है की यह एक निर्दोष कर्म है। हालाँकि, इसमें कुछ भी निर्दोष नहीं है।

यूक्रेन में एक बच्चे के रूप में, मुझे एक अनुभव हुआ जहां एक कुत्ते ने मुझे काटा

और मुझे टांके लगाने पडे। कुत्ते के मालिक मेरे पडो़सी थे और मेरे गणित के शिक्षक भी थे। मैं उनके घर जाता था और वह मेरी गणित की कमियों में मेरी मदद करतीं थी। जब तक उनका कुत्ता पट्टे पर था, वह मुझे चोट पहुँचाने में असमर्थ था; केवल एक चीज वह कर सकता था वह था भौंकना, और काटना नहीं।

आत्मकि दुनयिा समान है। जब तक हम परमेश्वर के राज्य में हैं, शैतान हमें केवल प्रलोभति कर सकता है, पर यातना नहीं डे सकता। अभी तक, एक समय था जब मैं उसके घर ट्यूशन पढ़ने गया था और मैंने गौर कयिा कि कुत्ता अपने सामान्य स्थान पर नहीं था। मैंने मान लयिा कि वह कहीं और था, लेकनि मेरी जजि्ञासा मुझ पर हावी हो गई। इसलिए मैंने फैसला कयिा मेरे सरि को कुत्ते के घर में घुसाने के लिए, और मेरे आश्चर्य करने के लिए कुत्ता अपने घर के पीछे लेटा हुआ था। फरि कुत्ते ने मुझ पर छलांग लगाई और

मेरे पैर से त्वचा के टुकडे. काट लयि। सौभाग्य से कुत्ते की मालकि एक डॉक्टर थी, और वह मेरे बचाव में आयी और मुझे टांका लगायी।

यदि आप तंत्रवदि्या में शामलि हो जाते हैं, तो आप शैतान के इलाके पर कदम रख रहे हैं । आप सुनशि्चति हो सकते हैं कि वह काटेगा—वह हमला करेगा और अपने जीवन में कष्ट लाएगा। आपके पास यह मूर्खता करने का जो भी कारण हो, तुम्हें आज इस पाप से पश्चाताप करना चाहिए, इसे त्याग देना चाहिए,और इसे छोड़ देना चाहिए। अगर आप पहले से ही तंत्रवदि्या में शामलि होने की वजह से प्रताडि़त हो रहे हैं - यीशु ही आपकी एकमात्र आशा है छुटकारे के लिए।

शापति वस्तुओं का द्वार

हमें यह समझने की जरूरत है कि शक्ति लोगों, स्थानों, जानवरों और वस्तुओं के माध्यम से प्रवाहति होती है। बाइबलि में, दुष्टात्मायें सूअरों में समाने में सक्षम थीं (मत्ती 8:28-34 देखें)। ईश्वर कसिी भी माध्यम का उपयोग कर सकता है जसिसे वह स्वयं को अभवि्यक्त कर सके। वह भौतकि वस्तुओं का भी उपयोग कर सकता है, अपनी शक्ति को प्रकट कर आश्चर्यकर्म करने के लिए, जैसे की मूसा की छडी़,(नरि्गमन 4:3 देखें). परमेश्वर ने नामान को चंगा करने के लिए यरदन नदी का भी उपयोग कयिा (देखें 2 राजा 5). वह चंगाई के लिए तेल का भी उपयोग कर सकता है (देखें याकूब 5:14)। और एक दृष्टान्त में यीशु ने एक अंधे व्यक्ति को चंगा करने के लिए अपनी लार का उपयोग कयिा था (देखें मत्ती 8:22-26)। इसके अलावा, परमेश्वर ने एक महलिा के जीर्ण रक्तस्राव को रोकने के लिए यीशु ने जो कपडे. पहने थे, उसका उपयोग कयिा(मत्ती 9:20-22 देखें)। इसके अलावा, रूमाल और अंगोछे जसि प्रेरति पौलुस ने छुआ था, उससे छुटकारा दयिा (देखें प्रेरतिों के काम 19:12)। इसके वपिरीत, शैतान एक नकलची है; और वह सृष्टि नहीं कर सकता, केवल नकल कर सकता है। यही कारण है कि अधकिांश टोना-टोटका करने वाले आकर्षण और ड्रीम कैचर जैसी वस्तुओं के माध्यम से काम करते हैं।

ओल्ड टेस्टामेंट में एक कहानी है, जहां एक आकान नामक आदमी, यरीहो में लड़ाई करते समय जो मना था वह ले लयिा । उसने न केवल परमेश्वर की वाचा को तोड़ा, बल्कि पूरे इस्राएलयिों पर श्राप लाया, जसिके परणिामस्वरूप 36 सैनकिों की मृत्यु हुई, उसके पूरे परविार की मृत्यु के अलावा(देखें यहोशू 7:11-25)।

कुछ वस्तुएँ ऐसी हैं जो दुष्टआत्मा को समर्पति हैं जनिको नष्ट कयिा जाना चाहिए, और इन वस्तुओं को हमारे घरों में अनुमत निहीं दी जानी चाहिए । चुडै़लें और जादूगर अपने गंदे काम करने के लिए, आकर्षण के लिए प्रार्थना करते है । इनमें से कई आकर्षण दुकानों में दिए और बेचे जाते हैं, और वे लोगों के जीवन में कई श्राप ला सकते हैं बाइबल घोषति करती है, "उनके देवताओं की खुदी हुई मूर्तयिां तुम आग में जला देना; जो चांदी वा सोना उन पर मढ़ा हो उसका लालच करके न ले लेना, नहीं तो तू उसके कारण फन्दे में फंसेगा; क्योंक ऐसी वस्तुएं तुम्हारे परमेश्वर यहोवा की द्दष्टमिें घृणति हैं।"

(व्यवस्थावविरण 7:25)। इस कारण इफसिुस में एक जागृता के दौरान , लोग अपनी तंत्र-वद्यिा की पुस्तकों को जला रहे थे (देखें प्रेरतिों के काम 19:19)।

हमारे कलीसयिा सम्मेलन के दौरान, एक कलीसयिा का सदस्य अपनी बहन को प्रार्थना के लिए लाया। उसकी बहन बेकाबू रोने के कारण काम नहीं कर पा रही थी। हमारे प्रार्थना समूह ने उसके लिए प्रार्थना की, परणिामस्वरूप उसे अत्यधकि उल्टयिां होने लगीं और उसके बाद उसने राहत महसूस की । हालाँकि,अगले ही दनि, सोमवार को- जब वह

उसके घर में कदम रखी—पूरी रोने की स्थतिि फिरि से शुरू हो गई। फोन कॉल आने के बाद हम उसके घर पहुंचे, मैंने देखा की वह स्नानघर के फर्श पर अपने घुटनों के बल बैठ कर अनयिंत्रति रूप से उलटी कर रही थी और रो रही थी । वह बात नहीं कर पा रही थी। हम घर में घंटे हुए प्रार्थना करने लगे, तब तक वह शौचालय में रही। मैंने परमेश्वर से उसके जीवन में इस पागलपन का कारण पूछा।

तभी मैंने प्रवेश द्वार के दरवाजे के अंदर एक छोटा सा कागज लटका हुआ देखा, जसि पर स्पेनशि शब्द लखिे थे। उसमे "डयिाब्लो" शब्द लखिा था, जसिका अर्थ स्पेनशि में "डेवलि" है। मैंने उससे पूछा कयिह वहाँ क्यों लटका है, और उसने जवाब दयिा कमिक्सकिो में कसिी महलिा ने अपने पूर्व प्रेमी को यह प्रार्थना पत्र उनके घर की रखवाली करने के लिए दयिा था। शुरू में मुझे मासूमयित लगी, लेकनि कसिी कारण से मुझे इसके बारे में एक अजीब सा एहसास हुआ। उसने कहा कउिसका पूर्व प्रेमी मैक्सकिो घूमने गया था

इस बूढ़ी औरत के पास गया - जो तंत्र-वद्यिा को धर्म के साथ मलिाती है - फरि उस बूढी ने उसे "आशीष" दयिा। इस बुढ़यिा ने उसे इस प्रार्थना के अलावा कुछ सामान भी

दयिा। इस डायन ने वशि्वास भी दलिाया कि अगर उनके संबंध टूटे, तो बुरी चीजें होंगी। तो, वह पल जब उसके प्रेमी ने उससे नाता तोडा़ वह बहुत कराहने और रोने लगी ।

हमने डायन द्वारा दी गई वस्तुओं को लखिति प्रार्थना के साथ हटाने का नर्णिय लयिा, और उन्हें कचरे में फेंक दयिा। जसि क्षण वे वस्तुएं उसके हाथ से छूटीं, उसका चेहरा तुरंत बदल गया,और तुरंत रोना और उल्टी होना बंद हो गयी। इसके बाद उनका जीवन सामान्य स्थति मिें लौट आया, और वह एक नर्स के रूप में काम पर वापस चली गई।

आखरिकार, उसका प्रेमी भी छुटकारे और उद्धार के लएि हमारी प्रार्थना पंक्त मिें आ गया। यह एक उदाहरण है कि कैसे शैतान के सेवकों द्वारा दी गयी वस्तुओं,प्रार्थनायें और आकर्षण में दुष्टात्माओं को लाने की शक्त होिती है।

घरों को भी शापति कयिा जा सकता है - दुनयिा उन्हें "भूत बंगला" कहती है

कसिी कारण से। अक्सर अगर कोई हत्या या आत्महत्या एक नश्चिति स्थान पर होती है, तब दुष्ट आत्माएं उस क्षेत्र को चन्हिति करना शुरू कर सकती हैं, और दुष्ट चीजें वकिसति हो सकती हैं और रहने वालों को प्रभावति कर सकती हैं। हमेशा समर्पण की प्रार्थना करना महत्वपूर्ण है, कसिी शत्रु के कार्य को जो उस घर पर हो, रद्द करने के लएि ।

हमारे कस्बे में एक स्थानीय कहानी है, जहां एक व्यक्त ने एक घर में आत्महत्या कर ली थी। बाद में मकान करिाए पर दे दयिा गया, और अंतत: वहा रहने वाले तीनों जोडो़ं का तलाक हो गया। इसके अलावा, एक और समय था जब एक अलग व्यक्त को, रात में आवाजे. सुनाई देती थी और उसने मेज़ को हलिते हुए भी देखा। यह अपसामान्य गतविधि वास्तवकि है, इसलएि हमें आश्चर्य नहीं होना चाहएि अगर परमेश्वर की आत्मा भी वास्तवकि है। कुछ स्थान ऐसे होते हैं जहाँ परमेश्वर की आत्मा अधकि प्राकृत होती हैं, लोगों की प्रार्थना और उपवास के कारण। यही कारण है कि लोग भौतकि संरचनाओं में जाते हैं—जैसे कलीसयिा और सभागार—और परमेश्वर के प्रेम, शांत और आनंद को महसूस करते हैं।

यही सद्धिांत वाहनों पर लागू होता है। एक कहानी है जेम्स डीन, एक कार रेसर की, जसिके पास एक पोर्श स्पाइडर थी जो की "डेथ कार" या "लटिलि बास्टर्ड" के रूप में जाना जाता है। जेम्स डीन ने सेलनिास, कैलफिोर्नयिा में दौड़ के लएि यह वाहन खरीदी थी। उसके कई दोस्तों ने इस कार पर शोध कयिा, और उसे चेतावनी दी कि इसे न चलायें

अन्यथा वह एक सप्ताह के भीतर मर जाएगा। ठीक यही घटति हुआ। एक हफ्ते बाद, दौड़ मैदान के रास्ते में जेम्स डीन की एक भयानक कार दुर्घटना में मृत्यु हो गई ।

क्योंकि इस रेस कार को एक बहुत प्रसद्धि व्यक्त‍ि चला रहा था,इस गाडी़ के सभी पुर्ज़े ऊंचे दामों पर बेचे गए। डीन की मूल कार का इंजन दूसरी कार में लगया गया, जो की बाद में एक दुर्घटना में शामलि हुआ जसिमें चालक की मौत हो गई। फरि एक और चालक ने ड्राइवट्रेन खरीदा जो "लटिलि बास्टर्ड" का हस्सिा था और वाहन पलटने से घायल भी हो गया। यह भी बताया गया कि दो टायर एक युवक को जा लगे। ये दो टायर एक दौड़ में एक ही समय में अलग हो गए, जसिसे वह नयिंत्रण खोया, घायल हो गया और खाई में गरि गया। इसके अतरिक्ति, जबकि पोर्श स्पाइडर को कैलफिोर्नयिा के एक गैराज में रखा जा रहा था; उस संरचना में आग लग गई और सब कुछ नष्ट हो गया,उस गाडी़ को छोड़कर । बाद में एक ट्रक चालक इस कार को ले जा रहा था और उसके ट्रक का नयिंत्रण छूट गया, और जाहरि तौर पर "लटिलि बास्टर्ड" समतल बस्तिर से गरि गया और उसे कुचल कर मार डाला। और भी उदाहरण थे जैसा मैंने यहां उल्लेख कयिा है, उससे कहीं अधकि हुआ, लेकनि यह एक अच्छा अनुस्मारक है जो आपको अपने वाहन के लएि भी प्रार्थना करने की याद दलिाता है। आप कभी नहीं जानते है उसे क्या हुआ था और उसे कसिने कनि कारणों से चलाया था। आप चाहते हैं कि वह वाहन आपको बदुि A से बदुि B तक ले जाए, आपके अंतमि संस्कार के स्थान पर नहीं या भयानक दुर्घटना के लएि नहीं ।3 यह संभव है कि वूडू गुड़यिा, सांप, ड्रेगन, पोकेमोन, मूर्तपूजक प्रार्थना सामग्री, शैतानी कुंडली के लएि कतिाबें, अश्लील पत्रकिाएं,गुड लक चार्म, या ड्रीम कैचर हमने खरीदा हो, वरिासत में मलिा हो या उपहार प्राप्त कयिा हो | इन वस्तुओं को हमें फेंकने के लएि तैयार रहना चाहएि और शैतान के कसिी भी संबंध को हमारे घर या जीवन पर त्याग देना चाहएि।

इसके अलावा, अगर हम कसिी भी तरह के प्रेमपूर्वक रशि्ते में थे जो समाप्त हो गया, हमेंउस व्यक्त‍ि द्वारा दएि गए सभी उपहारों और वस्तुओं का नपिटान करना ववेिकपूर्ण है। ये वस्तुएं भावनात्मक आत्मीय बंधनों को धारण कर सकती हैं जो कीभवष्यि के रशि्ते को प्रभावति करती हैं।

मुझे वशि्वास है, और यह मेरा दृढ़ वशि्वास है, कि यीशु के अनुयायीयों को हैलोवीन मनाने का कोई व्यवसाय नहीं है। शैतान की कलीसयिा के संस्थापक ने कहा, "मुझे खुशी है कि मसीही माता-पिता अपने बच्चों को साल में कम से कम एक रात शैतान की उपासना करने जाने देते हैं।" यीशु के जन्म और पुनरूत्थान का हमारे लएि जो महत्त्व हैं उसी तरह ,जादू-टोने की दुनयिा में हैलोवीन का भी उतना ही महत्व है। हैलोवीन भय, अंधकार और मृत्यु को बढा़वा देता है; मसीही धर्म प्रेम, प्रकाश और जीवन को बढा़वा देता है।

आपके घर में दुष्ट सम्बन्धी वस्तुएं लाकर शैतान के इलाके में घुसने से बचें । आप जसि भी घर में रहने जाते हैं या जो भी गाडी़ खरीदते हैं, इसके लिए समर्पण की वशिष प्रार्थना करें। और अन्धकार के निष्फल कामों में भाग न लें जो स्पष्ट रूप से शैतान का सम्मान करता है।

आघात का द्वार

जब मैंने बॉब लार्सन के साथ खाना कयिा- जसिने लगभग 30,000 लोगों को दुष्ट आत्माओं से चुदाया है उन्हें इस वषिय पर दुनयिा का वशिषज्ञ माने जाते हैं —मैंने उससे पूछा,पश्चमी दुनयिा में दुष्ट आत्माओं का लोगों में प्रवेश करने का द्वार क्या है ? वह मुझे सूचति कयिा कि अन्य सभी महाद्वीपों में अधकिांश दुष्ट आत्माएं मामले तंत्र-मंत्र के कारण होता है, जबकि पश्चिमी देशों में प्राय: इसके कारण पीडा़ होता है।

इसलिए, दुष्टात्मा का प्रवेश करने का द्वार दुर्व्यवहार, आघात, अस्वीकृति, यौन शोषण, बलात्कार और छेड़छाड़ जो आंतरकि चोटें पैदा करते हैं और लगों में क्षमा ना करने का कारण होता है। यह अनुचति लगता है कि उनकी कोई गलती ना होने पर भी उन्हें इन भयानक परस्तिथिओिन से गुजरना पड़ता है। वे काफी खराब हैं की उनके कसिी गलती ना होने पर भी उन्हें आत्मकि कस्ट से गुजरना पड़ता है। जब मेरा घर में चोर घुसे थे तब मैंने घर की खड़िकी खुला नहीं छोडा़ था परन्तु कोई और उसे खुला छोड़ दयिा था। हमें यह समझना चाहिए कि दूसरों के फैसले, जैसे हमारे परवािर के सदस्य, हमारे जीवन को आत्मकि आक्रमण के लिए खोल सकते हैं।

ऐसी घटनाएं होती हैं जहां अस्वीकृति की भावना लोगों में प्रवेश करती है, क्योंकि उनके माता-पिता उन्हें कभी नहीं चाहते थे। बहुत बच्चों का जन्म उनके माता पिता के ववािह से पहले यौन संबंध के कारण हुआ है जो अपने अन्दर अस्वीकृति की भावना को लेकर अपना जीवन बिताते हैं। मैं एक मजबूत, पारंपरकि पेंटेकोस्टल में पला-बढा़ हूं, जहाँ आपसे अधकि से अधकि बच्चे पैदा करने की अपेक्षा की जाती है। परवािर नयिोजन, या बचने के लिए अन्य नवािरक तरीकों का उपयोग करना बच्चे होना, अस्वीकार्य था। कई बच्चे जो बडे. परवािर में पैदा हुए थे उन्हें अपनी माताओं से अस्वीकृति का अनुभव करते हैं, क्योंकि परवािर पहले से ही बहुत बडा़ था। यह तुच्छ लग सकता है, लेकनि यह हो सकता है उस बच्चे के जीवन में अस्वीकृति की भावना पैदा करें। यह अस्वीकृति की भावना उनके जीवन में आगे चलकर वद्रिोह या अन्य बुरे व्यवहारों के माध्यम से प्रकट होता है।

मैं अनगनित माताओं से मलिा हूं, जो ज्यादा बच्चे नहीं चाहती थीं, लेकनि कलीसयिा की हठधर्मति‍ा ने उन्हें मजबूर कर दयिा। उन्होंने बच्चों को जन्म दयिा जो उन पर बोझ थे, और ये बच्चे बडे. हुए, और वे दूसरे बच्चों से अलग थे। जब ये बच्चे बडे. हुए, पवति्र आत्मा ने उन्हें बताया कअिस्वीकार कएि जाने का कारण उनके माता पति‍ा की बोले गए शब्दों और व्यवहारों जब वे अभी भी अपनी माँ के गर्भ में थे। ये बच्चे अधकितर जीवन में परेशानयिों से गुजरे।

इन माताओं को परमेश्वर और उनके बच्चों से पश्चाताप करना चाहएि। उन्हें अपने बच्चों के साथ प्राथना करना ज़रूरी है उस अस्वीकृत‍ि की भावना से जो आगे चलकर वद्रिोह पैदा करता है। यद‍ि आप एक अवांछति बच्चे है और आप अस्वीकृत‍ि और वद्रिोह की भावना से गुजर रहे है तो आपको यीशु के नाम से छुटकारा मलि सकता है।

गर्भ में अस्वीकृत‍ि केवल आघात और अस्वीकृत‍ि का एकमात्र तरीका नहीं है। बनिा पति‍ा के बडा़ होना एक और बडा़ कारण है। हम एक पतिृहीन पीढी़ में रहते हैं। अधकिांश हत्यारे बनिा पति‍ा के होते हैं। अधकिांश स्कूल छोड़ने वाले बच्चे पति‍ाहीन होते हैं। बेघर और भागे हुए बच्चे अक्सर पति‍ाविहीन घरों से होते हैं। हमारे दशक में बच्चों पर उत्पीड़न बहुत अधकि बढ़ गया है। यौन शोषण आसमान छू गया है। पति‍ा की अनुपस्थति‍ि उतनी ही हानकिारक है जतिनी कि गर्भ में अस्वीकृत‍ि। वह अस्वीकृत‍ि वद्रिोह को जन्म देती है। हम दंड देते हैं वद्रिोह का, लेकनि शायद ही कभी इसकी जड़ से नपिटते हैं जो अस्वीकृत‍ि है।

“इसलयि‍े अपनी इस दुष्टता से मन फरिाओ, और परमेश्वर से प्रार्थना करो यद‍ि शायद आपके दलि के वचिार को माफ कयिा जा सकता है। क्योंकि मैं देखता हूँ क‍ि तुम कड़वाहट और जहर से भरे हो और अधर्म से बंधे हो, ”(प्रेरतिों के काम 8:22-23). साइमन, जादू टोना करने वाला जसिने आत्मकि शक्तयिों का इस्तेमाल लोगों को नयिंत्रति करने के लएि चाह रहा था अधर्म से बंधा हुआ था। प्रेरति पतरस, पवति्र आत्मा के माध्यम से, वास्तवकि मुद्दे का खुलासा कयिा। साइमन, जादू टोना करने वाला कड़वाहट से भरा था जो उसके बंधन का कारण है। शमौन पहले से ही उद्धार पाया था और बपतस्मिा लयिा था, लेकनि कड़वाहट का जड़ अनुपचारति छोड़ दयिा गया। कड़वाहट के जहर ने अधर्म के बंधनके द्वार उसके जीवन में खोल दयिा। अगर आपको लगता है क‍ि आपको कड़वा होने का अधकिार है तो शैतान सोचता है क‍ि तुम्हें बाँधे रखने का उसे अधकिार है। अगर आप इस शैतानी पकड़ से मुक्त होना चाहते हैं, तो आपको इस कड़वाहट के जड़ को क्षमा के द्वारा उखड फेकना है।

हम में से बहुत से लोग उस दृष्टांत से परचिति हैं जसिे यीशु ने साझा कयिा था की एक दास का बहुत अधकि ऋण माफ़ कर दयिा गया लेकनि उसने उसके सह दास का छोटा सा ऋण माफ़ करने से इनकार कयिा(देखें मत्ती 18:34)। इस प्रकार, स्वामी ने उसे यातना देने वालों के हवाले कर दयिा। यातना देने वाले दुष्ट आत्माएं प्रवेश करने का मौका पाते है अत्याचार और कड़वाहट के माध्यम से उन्हें यातना देते है। जब हमें परमेश्वर से क्षमा प्राप्त होती है और फरि उन लोगों को क्षमा करने से इंकार करते हैं जो हमें चोट पहुंचाते हैं, तब दुष्ट आत्माओं को मौका मलिता है सताने के लएि।

एक युवती थी जो एक समलैंगकि जीवन शैली जी रही थी, और सोशल मीडयिा के माध्यम से हमारे एक सम्मेलन में आमंत्रति कि गयी थी। उसने कहा कि एक छोटी लड़की के रूप में एक परविार के रश्तिेदार द्वारा उसके साथ छेड़छाड़ की गई थी। उसने कहा कि उस घटना के बाद उसे लगा कि उसके अंदर कुछ प्रवेश कर गया है। हमारी प्रार्थना के दौरान, एक दुष्ट आत्मा प्रकट हुई, और पवत्रि आत्मा की शक्ति से दुष्टात्मा को नकिाल दयिा गया। आज वह युवती अपने मनन के नवीनीकरण और शष्यित्व के माध्यम से हमारे सेवकाई का एक हस्सिा है और मसीह में बढ़ती जा रही है। समलैंगकिता की भावना उसके अतीत का एक हस्सिा है।

मुझे इस बात का एहसास हो गया है दुष्ट आत्माएं अपने आप प्रताड़ति घटनाओ से हमारे जीवन में प्रवेश नहीं करता परन्तु हमारा प्रतक्रियिा ही उन्हें हमारे जीवन में मौका देता है।

हमारे उद्धारकर्ता सहति बाइबलि में कई नायक भारी संकट से गुजरे, फरि भी परमेश्वर के प्रति समर्पति रहे।

वश्विासघात वह है जो हमारे साथ होता है, कड़वाहट उसके प्रति हमारी प्रतक्रियिा है। वश्विासघात वह है जो लोग करते हैं, और कड़वाहट वह है जसिे हम बढ़ने देते हैं। इसके बजाय हमें अपने पापों को स्वीकार करना सीखना चाहएि, हमें चोट पहुँचाने वालों को क्षमा करना चाहएि, दुश्मन का सामना करो, और वश्विासयिों के समुदाय का हस्सिा बनो।

हमें परामर्श भी प्राप्त करना चाहएि और समय आने पर वे घाव भर जाएंगे।

हमारे पश्चाताप के द्वारा हर खुले द्वार को बंद कयिा जा सकता है। पश्चाताप हमें पवत्रिता और स्वतंत्रता के जीवन की ओर ले जाएगा।

प्रार्थना

"पिता परमेश्वर, आपका वचन कहता है कि यीशु भेडों के लिए द्वार है। अज्ञानता और मूर्खता के माध्यम से, मैंने तंत्र-मंत्र के द्वार मेरे जीवन में खोल दिए हैं । मुझे इसका गहरा अफसोस है और मुझे इसका पश्चाताप है। मैं हर उस अधार्मिक वस्तुओं को अपने घर और कार से निकिलने का प्रण करता हूँ। यीशु, अपने लहू के द्वारा मुझे शुद्ध कर। पवित्र आत्मा, आपके प्यार की आग से मेरे जीवन को किसी भी तरह के अस्वीकृति के निशान से शुद्ध करें । मैं आज आपका वचन प्राप्त करता हूं, कि मैं आप में स्वीकार किया जाता हूं, और मैं किसी भी खुले दरवाजे.को अभी बंद कर देता हूँ। यीशु, मैं अपने दिल का दरवाजा खोलता हूं आप और आपका वचन के लिए।

अध्याय 4
कब्र के कपडे.

मैं पहली बार एडर से फुटबॉल के मैदान पर मलिा था। हम दोनों को फुटबॉल से प्यार हैं। हमारे साथ एक खेल खेलने के बाद, मैंने उसे हमारे घरेलू समूह में आमंत्रति कयिा। हालाँकि हममें से कोई भी बहुत अच्छी तरह से अंग्रेजी नहीं बोल सकता था,मैंने उसे यीशु के और करीब लाने के लएि जो भी अंग्रेजी आती थी उसका इस्तेमाल कयिा। यद्यप िइस युवक ने अपना जीवन यीशु को दे दयिा था, वह अभी भी सप्ताहांत पर पार्टी करता था। कुछ समय बाद वह न्यूयॉर्क चला गया-जहां वह अपने जीवन के प्यार, टाटयिाना से मलिे- और कुछ ही समय बाद शादी कर ली। एडर और टाटयिाना दोनों टूटे हुए परविारों से थे,जहां शादयिां तलाक में खत्म हुईं। जब वह त्र-िशहरों में नविास कर रहा था , मैंने उसे चेतावनी दी तलाक के पीढ़ीगत अभशिाप के बारे में । मैं उसे सावधान कयिा की उसे एक दनि इस पीढ़ीगत श्राप का सामना करना पड़ेगा । मैंने उसे यह भी सूचति कयिा कि उनकी "सप्ताहांत पार्टी" शैतान का एक रास्ता दे रही थी, और उसके उसके माता - पति के इतहिास को दोहराने का कारण बनेगा।

उसकी शादी के कुछ समय बाद, मुझे उनकी पत्नी का एक संदेश मलिा की एडर भ्रमति था और वह उसे छोड़ने की योजना बना रहा था। कसिी तरह का कोई बहस या बाहरी संबंध नहीं था। वास्तव में, सब कुछ अच्छा चल रहा था। यह सब अचानक हुआ, और फरि फंसे होने की भावनाएँ उस पर और उसके खूबसूरत सपने पर हावी हुयी । मुझे अजीब लग रहा था क विह वह सब कुछ थी जो वह कभी चाहता था, फरि भी वह उसे अब और नहीं चाहएि। वास्तव में यह नई शादी टूटने का कोई आधार नहीं था ।

मुझे फोन पर उससे बात करना और उसे समझाना याद है की यह शैतान था जो उन भावनाओं को उस के मन में डाल रहा था, ताक विह ऐसा करके अपने परविार में तलाक की वरिासत को जारी रखें। मैंने उसे प्रोत्साहति कयिा क प्रिार्थना और पीढ़ीगत श्राप का वरिोध करने के द्वारा, वह शैतान को हरा सकता था और पीढ़ीगत आशीष प्राप्त कर

सकता था। एडर की एक अच्छी खासयित है कि वह विनम्र है और सुनने को तैयार रहता है। तो हमने प्रार्थना की और उसने एक और मौका देने का फैसला किया। कुछ महीनों के बाद मुझे खबर मिली कि चीजें बेहतर हो रही हैं, और वे

सुखी विवाह का आनंद ले रहे थे।

कुछ ही समय बाद, एडर और टाटयिाना त्रि-शहरों में चले गए, और उन्होंने आत्मसमर्पण किया और अपने जीवन को यीशु को सौंप दिया। तब उन्होंने बपतिस्मा लेने का फैसला किया। जैसा कि वे इस नए समुदाय में जमने और काम पाने के लिए संघर्ष कर रहे थे, अलग होने की भावनाएँ लौट आई, और एडर के मन में अपने मूल देश वापस जाने का विचार आया। हमने एक स्थानीय स्टारबक्स में मिलने का फैसला किया, और मैंने समझाया कि शैतान तलाक को अपने जीवन का हिस्सा बनाने के लिए अपना आखिरी दाँव फेंक रहा था। मैंने उसे आश्वस्त किया कि वह इससे मुक्त है, लेकिन जैसे फिरौन ने इस्राएलियों के मिस्र से निकलने के तीन दिन के बाद उन पर चढ़ाई की , शैतान ईडर और टाटयिाना के मिलन पर अपना आखिरी दाँव फेंक रहा था। इस्राएलियों ने न तो हार मानी, और न वे मिस्र को लौटे छुटकारे के लिए। इसके बजाय, वे आगे बढ़े और परमेश्वर फिरौन और उसकी सेना को समुद्र में डुबो दिया।

भविष्यिसूचक रूप से बोलते हुए, मुझे लगा कि अगर एडर अलग होने की उन भावनाओं के आगे अगर नहीं झुका, फिर वे भावनाएँ हमेशा के लिए रुक जाएँगी। हमने प्रार्थना की और अपने अलग रास्ते चले गए। उस मुलाकात के बाद छह साल से अधिक बीत गए। अब, उनका तीसरा बच्चा होने पर है। तब से, उसे फोटोग्राफी का एक बड़ा जुनून मिला है । ये दो व्यक्ति, एडर और टाटयिाना, गहराई से प्यार में हैं, और यह कई अन्य जोड़ों के लिए एक महान उदाहरण हैं यह दिखेने के लिए की आपका इतिहास आपके भाग्य को परिभाषित नहीं करता है।

श्राप वास्तविक हैं

अमेरिका में एवेंजेलकिल मसीहों द्वारा श्रापों के बारे में सच्चाई पर अधिकांश लोगों को अविश्वास है । दूसरी ओर, कैरेबियिन, दक्षिण और मध्य अमेरिका, अफ्रीका, भारत, एशयि और सुदूर पूर्व में रहने वालों की प्रतिक्रियिा बहुत अलग हैं। सैकड़ों वर्षों से संयुक्त राज्य अमेरिका ने मसीही संस्कृति के लाभों का आनंद लिया है। परिणामस्वरूप, हमें यहाँ जादू या मूर्तिप्रार्थना से अधिक छुटकारे की आवश्यकता नहीं है। हालाँकि, अमेरिका में झूठे धर्म के बढ़ाव के कारण चीजे़ बदल रही है ।

जब आदम और हव्वा ने पाप कयिा, तो वह बच्चे के जन्म पर और भूमपिर श्राप ले आया (उत्पत्तति3:17-18 देखें)। उनके पहले बच्चे ने अपने छोटे भाई की हत्या कर दी, जसिके परणिामस्वरूप एक और श्राप भी मलिा (उत्पत्त4:11:16 देखें)। जब नूह के बेटे ने अपने पति का अपमान कयिा, एक श्राप भी आया (उत्पत्त9:24-27 देखें)। श्राप का यह

ढाँचा पुराने नयिम में जारी है।

यह देखना स्पष्ट है कपिरमेश्वर की आज्ञाओं को तोड़ना एक श्राप लाता है , और परमेश्वर की आज्ञा मानने से आशीष मलिती है। यदआिप आशीष में वश्विास करते हैं,

तो आप श्रापों के अस्तत्वि को पहले ही समझ चुके हैं।

धन्य होने का अर्थ वृद्धकिे लिए सशक्त होना है। ईश्वर पहले माता-पति, आदम और हव्वा को आशीष दी; उसने नूह और अब्राहम को भी आशीष दयिा । यीशु ने स्वर्ग जाने से पहले चेलों को आशीष दयिा, क्योंकआिशीष ही सशक्तकिरण है।

सबसे अच्छे उदाहरणों में से एक यीशु के जीवन में देखा गया है। जब यीशु ने उन्हें दी गई कुछ रोटयिों पर आशीष दी, तो उनका गुणा हो गया; लेकनि जब उसने अंजीर के पेड़ को श्राप दयिा, तो वह सूख गया (देखें मत्ती 14:19, 21:19)। इसलएि, जो कुछ भी धन्य है वह गुणा करता है,और जो कुछ शापति है, वह मटि जाता है। आशीष आपको आगे बढाता है, जबकश्रिाप एक ऐसी शक्तहिै जो आपको पीछे रखती है।

व्यवस्थावविरण का अध्याय 28 उन सभी प्रमुख आशीषों और श्रापों को सूचीबद्ध करता है जो आप पर आ सकती हैं । पुरानी बीमारयिाँ, भय, नकारात्मक पारविारकि चक्र, अकाल मृत्यु, नरिंतर अभाव और गरीबी, दुर्घटना की स्पष्टता, तलाक और बाँझपन यह श्राप है।

यीशु हमारे सारे पापों के लिए क्रूस पर मरने के लिए आया। फरि भी, सरि्फ हमारे पाप के लिए नहीं, लेकनि उन पापों की शक्तऔिर परणिामों को दूर करने के लिए भी। यही कारण है कउिसकी धारयिों में कसिी भी बीमारी को ठीक करने की शक्तहिोती है। क्रूस पर मरने के द्वारा, उसने श्राप की शक्तकिो हटा दयिा। वह पत्थर मारे जाने से, सरि कट जाने से, या कसिी अन्य माध्यम से मृत्यु पा सकता था। हालाँक,ि परमेश्वर ने अपनी क्रूस की मृत्यु द्वारा श्राप के मुद्दे को हल करने के लिए चुना।

लखिा है, "जो कोई काठ पर लटकाया जाता है वह श्रापति है," (देखें गलातयिों 3:13)। श्रापों से छुटकारा पूरे काम और क्रूस के उद्धार में शामलि कयिा गया है। जब हम बच गए,यह छुटकारेका भी हमसे वादा कयिा गया था। जैसा ककिलवारी के माध्यम से परमेश्वर के सभी लाभों के साथ, हमे उन पर अधकिार भी करना चाहएि, न ककिेवल इसे स्वीकार

करना चाहिए की वे हमारे हैं। परमेश्वर ने इस्राएल को प्रतज्ञिा की हुई भूमि दी, परन्तु वे उसमें तब तक नहीं रहे जब तक कि उन्होंने वह प्राप्त ना कर लयिा जसिका उनसे वादा कयिा गया था। यही बात पाप, श्राप, और दुष्टात्मा पर वजिय की हमारी प्रतज्ञिा की भूमि पर भी लागू होती है|

जीवति लेकनि बंधा हुआ

लाज़र का पुनरूत्थान श्रापों के नविारण के इस चत्रि को सुन्दरता से चत्रिति करता है। लाज़र यीशु का एक अच्छा मत्रि था, जो बीमार हुआ और मर गया। पाप उसी तरह काम करता है और वह हमें बुरे लोग नहीं बनाता है, वास्तव में, वह कुछ बुरा करता है, वह हमें मृत बना देता है । फरि भी, यीशु ने वहाँ आकर एक बात कही जसिने लाजर को मरे हुओं में से जलािया। वैसे ही उद्धार यीशु के द्वारा मलिता है और हमें मृत्यु से जीवन की ओर ले जाता है। लाजर मर चुका था और कफन से बन्धा हुआ था, और उसका मुंह अंगोछे से लपिटा हुआ था। यीशु ने कहा, "...'उसे खोल कर जाने दो," (यूहन्ना 11:44)। अन्य शब्दों में, लाजर जीवति था, लेकनि कब्र के कपडे. से बंधा हुआ था।

जब हम आत्मकि रूप से मरते हैं, तो यह दर्शाता है कि हमारा शत्रु हमे बांध दयिा है । मरे हुए लोगों को बांधना उनके लिए आसान काम है, लेकनि जीवति लोगों को बांधना उसके लिए लगभग असंभव है। श्रापों से बचने का सबसे अच्छा तरीका है जतिना हो सके पवत्रि आत्मा के करीब रहना । यही कारण है कि सबसे कठनि लक्ष्य को पूरा करना एक चलता लक्ष्य है। कब्र के कपडों से उसके हाथ, पैर और चेहरा ढके हुए थे। याद रखें, लाजर जीवति था, लेकनि उसके चलने (पैरों), काम करने (हाथों), देखने और सुनने (चेहरे) में बंधा हुआ था। शैतान हमारे पाँव बाँधना चाहता है, ताकि हिम परमेश्वर के पीछे न भागें। वह

हमारे हाथों में जंजीर डाल देना चाहता है, कि हिम उन्हें प्रार्थना और हमारे उद्धारकर्ता की आराधना में ना उठाएं। शैतान हमारे चेहरे को भी बांध देता है, ताकि हिम न तो परमेश्वर को देखें, न परमेश्वर को सुनें, और न उसकी अद्भुत उपस्थति का स्वाद चखें ।

जब आप बंधे होते हैं, तो इसका मतलब यह नहीं है कि आप मृत हैं ; इसका सीधा सा मतलब है कि आप प्रतबिंधति हैं। इस सद्धिांत को प्रदर्शति करने के लिए , मैं कलीसयियी सेवा के दौरान डक्ट टेप लेकर धीरे-धीरे एक व्यक्ति के कान, आंख, हाथ और पैर पर लगाता हूँ। फरि मैं उस बाध्य व्यक्ति को चलने की कोशशि करने के लिए कहा। सब हँसते हैं बेशक,क्योंकि वह व्यक्ति देख नहीं सकता कि वह कहाँ चल रहा है। फरि जब

वह व्यक्ति दौड़ने की कोशिश करता है, वह भाग नहीं पाता; इसलिए उसकी बजाय, वह कूदने का प्रयास करता है। अगर वह व्यक्ति सावधान नहीं है तो वह आसानी से गिरकर खुद को चोट लगा सकता है। मैं,फिर दर्शकों को बताता हूँ कि यह व्यक्ति एक बाध्य मसीही है, जो वास्तव में जीवित है, लेकिन बंधा है। इस प्रकार का मसीही को निरंतरता का अभाव होता है। कोई सोच सकता है कि अगर कोई वास्तव में फिर से जन्मा हुआ है, तो उस व्यक्ति को इस प्रकार की समस्या नहीं होगी।

लाजर वास्तव में जीवित था, फिर भी वह बंधा हुआ था। शायद आप लाजर के जैसे हैं, आपका नया जन्म हुआ है, लेकिन आप क़ब्र के कपडो़ , पिछले आघात, और पुरानी बीमारियों के चिन्हों को अभी भी लिए हुए हैं जो एक पीढ़ी से दूसरी पीढ़ी तक आपके पास पहुँच गई हैं । ऐसा लगता है जैसे आपके परिवार में हर कोई तलाक करता है, धन की लगातार कमी रहती है, आप दुर्घटना ग्रस्त होते हैं, या ऐसा लगता है कि एक काला बादल आपका पीछा कर रहा है हर उस जगह जहाँ तुम जाते हो वो परमेश्वर की सभी आशीषों को रोकता है। यीशु ने अपने अनुयायियों को आज्ञा दी कि वे लाजर को खोल दें, उन्होंने वैसा ही किया जिससे मैं प्रसन्न हूं।

इसी प्रकार, यह पुस्तक प्रभु की ओर से एक कार्य है जो हमारी सहायता करता हैं उसके नाम से छुटकारा पाने के लिए। इससे पहले कि हम इसमें आगे बढे., आइए एक नजर डालते हैं तीन प्रकार के क़ब्र के कपडो़ में जो शैतान लोगों को वापस पकड़ने और उनकी क्षमता को सीमित करने के लिए उपयोग करता है।

पीढ़ीगत श्राप

पीढ़ीगत श्राप पीढ़ी-दर-पीढ़ी पारित किए जाते हैं, उन्हीं आवर्ती समस्याओं और परेशानियों के साथ जो हमारे सभी पिछिले पूर्वजों ने अनुभव किया। बाइबल इसे पुरखों के “अधर्म” के रूप में वर्णित करती है” (गिनती 14:18 देखें)। उदाहरण के लिए, अब्राहम के पिता मूर्ति प्रार्थना थे(देखें यहोशू 24:2)। अतीत के तांत्रिक प्रथाओं के कारण हम अब्राहम के जीवन में डर और झूठ देख सकते हैं, वह अपने पत्नी के बारे में झूठ बोले थे, उनका beta इशाहक भी अपने पत्नी के विषय में झूठ बोले थे। तब अब्राहम के पोते अपने जन्मसिद्ध अधिकार के विषय में झूठ बोले थे, और उनके परपोते भी यूसुफ के विषय में झूठ बोले थे। इसके अलावा, हम यह देखते हैं की पीढ़ीगत समस्या जैसे बाँझपन उनके परिवार मेदेखा गया था।

जब हम पैदा होते हैं आनुवंशकिी के माध्यम से हम अपने माता पति से बहुत सी वशिषताएं प्राप्त करते हैं। उदाहरण के लिए, हमारे बालों का रंग, हमारी आँखों का रंग, हमारी त्वचा का रंग, और कई अन्य भौतकि वशिषताएँ। इसके अलावा, चरति्र लक्षण भी अगले पीढ़ी को पारति हो जाते हैं। आंकडे. पुष्ट किरते हैं कहिम 10 गुना अधकि शराब पनि की आदत को अपने माता पति से प्राप्त करते हैं।

हमें अपने माता-पति के जीन के माध्यम से ऐसे बहुत गुण प्राप्त होते हैं जो हमारे इच्छा और संघो द्वारा हम उसे अपने जीवन में सक्रयि करते हैं। यह सदि्धांत पीढ़ीगत आशीष और पीढ़ीगत श्राप दोनों पर लागू होता है। हालाँक,ि कुछ लक्षण और प्रवृत्तयिाँ हमारे माता-पति के जीन के माध्यम से पारति की जाती हैं,इसका मतलब यह नहीं कवि अपने आप सक्रयि होते हैं। नकारात्मक अनुभव, बुरी संगत और गलत चुनाव वे हैं जो नकारात्मक आनुवंशकि लक्षणों को सक्रयि करते हैं। जब हम वशि्वासयिों के समूह में रहते हैं तब हम अपने मन में परमेश्वर का वचन और परमेश्वर को महमिा देने वाला चुनाव करते हैं, तब जो नकारात्मक वषिय हमारे जीवन में हमारे माता पति से प्राप्त करते हैं वह सक्रयि नहीं होता है। हमें यह समझना चाहए कहिमारे पूर्वजो का गलत चुनाव हमारे जीवन में दंड लाता है (यहेजकेल 18:2 देखें)।

दो परविार: एडवर्ड्स और जुक्स

ए.ई. वनिशपि द्वारा दो परविार के बारे में एक अध्ययन कयिा गया था एक परविार- जोनाथन एडवर्ड्स के वंशज और दूसरे मैक्स जूक के। वनिशपि जेलों का दौरा कर रही थी और उन्होंने मैक्स जूक्स के परविार के वंशज से मुलाकात की जो अपराधी थे। उनके अभलिखों, रपिोर्टों और गवाहयिों को देखने के बाद, उसने सीखा मैक्स ज्यूक नास्तकि, एक ईश्वरवहिीन जीवन व्यतीत करता था। उसने एक अधर्मी लड़की से ववािह कयिा, और उनके मलिन से 310 संतानें हुईं जनिकी मृत्यु गरीबी में हो गई, 150 अपराधी थे, सात हत्यारे थे, 100 शराबी थे, और आधी से अधकि स्त्रयिाँ वेश्याएँ थीं। उसके 540 वंशजों के कारण सरकार को $1,250,000 का हान‌ि उठाना पडा़।

कुछ समय बाद, एई वनिशपि को जोनाथन एडवर्ड्स के बारे में एक लेख तैयार करने के लिए कहा गया, जो एक प्रचारक थे और उनके पास 11 बच्चे थे अपनी पत्नी के द्वारा। वनिशपि ने एडवर्ड्स परविार की खोज से नम्निलखिति उपलब्धि हासलि की: एक अमेरकिी उपराष्ट्रपत‌ि बना, तीन अमेरकिी सीनेटर थे, तीन गवर्नर थे, तीन महापौर थे, 13 कॉलेज अध्यक्ष थे, 30 न्यायाधीश थे, 65 प्रोफेसरों थे, 80 सार्वजनकि कार्यालयों में, 100

वकील थे, और 100 से अधकि सेवकाई में - मशिनरी,पासवान और धर्मशास्त्री थे। इस अध्ययन से कसिी को भी यह बात समझ आता है दोनों परविारों में कतिना अधकि फर्क है.4

"दुष्ट के घर पर यहोवा का श्राप होता है,"(नीतविचन 3:33)। श्राप केवल दुष्ट पर ही नहीं परन्तु उसके घराने पर भी आता है। ये श्राप पीढ़ी से दूसरी पीढ़ी तक चलता रहता है —जब तक क कोई उनका सामना न करे और उन्हें समाप्त कर देता है।

कैनेडी अभशािप

केनेडी अभशािप एक शब्द है जसिका प्रयोग शृंखला का वर्णन करने के लएि कयिा जाता है जो अमेरकिी केनेडी परविार के साथ शृंखिलागत दुर्घटनाएं घटति हुआ था। कुछ आलोचकों का दावा है क यिह एक सामान्य अनुभव है अधकिांश परविारों के लएि। फरि भी, सीनेटर एडवर्ड "टेड" कैनेडी, वास्तव में यह सोचते थे की उनका परविार एक अभशािप से गुजर रहा था 5 नम्निलखिति केनेडी अभशािप को रेखांकति करता है: 6 1941 - रोज़मेरी कैनेडी ने मजिाज का अनुभव कयिा, जो एक मानसकि वकिलांगता का संकेत थे। उसके पति यह सोचते थे की उसके द्वारा उनके परविार का प्रतष्ठिा नस्ट हो जाएगा - इसलएि उन्होंने एक पारविारकि चकित्सिा के कारण वह न तो बोल पाती थी और न ही चल पाती थी। कुछ ही समय बाद, उन्हें एक पागल खाने में २००५ तक रख दयिा गया जहाँ उनकी मृत्यु हुई 12 अगस्त, 1944 - द्वतिीय वश्वि युद्ध के दौरान जोसेफ पी. केनेडी जूनयिर की एक हवाई जहाज के वस्फिोट से इंग्लैंड में उनकी मृत्यु हो गई थी। 13 मई, 1948 - कैथलीन कैवेंडशि, मार्चयिोनेस ऑफ हार्टगिंटन की मृत्यु फ्रांस में एक वमिान दुर्घटना में हुआ था। 9 अगस्त, 1963 - पैट्रकि बाउवएिर कैनेडी का जन्म हुआ समय से पहले और दो दनि बाद श्वसन सड्रिोम के कारण मृत्यु हो गई। 22 नवंबर, 1963 - अमेरकिी राष्ट्रपति युहन्ना एफ कैनेडी थे जनिकी टेक्सास में हत्या कर दी गयी थी।

19 जून, 1964 - अमेरकिी सीनेटर टेड कैनेडी एक वमिान दुर्घटना में शामलि थे जहां पायलट सहति दो लोगों की मौत हो गई।

दूसरे सीनेटर के' द्वारा—वमिान से खींचे जाने पर— अस्पताल में भर्ती कराकर उन्हें बचाया गया।

5 जून, 1968 - अमेरकिी सीनेटर रॉबर्ट एफ कैनेडी की हत्या लॉस एंजलिस में सरहान सरहान के द्वारा हुआ था जब वे राष्ट्रपत पिद की उम्मीदवारी के लएि चुने गए थे।

18 जुलाई, 1969 - टेड केनेडी ने गलती से अपना वाहन एक ब्रजि से टकरा गया जसिे मैरी जो कोपेचने वाहन में फस गए जसिसे बाहर नकिलने के लएि वे कुछ ना कर पाए और

दुघटना स्थल से चले गए । कुछ समय पशचात एक टेलीवजिन प्रसारण के दौरान टेड ने कहा कि उस रात के दौरान वह सोचा "क्या वास्तव में कोई भयानक अभशिाप केनेडीस परविार पर लटका हुआ है।

13 अगस्त, 1973 - जोसेफ पी. कैनेडी II गाडी चलाते समय दुर्घटनाग्रस्त होकर जसिसे यात्री लकवाग्रस्त हो गया।

25 अप्रैल, 1984 - डेवडि ए कैनेडी फ्लोरडिा में एक होटल के कमरे में अधकि मात्रा में कोकीन और पेथडिीन लेने के कारण उनकी मृत्यु हो गई थी।

1 अप्रैल, 1991 - वलियिम कैनेडी स्मथि ने एक युवती के साथ बलात्कार कयि

फ्लोरडिा में कैनेडी एस्टेट संपत्ति में; उसे गरिफ्तार कर लयिा गया और अपराध के लएि आरोप लगाया। हालाँकि, मीडयिा की भागीदारी के कारण, स्मथि नर्दिोष घोषति कयिा गया।

31 दसिंबर, 1997 - माइकल लेमोयने केनेडी की मृत्यु हो गई कोलोराडो में स्कीइंग दुर्घटना कारण।

16 जुलाई, 1999 - युहन्ना एफ़ कैनेडी जूनयिर—जो अपने वमिान में पायलट थे जनिकी वमिान दुर्घटना के कारण जो अटलांटकि महासागर पर घटति हुआ था उनकी पत्नी और साली दोनों की मृत्यु हो गयी थी।

16 सतिंबर, 2011 - कारा कैनेडी को दलि का दौरा 51 साल की उम्र में एक हेल्थ क्लब में शारीरकि व्यायाम करते वक्त पडा। इसके अलावा, वह नौ साल पहले फेफडे. के कैंसर से पीडति थे; जसिका परणिाम हुआ की उसके दाहनि फेफडे. का हसि्सा नकिलना ऐडा।

16 मई, 2012 - मैरी रचिर्डसन कैनेडी ने आत्महत्या कर ली न्यूयॉर्क में उसके घर में।

यह स्पष्ट है कि ये भयानक दुर्घटनाएँ और समय से पहले हुई हैं मौतें सामान्य नहीं थीं। बाइबल हमें बताती है कि ये संकेत हैं पीढीगत शापों की। हालाँकि, जैसा कि हमने खोजा है, अमीर होना और प्रसद्धि श्राप नहीं रोकेगा; केवल यीशु के पास ही शक्ति है जो इन श्रापों को तोड़ता है।

पति के शत्रुओं से नपिटना

कई साल पहले, मैंने एक बंद पडी हुई करिाये की संपत्ति खरीदी थी ताकि निष्क्रयि आय बना सकू । पछिले मालकि द्वारा संपत्ति का प्रबंधन अच्छी तरह से नहीं कयिा गया था । घर को नवीनीकरण और भूमि को बहुत काम की आवश्यकता थी । घास नहीं थी, केवल जंगली घास फूस थीं। जंगली घास मेरे द्वारा नहीं लगाए गए थे, और मैं खाली उन जंगली घास फूस को देखकर नराश हो गया । पछिले मालकि ने करने के लिए बहुत काम छोड़

दयिा था। अपना काम न करने के लिए पछिले मालकि को दोष देने के बजाय, मैंने धीरे-धीरे लेकनि नश्चिति रूप से, जंगली घास फूस को मारने के लिए घास के मैदान की देखभाल करने वाले रसायनों का प्रयोग कयिा, जसिसे घास उग आई। तब तक संपत्तबिेची गयी, घास का मैदान हरा और भरपूर था। मैंने अगले मालकि को एक बहुत ही सुंदर घास का मैदान दयिा ।

हो सकता है कआिपके माता-पति ने कुछ समस्याओं का सामना नहीं कयिा हो,और परणिामस्वरूप, ये समस्याए आप पर आए हो। पवति्रशास्त्र हमें दूसरों को दोष देने के लिए नहीं कहता है, बल्कशिैतान का वरिोध करने और समस्याओं को जड़ से नपिटने के लिए कहता है।

जब सुलैमान ने अपने पति, राजा दाऊद से सहिासन प्राप्त कयिा,तब उन्हें कुछ ऐसे शत्रु भी वरिासत में मलि जनिका सामना उनके पति ने नहीं कयिा था। मुझे यह अच्छा लगा ककिैसे दाऊद ने सुलैमान को उन शत्रुओं के बारे में चेतावनी दी, हालाँकसिुलैमान को फरि भी दुश्मनों से नपिटना पड़ा। राजा दाऊद मर गये थे, लेकनि उनके दुश्मन तभी भी आसपास थे और सुलैमान के लिए समस्याएँ पैदा कर रहे थे।

दुष्टात्मा और श्राप लोगों के साथ नहीं मरते; इसके बजाय, वे आने वाली पीढ़यिों को पीड़ति करना जारी रखते हैं। सुलैमान यह जानता था कइिससे पहले कवि‍ह अपना राज्य स्थापति कर पाता, उसे अपने पति के "दुष्टआत्माओं" को हटाना होगा | दुर्भाग्य से, हम में से सभी को ऐसे माता-पति का अधकिार नहीं है जो हमें बुरी आदतें और प्रवृत्तकिे बारे में सूचति करने के लिए पर्याप्त पारदर्शी हैं। ऐसे में हमें अपने जीवनों में इन दुश्मनों का डटकर मुकाबला करना होगा, क्योंकवि‍े हमारे माता-पति द्वारा नहीं नपिटाए गए थे।

सुलैमान - जसिे पृथ्वी पर सबसे बुद्धमिान व्यक्तमिाना जाता है - उसने अपने राज्य में पवति्र भवन नरि्माण करने से पहले अपने पति के वरिोधयिों से नपिटने को प्राथमकिता दी । परणिामस्वरूप, राजा सुलैमान ने कुछ को नरि्वासति कर दयिा और दूसरों को मार डाला, जैसा कपिवति्रशास्त्र पुष्टकिरता है, "...इस प्रकार राज्य सुलैमान के हाथ में स्थरि हुआ" (1 राजा 2:46)।

जब आप पीढ़ीगत श्रापों को क्रयिान्वति और नरि्वासति करते हैं, तब आप अपने आप को परमेश्वर की आशीष में स्थापति करते हैं।

ढाले हुए श्राप

पीढ़ीगत श्राप पीढ़ी से पीढ़ी तक आगे जाते हैं, लेकिन ढाले गए श्राप बोल कर दिए जाते है। जीभ के वश में मृत्यु और जीवन दोनों होते हैं (देखें नीतविचन 18:21)। अत: शब्द ही श्राप और आशीष का वाहन हैं ।

अब इन श्रापों को कौन बोल सकता है? हम जानते हैं के परमेश्वर ने सर्प और भूमि पर श्राप दयिा (देखें उत्पत्ति 3:14; 3:17; 5:29)। परमेश्वर ने अब्राहम को कोसने वालो को श्राप देने की प्रतज्ञिा की(उत्पत्ति 12:3 देखें)। पछिले अध्यायों में हमने यह भी सीखा की तांत्रकि वद्यिा का अभ्यास करना मुख्य कारण है जसिके लिए परमेश्वर एक व्यक्ति पि श्राप देता है।

हालाँकि, न केवल परमेश्वर , बल्कि परमेश्वर के जन भी अभशिाप दे सकते हैं। उदाहरण के लिए, यहोशू ने यरीहो को श्राप दयिा, राजा दाऊद ने गल्बिो पर्वत को श्राप दयिा, भावश्यिवक्ता एलीशा ने अपने नौकर को श्राप दयिा, और यीशु ने अंजीर के पेड़ को श्राप दयिा (देखें यहोशू 6:26; 2 शमूएल 2:21; 2 राजा 5:26-27).

परमेश्वर के जनों को वश्विासयिों पर आशीष देने की बहुत बड़ी जम्मिेदारी है, और उन्हें श्राप न देने की। हम इसका तर्क देने के लिए परीक्षति हो सकते हैं क्योंकि एलीशा और यहोशू ने दूसरों को श्राप दयिा, तो हमें भी ऐसा ही करना चाहिए—यह सत्य नहीं। जब यीशु के चेले सामरयिा नगर को जलाना चाहते थे, उन्होंने एलय्यिाह को वनिाश के लिए एक शास्त्रीय संदर्भ के रूप में इस्तेमाल कयिा। यीशु ने उन्हें दयिा, "परन्तु उस ने फरिकर उन्हें डांटा और कहा, तुम नही जानते कि तुम कैसी आत्मा के हो"| सत्य यह है कि यीशु मसीह कि आत्मा हमेशा लोगो को आशीष देने की इच्छा रखती है

मुझे इस नश्चिति महलिा के लिए प्रार्थना करना याद है, जसिने एक कलसियिा में भाग लयिा था जहां पासवान ने उससे कहा कि अगर कसिी ने उसका कलीसयिा छोड़ दयिा, तो उनके बच्चे सांसारकि हो जाएंगे। इस महलिा ने वह कलीसयिा छोड़ दयिा और सचमुच उनके बच्चे सांसारकि हो गए। वह प्रार्थना करने आई थी उन शब्दों के खलिाफ, जनिके बारे में उनका मानना था कि उनके परविार पर असर पड़ा है। परमेश्वर के सेवकों के रूप में हमारा एकमात्र दायत्वि यह है की हम बीमारी, दुष्टात्माएँ, और अंधकार के बुरे कार्य को अभशिाप दे ना की लोगों को।

न केवल परमेश्वर के लोगों के पास श्राप देने की शक्ति है, बल्कि अधकिार में रहने वालों के पास भी समान शक्ति होती है। माता-पति को अपने बच्चों के ऊपर और पतयिों को अपने पत्नयिों के ऊपर अधकिार होता है। आत्मकि जगत में पतिाओं के पास यह अधकिार

होती है की वो अपने बच्चों को आशीष या अभशिाप दे सकते हैं। नूह एक जाना-पहचाना पिता था, जसिने अपने बेटे हाम को श्राप दयिा था उसकी एक गलती के कारण। वह श्राप हम के भवषि्य के पीढ़ी को प्रभावति कयिा है।

कोई भी सदि्ध नहीं है, लेकनि लोगों पर आशीष देने से वे लोग सदि्ध होते हैं। जब लोग गलती करते हैं, पाप करते हैं, हमारे भरोसे को तोड़ते हैं, या हमें गहरी चोट पहुंचाते हैं, हमें नरि्णय लेना है - चाहे बुरी शक्तयिों को मुक्त करना है या अपने तरीके से आशीष देना है। जैसे शब्द, "तुम बेकार हो," "तुम मूर्ख हो," "आप कभी भी कुछ भी नहीं कर सकते," "आप ऐसा क्यों नहीं हो सकते और इसलएि," "तुम मोटे हो," "तुम बदसूरत हो," और "काश तुम मर जाते," ऐसा लगता है की यह कुछ भी नहीं है, लेकनि शैतान इस बातों को पकड़ लेता है और लोगों के जीवन में उन बातों को पूरा करने का कोशशि करता है।

मैं एक शवििर में बोल रहा था और एक युवक प्रार्थना के लएि मेरे पास आया। वह अच्छे अंक प्राप्त करने के लएि संघर्ष कर रहा था और उसकी माँ हमेशा उसे कहती की "तुम धीमे हो" या "तुम बहुत मूर्ख हो।" लुढ़कते आंसुओं के साथ वह स्वीकार कयिा की ये शब्द एक शृंखला की तरह बन गए हैं उनकी शैक्षणकि प्रगत कि सीमति कर दयिा। हमने प्रार्थना की, त्याग कयिा, और उन शब्दों को सकारात्मक शब्दों से बदल दयिा। मैंने उस शब्द का वपिरीत शब्द बोला बोला और उसे एक पति के रूप में आशीष दयिा।

"श्राप देने" का एक अन्य स्रोत शैतान के सेवक हैं— डायन और डायन डॉक्टर। तंत्रवदि्या करने वाले लोगों पर हान पिहुँचाने के लएि श्राप देते हैं। इसीलएि, बाइबल में, बालाक ने बलिाम को बुलाया था की वह इस्राएल को श्राप दे, कवि े युद्ध में हार जाएं। शैतान के सेवक से हमें कसिी भी मंत्र या श्राप से डरना नहीं है ।

मैंने ऐसे कई कबूलनामे और गवाहयिाँ सुनी हैं, जो, ईर्ष्या के कारण अपने शत्रुओं का हान पिहुँचाने के लएि लोग जादू टा करने वालों का सहारा लेते हैं। मुख्य समस्या यह है क िवे जो अपने शत्रु पर जादू करते हैं, आमतौर पर उन पर वापस आते हैं। इस प्रकार, मसीही होने के नाते हमें शैतान और उसके मंत्रों से नहीं डरना चाहएि।

"बनिा कारण श्राप नहीं आता," (नीतवचिन 26:2 एनएएसबी)। मैथ्यू हेनरी ने अपने एक लेख के माध्यम से अपना दृष्टकिोण साझा कयिा की, "वह जो बनिा कसिी कारण के श्राप देते हैं चाहे वो क्रोध के कारण या, गंभीर अभशिाप,वह अभशिाप हम पर नहीं आता है जैसे पंछी हमारे सरि के ऊपर से उड़ जाते हैं जसि तरह गोलअिथ का अभशिाप दाउद पर नहीं पडा़। यह गौरैया की या जंगली कबूतर की तरह उड़ जाता है पता नहीं कहा,जब तक की वे वापस नहीं आ जाते उसके अपने स्थान पर, वह श्राप लौटकर उसी के जीवन में लौट

आता है "7 अगर हम परमेश्वर की सेवा कर रहे हैं, तो परमेश्वर हमारे अनजाने में हमारी रक्षा करते हैं।

जब आप अपने आप पर अभशिाप डालते हैं

"श्राप देने" का अंतमि स्रोत हम स्वयं हैं। यह तब है जब अभशिाप स्वयं लगाया जाता है। जनि चीज़ों के बारे में हम हमेशा बात करते हैं,वह कभी कभी हमारे जीवन में शाप लाता हैं।

परमेश्वर ने अब्राहम के संतानों को दूसरों के श्रापों से बचाया, लेकनि अपने श्राप से नहीं। यहूदी लोगों ने अपने ऊपर स्व-आरोपति श्राप लाया (देखें मत्ती 27:24-25)।

मेरे द्वारा शपथ न लेने के कई कारणों में से एक कारण यह भी है की शपथ लेना एक श्राप है। जब हम शपथ लेते हैं, तो हम श्राप छोड़ते हैं। हमें पश्चाताप करना है और स्वयं बोले गए श्राप नहीं लाना है, और उसके बदले हमें परमेश्वर का वचन हमारे जीवन में बोलना है उधारण के स्वरुप जब हम बीमार होते है हमें परमेश्वर के वचन के अनुसार बोलना है की मैं नही मरूँगा परन्तु ज़न्दिा रहूँगा," (देखें भजन संहति 118:17)। साथ ही, जब हम कमजोर है, घोषति करें, "मैं मजबूत हूं" और "मैं एक वजिता से अधकि हूं यीशु के द्वारा" (देखें योएल 3:10; रोमयिों 8:37)।

मैं यह सुझाव नहीं दे रहा हूं कि हिमारी कोई समस्याएं नहीं है, लेकनि यह महत्वपूर्ण है कि हिम अपनी समस्याओं को ऐसा स्थान न दें जो हमें नकारात्मक रूप से प्रभावति करते हैं। उदाहरण के लिए, जब मैं बीमार महसूस करता हूँ, यह कहना पसंद करते हैं, "मैं एक बीमार व्यक्ति निहीं हूँ जो स्वस्थ होने की कोशशि कर रहा है, मैं एक स्वस्थ व्यक्ति हूँ जो बीमारी से लड़ रहा है। यदि आप अपने जीवन के पापों से लड़ रहे हैं, फरि नम्निलखिति कहें, "मैं पापी नहीं हूँ ,पवत्रि होने की कोशशि कर रहा हूँ, मैं एक धर्मी व्यक्ति हूँ जो पाप से लड़ रहा है।"

परमेश्वर चाहता है कि हिम अपने सभी नकारात्मक शब्दों के लिए पश्चाताप करें,

स्वयं के बारे में यह बोले, जो परमेश्वर के वचन में हमारे वषिय में लखिा गया है। जब पतरस ने यीशु को तीन बार नकारा, तो यीशु ने ना ही उसे माफ कर दयिा, लेकनि यीशु ने पतरस द्वारा बोले गए उन बातों को उलट दयिा अपने वचनों के शक्ति से।

अर्जति अभशिाप

जैसा कि मैंने पहले उल्लेख कयिा है, पीढ़ीगत श्राप पारति होते हैं पछिली पीढ़यिों से। दूसरी ओर, "अर्जति श्राप" हैं दूसरों या स्वयं द्वारा बोले गए शब्द। हालाँकि, "अर्जति

श्राप" से हमारे जीवन में बोने और काटने का नियिम सक्रयि होता है। योताम का श्राप इसका एक उदाहरण है (देखें न्यायियों 9)। जब उसका अबीमेलेक के भाई ने अपने सत्तर भाइयों को अकारण मार डाला, तब शकेम शहर ने इस हत्यारे को अपने नेता के रूप में गले लगा लयिा, तब योताम ने अबीमेलेक और शकेम नगर को श्राप दयिा। शहर और उसका नया अगुआ ने तीन साल तक अस्थायी आशीष का आनंद लयिा, लेकनि तब समस्याएं शुरू हुईं जब "परमेश्वर ने अबीमेलेक के बीच दुर्भावना की आत्मा भेजी और शकेम के पुरूष और अबीमेलेक के बीच में, शकेम के पुरूषोंने ने अबमिलेक के साथ वश्विासघात कयिा है।"(न्यायियों 9:23)।

जहां भी श्राप होता है वहां दुर्भावना की आत्मा हमेशा आती है। यह आत्माएँ हमेशा संघर्ष और समस्याएँ उत्पन्न करती हैं जो अंततः वनिाश को जन्म देती हैं। नतीजतन, एक शर्मनाक मौत अबीमेलेक पर आया क्यूंकि उसने जो बोया था उसने वही काटा। "और शकेम के पुरुषों के भी सब दुष्ट काम परमेश्वर ने उनके सरि पर लौटा दए और येरुबाबेल के पुत्र योतम का श्राप उन पर घट गया" (न्यायियों 9:57)। जैसा हम देख सकते हैं, आत्मकि शक्तयिाँ अबीमेलेक और शकेम नगर के ऊपर वपित्तयिों के पीछे का कारण था। गहरा आत्मकि शक्त हिमेशा श्राप लाते हैं।

अर्जति श्रापों के लिए छह बाइबलि कारण

1. मूर्तयिों की पूजा करना (देखें व्यवस्थाववििरण 27:15)। हमें यह पता है मूर्तपिूजा, तंत्रवद्यिा और जादूटोना श्राप का द्वार खोलता है।

2. माता-पिता का अनादर (व्यवस्थाववििरण 27:16 देखें)। सभी 10 आज्ञाओं में से केवल एक ही है जो आशीष देती है, हमारे पिता और माता का सम्मान करने की आज्ञा। अगर आशीष

माता-पिता के सम्मान से जुड़ा है, तो नश्चिति हो कि माता-पिता का अपमान अभशिाप लाते हैं। मैं हमेशा कशिोरों को सलाह देता हूं, "यदि आप चाहते हैं आप दीर्घायु हों और स्वस्थ जीवन व्यतीत करें, तो अपने माता-पिता का सम्मान करें।" यह आज्ञा आपकी शक्षिा और सम्बन्ध से अधिक महत्वपूर्ण है।

3. कमजोरों और असहायों के साथ अन्याय (देखें व्यवस्थाववििरण 27:18-19)। जब हम दूसरों के साथ अन्याय करते हैं, यह एक अभशिाप भी लाता है। अपनी भाई के हत्या के बाद कैन श्राप के अधीन था (उत्पत्ति 4:11-12 देखें)। गर्भपात हत्या है, और यह एक अभशिाप लाता है। मैंने ऐसे लोगों की पहले सेवा की है, जो गर्भपात के बाद दुष्ट

आत्माओं के अधीन हो जाते हैं। जब हम कसिी की जान लेते हैं या कसिी को गहरा दर्द देते हैं-खासकर जब वे असहाय या कम भाग्यशाली होते हैं—यह हमारे जीवन में कई प्रकार के परेशानयिों को लाता है।

4. अवैध व्यवहार, अप्राकृतकि यौन संबंध और व्यभचिार (देखें व्यवस्थाववविरण 27:20-23)। यौन संबंध सर्फि एक शारीरकि क्रयिा नहीं है, यह एक आत्मकि क्रयिा है। एक व्यक्त दिूसरे व्यक्त किे साथ एक हो जाता है जसि क्षण वे यौन संबंध बनाते हैं (देखें 1 कुरन्थियिों 6:16)। कंडोम यौन रोग से रक्षा कर सकता है, लेकनि यौन दुष्टआत्मा से नहीं। शैतान

यौन क्रयिा के माध्यम से एक व्यक्त सि दूसरे व्यक्त मिें स्थानांतरति होता है। मैंने लोगों की बहुत सी गवाहयिाँ सुनी हैं—जो अन्धकार के राज्यों के थे —जन्हिें शैतान द्वारा दूसरों के साथ यौन संबंध बनाकर उसके राज्य में लाने के लएि नयिुक्त कयिा गया था। शैतान के आक्रमण से बचने क लएि हमें एक शुद्ध और पवत्रि जीवन जीना है और ववािह्के लएि यौन संबंध को संरक्षति करना है।

5. यहूदी-वरिोधी (उत्पत्त 12:3 देखें)। शक्तशािली साम्राज्य जसिने यहूदी लोगों पर हमला कयिा और उन्हें मटिाने की कोशशि की उनपर यह बात महंगा पडा़। परमेश्वर वादा करता है क जिो लोग इस्राएल श्राप देने की कोशशि करते हैं वे शापति होंगे। नाजी नेता एडोल्फ हटिलर को हम सभी जानते हैं -जसिपे यहूदयिों को नष्ट करने का जुनून सवार था-वह और

उनके शासन का भयानक अंत हुआ। आज, अरब दुनयिा में कई इस दुषूट वरिासत को जारी रखें हुए हैं। भले ही अरब दुनयिा में बहुत सारा तेल और धन है,फरि भी वे शापति हैं। ब्रेट स्टीफेंस वॉल स्ट्रीट जर्नल में लखिा, "अरब दुनयिा में ना तो कोई महान वश्िववदि्यालय है, ना ही कोई गंभीर स्वदेशी वैज्ञानकि आधार, वंचति साहत्यिकि संस्कृत। 2015 में यूएस पेटेंट कार्यालय ने 3,804 पेटेंट की सूचना इज़राइल के नाम में दएि,जब की केवल 364 सऊदी अरब, 56 संयुक्त अरब अमीरात, और 30 मस्रि के नाम में सूचति है। 8 बाइबल का प्रत्येक लेखक यहूदी था, और हमारा उद्धारकर्ता आया यहूदी राष्ट्र से। वह शीघ्र आने वाला राजा है, जो वरिाजमान होगा दाऊद के संहिासन पर। हमें यरूशलेम की शांत किे लएि प्रार्थना जारी रखने की जरूरत है ,और परमेश्वर का आशीष हमारे जीवन में जारी कयिा जाएगा।

6.चोरी करना और झूठी गवाही देना। "सेनाओं के यहोवा की येही वाणी है, मैं उसको ऐसा चलाऊंगा की वो चोर के घर में और मी नाम की झूटी शपथ खाने वाले के घर में घुस

कर ठहरेगा, और उसको लकडी़ और पत्थरों समेत नस्ट कर देगा "(जकर्याह 5:4)। चोरी करना पाप है क्योंकयिह परमेश्वर के एक आज्ञा को तोड़ देता है। यह हमारे परविार के लएि श्राप के द्वार भी खोलता है। यहूदा यीशु का चेला था, फरि भी वह चोर था। चोरी के कारण उसमे शैतान समाया, और अंततः वनिाश के कारण यहूदा की मृत्यु हो गई। जब हमारे पास ऐसे लोग हों जो हमारे लएि काम करते हैं और अगर हम उसे उचति मज़दूरी नहीं देते है तब उनके कार्य से हम धनि तो होते हैं पर श्राप हमारे परविार में प्रवेश करता है और हमारेजविन को नस्ट करता है। डकैती, चोरी, पहचान की चोरी, कार्यालय से चोरी करना, बौद्धकि संपदा लेना-अवैध रूप से सामग्री डाउनलोड करना और चोरी करना, बुवाई के कार्य हैं, जो अनेक श्राप जीवन में लाता है।

उदाहरण के लएि, आकान, गेहजी, यहूदा और क्रूस पर चढा़या गया चोर, अपने कार्य के कारण शापति हुए परन्तु यीशु ने उन्हें माफ़ कयिा और उनके श्रापों को तोड़ दयिा। यीशु को दो चोरों के बीच क्रूस पर चढा़या गया था, एक ओ शापति था उसका श्राप तोडा़ गया और उद्धार पा गया और दुसरे ने शापति हालात में अपना प्राण खो दयिा। जब जक्कई

उद्धार पाया, उसने उन लोगों को जनिसे वह अधकि धन लयिा था उन्हें लौटने का वादा कयिा। यीशु ने उसे नहीं रोका और उन्होंने कहा, "आज इस घर में उद्धार आया है, क्योंकि वह भी अब्राहम का पुत्र है" (लूका 19:9)।

यदि हम चोरी के कारण अपनी आय पर लगे श्राप को तोड़ना चाहते हैं,तो

हमें माफी माँगने और उन लोगों के साथ क्षतपिूर्ति करने की आवश्यकता है जनि्हें हमने अब तक तकलीफ पहुचाई हैं। मेरी मंडली में ऐसे लोग थे जनि्होंने दुकानों और अन्य लोगों से चीजें चोरी की थी, और परणािमस्वरूप, उनके लगातार आमदनी में समस्याएं थी। प्रार्थना और उपवास के दौरान एक बार,पवति्र आत्मा ने मेरी मंडली के इन सदस्यों को दोषी ठहराया, इसलएि उन्होंने उन लोगों से माफी मांगी जनिसे उन्होंने चोरी की थी और सुधार कयिा। वह

उनके लएि शर्मनाक था, लेकनि जब उन्होंने यह कार्य कयिा जैसा जक्कई ने कयिा था तो कुछ बदल गया । इस वजह से, परमेश्वर की आशीष उनकी आमदनी पर हुयी और उनकी आर्थकि परस्थितियिों में सुधार हुआ।

इसके अलावा, चोरी केवल उसे लेने तक ही सीमति नहीं है जो हमारा नहीं है, बल्कि हमारे दशमांश को भी रोकना चोरी है। "तुम पर भारी शाप पडा़ है, क्योंकि तुम मुझे लूटते हो; वरन सारी जाति ऐसा करती है। (मलाकी 3:9)। जब हम अपना दशमांश रोक कर रखते

हैं, तो हम अपनी आमदनी को श्राप के लिए खोल देते है । हम परमेश्वर को लूटते हैं और उसे अवसर नहीं देते हैं हमें आशीषति करने के लिए।

प्रार्थना

"पिता परमेश्वर, मैं आपके पास धन्यवाद से भरे हुए हृदय के साथ आता हूं मेरे पाप के लिए यीशु को क्रूस पर मरने के लिए भेजने के लिए। उनकी मृत्यु से, आपने मुझ पर हुए सभी श्रापों को शक्तहीन कर दयिा है । मै मेरे पूर्वजों के पापों का पश्चाताप करता हूँ जन्हिोंने आपकी सेवा नहीं की, बल्कि शैतान की सेवा की। मैं पश्चाताप करता हूं कसिी भी चीज के लिए जो मैंने बार-बार खुद से कही जो बाइबलि के अनुसार नहीं थी। मैं उन हर एक बातों के लिए पश्चाताप करता हूँ जनिसे मैंने अपने माता-पिता के दलिों को दुख पहुचाया है। मेरे दलि में जो कोई भी वद्रिोह हैं उसे दूर कीजयि । मुझे क्षमा कीजयि अगर मै कसिी भी समय जरूरतमंद लोगों की मदद करने में वफिल रहा हूं जब मै कर सकता था। मैंने जो कुछ भी चुराया है, मैं आज उसका पश्चाताप करता हूं, और मैं इसे दोबारा नहीं करने का वादा करता हूं। जो भी श्राप इन बातों के कारण आया है, इसे आज यीशु के लहू की शक्तसि तोडा जाए। मेरे डीएनए में मेरे परविार के माध्यम से जो कुछ भी बुराई आई है, मैं उसे यीशु के नाम में तोड़ता हूँ। मैं प्राधकिरण द्वारा मेरे ऊपर बोले गए मृत्यु के कसिी भी श्राप को तोड़ता हूं । मै तांत्रकिों द्वारा कएि गए कसिी भी मंत्र को तोड़ता हूं। यीशु के नाम में , कोई हथयिार नहीं बना जो मेरे वरिुद्ध समृद्ध होगा । पवत्रि आत्मा मुझे परमेश्वर की आशीष में चलने में मदद कीजयि और उन्हें अगली पीढी तक पहुंचाएं। "

अध्याय 5
बच्चों की रोटी

बहुत समय पहले की बात है एक सेवक जहाज़ पर बैठकर अमेरिका के लिए आप्रवासन कर रहे थे की। यह यात्रा 21 दिनों तक चली थी। वह उसने टिकट खरीदने के लिए अपना सब कुछ बेच दिया, लेकिन उसके पास पर्याप्त धन नहीं था जहाज पर महंगे भोजन के लिए। इसके बजाय, वह एक बड़ा थैला लाया पनीर और बिस्कुट की। हर दिन जब लोग खाने के लिए जहाज़ के कैफेटेरिया में जाते थे, तब वह डेक पर जाकर पनीर और बिस्कुट खाया करता था। कैफेटेरिया में उन लोगों की हंसी सुनकर, इस गरीब यात्री ने खुद को याद दिलाया कि, हालांकि उसके पास बेहतर भोजन नहीं है, वह कम से कम अमेरिका जाने के रास्ते में था। पर आखरी दिन, एक सज्जन ने इस सेवक से संपर्क किया और पूछा उसने कैफेटेरिया में अपने आप को शामिल क्यों नहीं किया। वह लज्जित हुआ और उत्तर दिया कि वह वहां जाने के लिए बहुत गरीब है। उनके नए दोस्त ने जवाब दिया, "सभी बुफे और रेस्तरां में खाना आपके टिकट के साथ शामिल था।

हम, जो यीशु में विश्वास करते हैं, स्वर्ग के रास्ते पर हैं। यीशु ने क्रूस पर अपनी मृत्यु के द्वारा हमारे लिए वह टिकट खरीदा। उद्धार के साथ कई आशीषें इस के साथ जुड़ा हुआ है। उद्धार केवल स्वर्ग का टिकट नहीं है,यह जीवन के हरे-भरे चरागाहों का द्वार है।

उद्धार के तीन काल

मन परिवर्तन के समय हमारी आत्मा उद्धार पता है, हमारा प्राण पवित्रता के द्वारा उद्धार पता है और हमारा शरीर आखरी पुनरुत्थान में उद्धार पाएगा। विश्वासियों के रूप में, हम बचाए गए हैं, हम वर्तमान में बचाए जा रहे हैं और हम भविष्य में बचाए जाएंगे। पहला,मसीही के रूप में हम अन्धकार के साम्राज्य से मसीही के साम्राज्य में स्थानांतरित कर दिए गए हैं, हम मृत्यु से जीवन में प्रवेश कर चुके हैं। क्योंकि अनुग्रह ही से विश्वास के द्वारा हमारा उद्धार हुआ है..." (इफसियों 2:8)।

दूसरा, हम बचाए जाने की प्रक्रयिा में हैं। पौलुस कुरन्थियों से कहता है "... जो बचाए जा रहे हैं," (2 कुरन्थियों 2:15)। उसने फलिप्पियों से यह भी कहा, " डरते और कांपते हुए अपने उद्धार को पूरा करो क्योंकि परमेश्वर तुम में कार्य करता है ..." (फलिप्पियों 2:12-13). यह उद्धार हमारी आत्मा में होता है, जहाँ पवत्रि आत्मा है, हमारे मन का नवीनीकरण करता है, हमारी भावनाओं को चंगा करता है, और हमारी इच्छा को स्वतंत्रता देता है। हमारी प्राण वह हस्सिा है जसिे इस धरती पर बचाया जा रहा है।

तीसरा, हमारे उद्धार के भवष्यि के भाग का पौलुस द्वारा दो बार उल्लेख कयिा गया है, "... हम उद्धार पाएँगे ..." (रोमयिों 5: 9-10)। यह न तो अतीत, न वर्तमान है। यह हमारे भवष्यि का हस्सिा है। पौलुस एक दलिचस्प बात कहता है, "हमारा उद्धार अब पहले की तुलना में नकिट है हम ने पहलि वशि्वास कयिा" (रोमयिों 13:11)। यह तब है जब हम अनुभव करेंगे पुनरुत्थान के माध्यम से एक नए शरीर में होना। जैसा कि आप देखते हैं, उद्धार केवल एक घटना नहीं बल्कि एक प्रक्रयिा है। वर्तमान काल में उद्धार वह है जहाँ मन का नवीनीकरण होता है, आत्मा की चंगाई, हमारे शरीर को क्रूस पर चढ़ाना, और छुटकारा का अनुभव करना।

क्या मसीहयिों में दुष्टात्मा हो सकते हैं?

जब एक मसीही वशि्वासी दुष्टात्माओं या श्रापों से छुटकारा पाता है,इसका मतलब यह नहीं की दुष्ट आत्मा उसके आत्मा में रहता है। पवत्रि आत्मा वशि्वसओिं के आत्मा में रहता है परन्तु दुष्टात्मा परेशान कर सकते हैं, पीड़ा दे सकते हैं और वशि्वासी की प्राण पर अत्याचार कर सकते हैं। वशि्वासी के पास पवत्रि आत्मा है, मतलब वह उसका मालकि है। दुष्ट आत्माएँ मसीहों के जीवन के एक हस्सिा को नयिंत्रति करना चाहते हैं। दुष्ट आत्माओं के द्वारा प्रताड़ति होने का अर्थ यह नहीं की हम उद्धार नहीं पाए हैं। इसका मतलब यह नहीं है कि वे आत्माएं आपके मालकि हैं।

डेरेक प्रसि, जो इस क्षेत्र में मेरे जीवन पर एक शक्तशिाली प्रभा व डाले है छुटकारे के बारे में, अपनी एक वार्ता में साझा कयिा कि ग्रीक शब्द दुष्ट आत्मग्रष्ट जो नए नयिम के लेखक इस्तमाल कएि हैं। उनका कहना है दुष्ट आत्मग्रस्थ शब्द का अर्थ स्वामत्वि नहीं है, लेकनि आंशकि नयिंत्रण हैं। इसका मतलब है कि दुष्टात्मा आपके जीवन के एक हस्सिे को नयिंत्रति करना चाहते हैं। उनके पास आपके आत्मा का अधकिार या स्वामत्वि नहीं हो सकता। आप कैसे जानते हैं कि किसि क्षेत्र में दुष्टआत्मा का नयिंत्रण है? आमतौर पर यह है उन क्षेत्रों में जहां आपका नयिंत्रण नहीं है,क्योंकि दुष्ट आत्माएं आपके प्राण

की उस हिस्से को नियंत्रित करते हैं। जब आप छुड़ाए जाते हैं, तो आप नियंत्रण वापस प्राप्त करते हैं। छुटकारे के दौरान आपकी आत्मा के उस हिस्से को बचाया जाता है।

शायद तुम सोच रहे हो, अंधेरा और उजाला एक साथ नहीं हो सकता। ऐसा बाइबिल में नहीं कहा गया है। कुछ सोचते हैं कि पवित्र आत्मा और दुष्ट आत्मा एक ही स्थान में नहीं रह सकते। वास्तव में? कौन कहता है? पवित्रशास्त्र जो हमें यह कहता है "अविश्वशिओन के साथ असमान जुए में ना जुतो क्योंकि धार्मिकता और अधर्म का क्या मेल जोल या ज्योति और अन्धकार की क्या संगती (2 कुरिन्थियों 6:14)। यह वचन यह नहीं कहता ज्योति और अन्धकार एक साथ नहीं रह सकता। यह कहता है कि उनका अस्तित्व एक साथ नहीं होना चाहिए। पौलुस हमें बता रहा है जिस तरह से चीजें होनी चाहिए न कि वे हो नहीं सकते।

अगर आपको लगता है कि मसीहियों में दुष्टात्मा नहीं हो सकता है, तो मैं आपको बता दूं की ऐसी कई कहानियाँ है जहाँ एक ही व्यक्ति में ज्योति और अन्धकार एक साथ काम करते थे। एक पतितपासवान जिसने कभी पवित्रता का उपदेश दिया था अक्सर वेश्याओं का दौरा करते थे; एक नया बचाया हुआ विश्वासी जो आदतन नशीली दवाओं के दुरुपयोग और आत्म विनाश के आत्मघाती प्रयासों में लौट आए; एक मसीही अगुवा जिसने कई लोगों को प्रभावित किया सुसमाचार के लिए, लेकिन धोखाधड़ी और चोरी के लिए उन्हें जेल में बंद कर दिया गया। 2 कुरिन्थियों 6:14 में पौलुस ने कहा, "अविश्वासियों के साथ असमान जूए में न जुतो," और फिर ऐसा कहता है ज्योति और अन्धकार के बीच कोई सहभागिता न होनी चाहिए। अगर अँधेरा और उजाला साथ-साथ नहीं रह सकते, तो मसीही विश्वासी अविश्वासी के साथ संपर्क नहीं कर सकते। हम जानते हैं कि ऐसा हर समय होता है। यह नहीं होनी चाहिए पर होता है। दुष्ट आत्मा नियंत्रित मसीहियों के साथ भी ऐसा ही होता है। उन्हें दुष्ट आत्मा के प्रभाव में नहीं होना चाहिए, पर बाइबिल में कहीं यह लिखा नहीं है की यह संभव नहीं है।

सोजो

हम त्रिएक प्राणी हैं और हमारे पाप हमारे पूरे व्यक्तित्व को प्रभावित करते हैं। पाप न केवल हमारी आत्मा को मृत बनाता है, बल्कि बीमारी, गरीबी,और अत्याचार भी लाता है।

उद्धार में एक व्यक्ति का पुआ व्यक्तित्व प्रभावित होता है।

यह ध्यान रखना जरूरी है कि उद्धार के लिए ग्रीक में "सोजो" शब्द का इस्तेमाल किया गया है। 'सोजो' शब्द का अर्थ है बचाना, छुड़ाना, रक्षा करना और खतरों से बचाए रखना है। सोजो का प्रयोग मत्ती 1:21 में पाप के क्षमा के रूप में, मत्ती 9:22 में एक महिला के

चंगा करने के रूप में और लूका 8:36 में एक व्यक्ति का दुष्ट आत्माओं से छुटकारे के रूप में प्रयोग कयिा गया है।

आप देखते हैं, उद्धार, या सोज़ो, एक शब्द है जसिका वर्णन पापों की क्षमा, रोग से चंगाई और दुष्टात्मा से छुटकारा के लिए प्रयोग कयिा जाता है। उद्धार केवल स्वर्ग का टकिट नहीं है, यह हमारे आत्मा, प्राण और देह का उद्धार है।

मसीहयिों के लिए छुटकारा

कनान की एक महलिा, सीरो-फोनीशयिन जाती के मरकुस लखिति सुसमाचार के अनुसार ,यीशु की आराधना की और अपनी बेटी को चंगा करने के लिए कहा। उसका बच्चा गंभीर रूप से दुष्टात्मा से ग्रसति था, यह बच्चे में दुष्टआत्मा का अलौककि प्रकटीकरण का संकेत था। उसे यह कैसे पता था उसके बच्चे की समस्या दुष्ट आत्माएँ हैं? यीशु, जो परमेश्वर है उन्हें सब पता था की उस माँ की आकलन सही है।

उसकी नविेदन के जवाब में, यीशु मसीह ने कुछ नहीं कयिा। यीशु के शष्यि उसे वदिा करना चाहते थे। वह यहूदी नहीं थी, और यहाँ तक कि इससे भी बदतर, वह एक मूर्तपूिजक थी। इतना सब होने के बाद भी वे एक दृढ़ नश्चियी महलिा थीं। अंत में, यीशु ने उसे उत्तर दयिा, "बच्चों की रोटी कुत्तों के सामने नहीं डालना है" (मत्ती 15:26)।

यहूदयिों के लिए, अन्य सभी जातयिाँ और नस्लें "कुत्तों की नस्ल" की तरह थीं, क्योंकि कुत्तों की पहचान घृणति प्राणयिों के रूप में की जाती थी। उसने हयिाब नहीं छोड़ी। उस उत्तर को सुनने के बाद भी उसने उत्तर दयिा, "सत्य है प्रभु पर कुत्ते भी वह चूर चार खाते हैं जो उनके स्वामयिों के मेज से गरिते हैं" (मत्ती 15:27, एनएएसबी)। जतिना यहूदी कुत्तों से घृणा करते थे,उन कुत्तों के लिए रोटी का बचा हुआ टुकड़ा कुत्तों को दे देते थे। वह यही चाहती थी। वह आत्मकि खाने की बचा हुआ खाना खाने ओ तैयार थी ताकि उसकी बेटी का छुटकारा हो। उसके वश्विास से प्रभावति होकर यशु ने कहा और उसकी बेटी छुड़ा ली गयी, यद्यपि वह शारीरकि रूप से अपने माँ के साथ वहाँ नहीं थी।

उसे चूर-चार मलिा, परन्तु जो परमेश्वर की सन्तान हैं उन्हें पूरी रोटी मलिती है। चूरा नहीं, बल्कि सुसमाचार का पूरा भोजन उद्धार और चंगाई है। यीशु के दृष्टकिोण से, वश्विासयिों के लिए उद्धार वही है जो बच्चों के लिए रोटी है। कहने के लिए यह कहना है कि हमें मुक्त होने, छुटकारा पाने या वजियी होने की आवश्यकता नहीं है कि हमें रोटी की जरूरत नहीं है। इसलिए यीशु ने अपने चेलों को सखिाया प्रार्थना करने के लिए, "...हमारे

पिता जो स्वर्ग में हैं...हमें बुराई से छुड़ा ..." (मत्ती 6:9-13)। हम परमेश्वर के संतान हैं, तो भी हमें छुटकारे के लिए प्रोत्साहित किया गया है।

छुटकारे का आधार

यीशु मसीह का क्रूस हमारी स्वतंत्रता का आधार है। क्रूस का संदेश परमेश्वर की शक्ति और ज्ञान है (देखें 1कुरिन्थियों 1:18)।

कलवारी पर, यीशु को हमारे पाप के लिए दंडित किया गया था कि हमें क्षमा किया जा सके। उन्हें दण्डित किया गया ताकि हमें न्याय से छुटकारा मिले। यीशु पाप बने, ताकि हम धर्मी बन सकें। वह मर गया, ताकि हम जी सकें। क्रूस पर एक स्वर्गीय आदान-प्रदान घटित हुआ था।

क्रूस पर, यीशु को दण्ड दिया गया, ताकि हमें क्षमा प्राप्त (देखें मत्ती 9:6)। क्षमा हमारे लिए मुफ्त है, लेकिन इसकी कीमत चुकानी पड़ी पिता को अपने पुत्र के बलिदान के द्वारा ताकि हमारे पापों का क्षमा हो।

क्रूस पर, यीशु को दण्डित किया गया, ताकि हमें दण्डित ना होना पड़े (देखें रोमियों 3:24)। पाप दंड लाता है। उद्धार अपराध बोध से छुटकारा दिलाता है। यीशु ने हमारे अपराध को ले लिया ताकि हम धर्मी ठहरे - मानो हमने पहले कभी पाप नहीं किया। माफी तुम्हारे पाप क्षमा करता है, परन्तु धर्मी ठहराना तुम्हें निर्दोष बनाता है— जैसा तुमने कभी पाप किया ही ना हो।

क्रूस पर, यीशु पाप बन गया, ताकि हम धर्मी बन सकें (2 कुरिन्थियों 5:21 देखें)। यीशु ने आपका पाप लिया ताकि वह अपना धर्मिकता तुम्हे दे।

क्रूस पर, यीशु मरा, ताकि हम जीवित रहें (देखें यूहन्ना 10:10; रोमियों 6:23)। यीशु ने अपना जीवन हमें दिया और हमारे मृत्यु(आत्मिक) को अपने ऊपर ले लिया। यीशु का जीवन कैसा है? यूहन्ना 10:10 में "जीवन" के लिए मूल शब्द "ज़ोए" है - यह वही जीवन है जो परमेश्वर में है।

क्रूस पर, यीशु घायल हुए, ताकि हम चंगे हो सकें (देखें यशायाह 53:5)। यीशु ने हमारे लिए कोड़े खाए ताकि हम चंगे हो जाए। हर बीमारी यीशु के शरीर पर लाद दी गई थी।

क्रूस पर, यीशु को श्राप दिया गया था, ताकि हम आशीषित हो सकें (देखें गलातियों 3:13-14)। यीशु ने पीढ़ीगत श्राप लिए, डाले गए श्राप, और अर्जित श्राप लिए, क्योंकि जो कोई काठ पर लटकाया जाता है, वह श्रापित है।'यीशु ने हमारे श्रापों को उठा लिया, ताकि हमें आशीष मिले।

क्रूस पर, यीशु कंगाल हुआ, ताकि हम धनी हो सकें (देखें 2 कुरन्थियों 8:9)। यीशु क्रूस पर कंगाल हो गया: नंगा, भूखा, प्यासे, और हर चीज की उन्हें जरूरत थी, ताकि हम समृद्ध हो सकें और हमारे परिवारों की हर आश्यकता को पूरा कर सके और परमेश्वर के राज्य को फैलाने के लिए हमारे संसाधनों के द्वारा क्रूस पर, यीशु को अस्वीकार कर दिया गया, ताकि हम स्वीकृत हो सकें (मत्ती 27:46 देखें)। यीशु को परमेश्वर ने अस्वीकार कर दिया था और लोगों द्वारा त्याग दिया गया - वह जानता है कि अस्वीकार किए जाने पर कैसा महसूस होता है। हम परमेश्वर द्वारा के स्वीकार किये गए, क्योंकि यीशु उनके द्वारा अस्वीकृत किये गए थे।

क्रूस पर, यीशु को लज्जित किया गया, ताकि हम महिमा पाए (देखें मत्ती 27:35, इब्रानियों 12:2)। यीशु ने शर्म का सामना किया, इसलिए कि हम लज्जित होकर न चलें। क्रूस पर, यीशु ने शैतान को शक्तिहीन कर दिया (देखें कुलुस्सियों 2:14-15; उत्पत्ति 3:15)। जब मसीह हमारे पापों के लिए मरा, शैतान निरस्त्र और पराजित हो गया। शैतान की हार की भविष्यवाणी अदन की वाटिका में हुआ था,कि यीशु सर्प के सिर को कुचल देगा।

शैतानी उत्पीड़न के कई कारण हैं,छुटकारे का एक ही आधार कलवारी का क्रूस है। अलग-अलग पाप शैतान के लिए द्वार खोलता है, लेकिन केवल यीशु की लहू उसे दूर भगाता है। केवल यीशु का लहू ही शैतान पर विजय प्राप्त कर सकता है (देखें प्रकाशितवाक्य 12:11)।

जय से लड़ो

यीशु के क्रूस और लहू के कारण, शैतान सम्पूर्ण पराजित हुआ। जीत का भुगतान किया जा चूका है। दुष्ट आत्मा और श्राप के ऊपर विजय विश्विसओं के लिए निश्चित किया गया है। फिर ऐसा क्यों हैं कई विश्वासी हार में जी रहे हैं? परमेश्वर ने इस्राएल को कनान देश का वादा किया था, लेकिन कुछ ही इस पर कब्जा किये। अब्राहम के संतान वही प्राप्त किये जिनको वो युद्ध पर जीते थे, वह नहीं जिसके लिए परमेश्वर ने वादा किया था।

आपको वह नहीं मिलता जो आपसे वादा किया जाता है, आपको वह मिलता है जिसके लिए आप लड़ते हैं।

"हे पुत्र तिमुथिउस उन भावस्यित्वनियों के अनुसार जो पहले तेरे विषय में की गयी थी मैं आज्ञा सौंपता हूँ की तू उनके अनुसार अच्छी लड़ाई को लड़ते रहो "(1 तीमुथियुस 1:18)।

बहुत लोगों को भाविश्यित्वानी का वचन मिलता तो है पर उनके जीवन में वह पूरा नहीं होता क्योंकि वह भावस्यितानी के वचन के अनुसार लड़ाई नहीं लड़ते। परमेश्वर की

प्रतज्ञिा, भावस्यितवानी के वचन और यीशु मसीह कलवारी पर जो कुछ हासलि कआि है वह केवल वश्विास के दवार ही प्राप्त कयिा जा सकता है।

यीशु ने जो कुछ क्रूस पर कयिा उसको केवल अंगीकार करने से ही नहीं परन्तु उसे अधकिार करना हमारा काम है। क्रूस पर वजिय हमें युद्ध से नहीं बचाता, वरन हमें सशक्त बनाता है। युहन्ना के दनिों से ,अबतक स्वर्ग के राज्य में बल पूर्वक प्रवेश होता रहा है और बलवान उसे छीन लेते हैं (मैथ्यू देखें 11:12)। आप कनिारे पर बैठकर पीड़ति की भूमकि नहीं नभिा सकते। क्रूस आपको वजियी बनता है। जो आपका है उसे उठकर अधकिार करना है। शैतान की सारी ताकतों को दूर भागना है।

वजिताओं से अधकि

प्रत्येक वजिता को युद्ध के बाद वजिय प्राप्त होती है। हम लड़ाई से पहले ही वजियी है इसलए, हम वजिता सेभी अधकि हैं (देखें रोमयिों 8:37)। जब आप मसीही बन जाते हैं, यीशु आपको अधकिार और पवत्रि आत्मा की शक्त देता है। आप आत्मकि दुनयिा में एक पुलसिकर्मी की तरह हैं। एक पुलसि अधकिारी के पास एक बैज होता है जो उसे अधकिार देता है, और एक हथयिार जो उस अधकिार को कायम करने के लए मलिता है। अधकिार के कारण अपराधी अधकिारयिों से डरते हैं और उनके पास जो अधकिार और शक्त होता है। जब हमें ये समझ आता है हमें शैतान के ऊपर अधकिार और सामर्थ दयिा गया है तब शत्रु भयभीत होता है। वह अपराधी है, आप अधकिारी हैं। आपके पास स्वर्ग से दयिा गया शक्त है।

हम जीत के लए नहीं लड़ते, हम जेट में खडे़ होकर लड़ते हैं। इफसियिों में आत्मकि युद्ध के बारे में प्रसद्धि परच्छिेद में 6, पौलुस कहता है हमें परमेश्वर की हथयिारों को धारण करके खडे़ रहना है (इफसियिों को देखें 6:11, 13-14)। हमारे आत्मकि कवच का लक्ष्य वजिय प्राप्त करना नहीं, बल्क उस जीत में खडे़ होने के लए है जो हमारे लए पहले ही जीती जा चुकी है।

मरा हुआ सांप खतरनाक हो सकता है

बाइबल शैतान की तुलना पाँच जानवरों से करती है: एक पक्षी। वह वचन चुराता है। (देखें मत्ती 13:4) एक भेड़यिा। वह भेड़ों को छीन लेता और ततिर-बतिर कर देता है। (यूहन्ना 10:12 देखें) एक सहि। वह शेर नहीं है क्योंक सच्चा शेर एक ही होता है - यहूदा के गोत्र

का सहि। शैतान शेर की तरह दहाड़ता है और फाड़ खाने के लिए कोशशि करता है। (1 पतरस 5:8 देखें) एक ड्रैगन। वह सारी दुनयिा को धोखा देता है। (देखें प्रकाशतिवाक्य 12:9;

20:2) एक सर्प। हम पहली बार बाइबलि में शैतान से साँप के रूप में मलिते हैं। सांप अपने मुंह से हमला करते हैं और अपना जहर पीड़तिों के शरीर में छोड़ता है। (उत्पत्त‌ि 3:1 देखें)

फीनक्सि एरजिोना के एक मेडकिल सेंटर ने रैटलस्नेक पर एक शोध कयिा और पाया कि मृत रैटलस्नेक अभी भी वार कर सकते हैं, काट सकते हैं, और मार सकते हैं। कभी-कभी रैटलस्नेक को गोली मार दिए जाने और उनके सरि काट दिए जाने पर भी, वह अपने सरि से दूसरों को काट सकता है। एक अध्ययन से पता चला है कि एक साँप के सरि काटने के 60 मनिट तक दूसरों को काटने का क्षमता होता है। 9 मरे हुए सांप खतरनाक हो सकते हैं।

शैतान की हार आपको जीत की संभावना देती है, लेकनि यह हमें अपने आप वजिता नहीं बनता है। अन्यथा सभी वश्िवासी हर समय वजियी होते और हमें लड़ाई करने की आज्ञा नहीं दी जाती शैतान के खलिाफ और हमारे शत्रु का प्रतरिोध करने के लिए।

कई वश्िवासी दावा कर रहे हैं कि शैतान हार गया है और कोई समस्या नहीं है,फरि भी वे पराजति जीवन जी रहे हैं। नए नयिम के लेखक शैतान की हार के बारे में जानते थे, फरि भी वे हमें चेतावनी देते हैं, "...और शैतान को अवसर न दो," (इफसियिों 4:27),

"... साँपों और बच्छिुओं को रौंदना..." (लूका 10:19), "...शैतान का प्रतरिोध करो..." (याकूब 4:7), "सचेत हो, जागते रहो; क्योंकि तुम्हारा वरिोधी शैतान गर्जने वाले सहि के समान इस खोज में रहता है की कसिको फाड़ खाए।

वश्िवास में दृढ़ होकर उसका साम्हना करो..." (1 पतरस 5:8,9)। यह सब दखिाता है कि हमें सतर्क और शांतचत्ति होना चाहिए अपने पराजति शत्रु की ओर, अन्यथा हम केवल जीत का दावा करेंगे और इसे कभी प्राप्त नहीं कर सकेंगे। जीवन खेल का मैदान नहीं, युद्ध का मैदान है।

पालतू बन गया कैदी

शमिशोन का जीवन हमें यह सबक सखिाता है। पलश्ितिी लंबे कोशशि के बाद शमिशोन को वश में कर लयिा। उन्होंने हराया, अंधा कर दयिा, और उसे बांध दयिा। उन्होंने उसे पकड़ लयिा और वह उनका कैदी बन गया। पलश्ितयिों ने जश्न मनाना और उनके साथ अपना मनोरंजन करना शुरू कर दयिा शमिशौन के साथ। आखरिकार शमिशोन हार गया, वह क्या कर सकता था? फरि भी वह अब भी खतरनाक था और वह अब भी उनका दुश्मन था। बहुत जल्द ही, उसकी हार उसके शत्रुओं की हार बन गई। उसने उनसे अपना प्रतशिोध लेने में

सफल रहा क्योंकि वे पहरे पर नहीं थे, उन्होंने जीवन को जश्न सचा और शत्रु को पालतू जानवर सोचा। हमें हमारे शत्रु की तरह हमारे भग्य को नहीं बनाना है, हमें याद रखना है उसे कलवारी पर शस्त्रहनि् करदयिा गया है। वह पराजति है तो भी हमारा सच्चा शत्रु है और हमें इसे कभी हल्के में नहीं लेना चाहएि।

इसीलएि पतरस ने कहा कि सचेत रहो। पौलुस ने कहा परमेश्वर की अस्त्रशस्त्र पहेनकर शत्रु के वरिुद्ध खडे रहो। अगर तुम पराजति शत्रु को गंभीरता से ना लें,आश्चर्यचकति न हो, आपको जीवन में कई पराजय का सामना करना पडेगा।

गोलयिथ गरिा है, अब लड़ने का समय है

जब दाऊद ने गोलयित को मार डाला, तो शत्रु भाग गय, परन्तु युद्ध खत्म नहीं हुआ था, अभी तो शुरू ही हुआ था। इस्राएल के लोग, जो छुपे हुए थे, वे दाउद के वजिय से शशक्त हो गए। उसकी जीत में उन्हें साहस मलिा। उसकी जीत उनकी ताकत का स्रोत बन गई। दाऊद की जीत उन्हें बैठने और आराम के लएि नहीं, परन्तु युद्ध करने के लएि शक्तशिाली बनता है।

यीशु दाऊद की प्रतकिृति है। उसने गोलयित - अन्धकार की शासक को हराया। गोलयित गरि चूका है। वर्तमान हमें उठाना और युद्ध करना है। अपनी शुद्धता वापस प्राप्त करें। अपनी आजादी वापस पाएं। आपका दुश्मन पहले से ही भाग रहा है, वह दहशत में है। उसे कसिी भी चीज से दूर न होने दें। आपके पास परमेश्वर के अधकिार का बलि्ला है, और पवति्र आत्मा की शक्ति है कलवारी की वजिय को अपने जीवन में साकार करने के लएि।

प्रार्थना

"स्वर्गीय पति मैं आपका प्रशंसा करता हूँ की आपने हमें मसीह में स्वर्गीय स्थानों में सब प्रकार की आत्मकि आशीष दी है। मेरा उद्धारकर्ता यीशु मैं तुझे धन्यवाद देता हूँ सबसे महान उद्धार का उपहार देने के लएि और नया जीवन के लएि।" पवति्र आत्मा मैं आपको नमिंत्रति करता हूँ मुझे आप मसीही में जो वरिासत मेरा है उसे प्रकाश। मैं सरि्फ ये अंगीकार नहीं करना चाहता हूँ की प्रतज्ञिा का देश पर मैं उसे अधकिार करना चाहता हूँ, येसु के नाम में ।

अध्याय 6
स्वतंत्रता प्राप्ति

युहन्ना को डॉक्टरों ने बेकाबू और हस्तक्षेप करने वाले सोच, टकि वकिार, घबड़ाहट वकिार, अनदि्रा, और आत्महत्या की प्रवृत्तयिां से नदिान कयिा। तीन वर्ष तक उन्हें ये भयंकर वकिार रहे। दखल देने वाले वचिार इतने भयानक थे कि उन्होंने कहा कि यह ऐसा था जैसे एक और व्यक्ति उसके अंदर रहता है और उसके लिए सोचता है। उसके मन में परमेश्वर को कोसने के बेकाबू वचिार आएं,और उसके परविार को श्राप देने के कि वे मर जाएं। यह इतना गंभीर हो गया कि उसने स्कूल जाना बंद कर दयिा, जब, पहले, वह"ए"वद्यिार्थी था | उसके वकिार के कारण उसे कार्य में बहुवकिल्पी उत्तर का चयन करने में कठनिाई होती थी। एक टकि वकिार वकिसति हुआ- एक मुकाबला तंत्र के रूप में- उन परेशान करने वाले वचिारों का मुकाबला करने के लिए। इसके अलावा,वह अपने शरीर को चोट पहुचाता था उन दखल देने वाले वचिारों को रोकने के लिए।

मुझे याद है कि हमिने उसे पहली बार हमारी एक सेवाओं में देखा था। उसके सरि पर हाथ से थप्पड़ मारने से उसका शरीर मुड़ गया था। युहन्ना को आराम करने और सोने में बहुत मुश्कलि आता था। उसे दखल देने वाले वचिारों से नकिलने के लिए टेलीवजिन पर फलि्में या प्रदर्शनी देखना पढ़ता था,ताकि वह सो सके। अपने कई आत्महत्या के प्रयासों के कारण, वह एक मानसकि संस्थान में रखा गया जहाँ उसे दवा दी गई अपने वचिारो को सुन्न करने के लिए। उसके बाद उसके परजिनों ने मदद के लिए कहीं और तलाश शुरू की। उन्होंने वैकल्पकि चकित्सिा, प्राकृतकि वटिामनि, और गरिजाघरों से प्रार्थनाएँ करवाया,पर इन सभी का कोई फायदा नहीं हुआ।

अंततः उसके माता-पिता उसे हमारी मासकि प्रार्थना में ले आए, जहां हम छुटकारे के लिए प्रार्थना करते हैं। जब मैं उसके लिए प्रार्थना कर रहा था, पवति्र आत्मा उस सारी बुराई को दूर करने लगी जो उसे परेशान कर रही थी। वह व्यक्त करने लगा और गंदे पदार्थ नकिालने लगा |

छुटकारा पाने के बाद ,वह घर वापस चला गया, और उसी दनि बेनाड्रलि लेने बंद कर दयिा, जसिे वह आमतौर पर मदद के लएि हर दो घंटे में लेता था ताकि सो सके। साथ ही, दखल देने वाले और आत्मघाती वचिार भी उसके मन से चले गए थे। उसका दमिाग ठीक हो गया और वह नरि्णय लेने में सक्षम हो गया | युहन्ना फरि से परीक्षण करने और अपना 'जीईडी' पूरा करने में सक्षम था। परमेश्वर ने उसके जीवन को पूरी तरह से पुनः स्थापति कयिा। इसके बाद वह यीशु की महमिा के लएि गवाही देने के लएि वापस आया । आज, वह एक स्थानीय कलीसयिा में एक अगुवा है, युवाओं को यीशु के ओर बढ़ा रहा है। परमेश्वर की महमिा हो |

शत्रु को पहचानो

स्वतंत्रता पाने का पहला कदम यह पहचानना है कि आप को स्वतंत्रता पाने कि आवश्यकता है । अपने दुश्मन की पहचान जीत का 50 प्रतशित है। यह बलि्कुल आसान लग सकता है, हालांकि, बंधन बहुत भ्रामक है। बहुत से लोग जो बंधन में हैं, सोचते हैं कि वे स्वतंत्र हैं। यीशु ने यहूदयिों को कहा, जो उस पर वशि्वास करते थे, कि यदि वे उसके वचन में बने रहें, तो वे वास्तव में उसके शषि्य होंगे—और सत्य उन्हें स्वतंत्र करेगा। उनकी प्रतकि्रयिा आज के कई लोगों की तरह थी, "हमें स्वतंत्र होने की ज़रूरत नहीं है-हम अब्राहम के वंशज हैं।" यह उससे बहुत समान है जो बहुत से मसीही आज कहते हैं - "हमें छुटकारे की आवश्यकता नहीं है, हम ठीक है" | यीशु के नए चेलो ने वास्तव में यह उत्तर दयिा कि वह कभी कसिी के बंधन में नहीं रहे(देखें यूहन्ना 8:31-36)। वह एक साहसकि ववििरण था —लेकनि क्या वे वास्तव में कभी कसिी के बंधन में नहीं थे? इतहिास गवाह है कि यहूदी बहुतों के दास रहे हैं;मसि्रयिों, मदि्यानयिों, पलशि्तयिों, बेबीलोनयिों और उस समय, रोमयिों |वह कैसे कह सकते हैं कि वे कभी बंधन में नहीं थे?

जाहरि है, बंधन बहुत भ्रामक होता है। स्वतंत्र होने के लएि, आपको यह अनुभव करना होगा कि आप स्वतंत्र नहीं हैं। आपको अपने स्वतंत्रता की आवश्यकता को पहचानना होगा और इसके लएि व्याकुल रहना होगा। डेरेक प्रंसि कहा करते थे,"पवति्र आत्मा प्यासे के लएि है, परन्तु उद्धार व्याकुल के लएि है।" यीशु ने अपने चेलों को भी समझाया कि ऐसा क्यों है कि उसके वचन में बने रहना महत्वपूर्ण है — मुक्त बनने और रहने के लएि। यीशु ने उन को उत्तर दयिा; मैं तुम से सच सच कहता हूं कि जो कोई पाप करता है, वह पाप का दास है।और दास सदा घर में नहीं रहता; पुत्र सदा रहता है। (यूहन्ना 8:34-35)।

कोई यीशु का शिष्य हो सकता है और फिर भी बार - बार वही पाप कर सकता है। जब हम आदतन पाप में पड़ जाते हैं तो वह बंधन बन जाता है - यह उस पाप का दास होना है। मैं इसके साथ नहीं आया, यीशु आया! यह भी याद रखें कि वह अपने नए शिष्यों को संबोधित कर रहा था। आदतन पाप करना या किसी पाप का दास होना एक कीमत से जुड़ा है,यह—कोई हमेशा के लिए घर में नहीं रहेगा। इसका मतलब है कि कोई परमेश्वर के साथ अपने संबंध में स्थिर नहीं रहेगा और न ही कलीसिया में अपने उद्देश्य में।

लोगों के कलीसिया में न रहने का एक मुख्य कारण है क्योंकि वे स्वतंत्र नहीं हैं। वे जो बंधन ढोते हैं वह उन्हें हमेशा के लिए घर में रहने के लिए अनुमति नहीं देता है। अब,गुलामी के विपरीत है पुत्रत्व। पुत्रत्व केवल परमेश्वर की सन्तान होने से बढ़कर है; यह दर्शाता है पाप की पकड़ से मुक्त होना और परमेश्वर की आत्मा के नेतृत्व में चलना। जब आप देखते हैं कि आप एक से पाप में गिरते रहते हैं, या वही दुर्भाग्यपूर्ण चीजें होती हैं, तो यह संकेत है कि आपको स्वतंत्रता की आवश्यकता है।यीशु वह सत्य है, और वह उस स्वतंत्रता का स्रोत है।

पापों को कबूल करो

अपनी स्वतंत्रता की आवश्यकता को पहचानने के बाद, हमें हमारे पाप और हमारे पूर्वजों के पाप से पश्चाताप करना चाहिए। हमारे पापों का अंगीकार करने से हमारे लिए परमेश्वर की स्वतंत्रता का अनुभव करने का द्वार खुल जाता है। हमारे पापों का पश्चाताप करने से

दुष्टआत्मा के लिए भी सभी दरवाजे बंद कर देता है। हमारे लिए पवित्र आत्मा में समर्पित होना महत्वपूर्ण है , ताकि वह हमें पश्चाताप की ओर ले जा सके। अपने अतीत में जाकर

और अपने द्वारा किए गए हर पाप को खोजने का प्रयास ना करें। इसके बजाय, परमेश्वर की आत्मा को उन सभी बातों को याद दिलाने दे जिनका तुम्हें पश्चाताप करना चाहिए,

और वे द्वार बंद हो जाएंगे। स्पष्ट पाप हैं जिनसे हमें दूर जाने की आवश्यकता है , लेकिन कई बार, हम नहीं जानते कि कौन सा विशेष पाप ने वास्तव में शत्रु के लिए द्वार खोला है।

जब लगातार तीन वर्षों तक अकाल पड़ा, दाऊद ने परमेश्वर से पूछा कि ऐसा क्यों हो रहा है। तब परमेश्वर ने प्रगट किया की शाऊल ने गिबोनियों के साथ की गई सन्धि को तोड़ दिया था (देखें 2 शमूएल 21:1)। इसके विपरीत, दाऊद ने सही कदम उठाए शाऊल

के कए हुए को पूर्ववत करने, और अकाल थम गया। इस वशिेष मामले में, दाऊद का पाप अकाल का कारण नहीं था, परन्तु यह उसके पूर्ववर्ती का पाप था — राजा शाऊल।

कई बार हमें अपने पूर्वजों के पापों के लए पश्चाताप करने की आवश्यकता होती है " और तुम में से जो बचे रहेंगे वे अपने शत्रुओं के देशों में अपने अधर्म के कारण गल जाएंगे; और अपने पुरखाओं के अधर्म के कामों के कारण भी वे उन्हीं की नाईं गल जाएंगे। तब वे अपने और अपने पतिरों के अधर्म को मान लेंगे, अर्थात उस वश्िवासघात को जो वे मेरा करेंगे, और यह भी मान लेंगे, क हिम यहोवा के वरिुद्ध चले थे," (लैव्यव्यवस्था 26:39-40)। हम हमारे माता-पिता के पाप कबूल करते हैं , इसलए नहीं क उिन्हें क्षमा कयिा जा सकता है, बल्क इिसलए क शित्रु द्वारा हम तक पहुँचना अस्वीकृत हो , सभी दरवाजे बंद कर दए जाए, और शैतान की पकड़ टूट जाए।

जब हमारे व्यक्तगित पश्चाताप की बात आती है,हमे यह समझना चाहए क पश्चाताप हमारे कए हुए काम के पछतावा से ज्यादा है। पछतावा पश्चाताप नहीं है | यहूदा को पछतावा हुआ जब उसने यीशु के साथ वश्िवासघात कयिा, लेकनि वहाँ कोई पश्चाताप नहीं था। यहूदा ने फरीसयिों को पैसे वापस कर दए, लेकनि वहाँ परमेश्वर की ओर पश्चाताप नहीं था ।

पश्चाताप यह स्वीकार करना है क हिमने परमेश्वर के सामने जो कयिा वह गलत था, भले ही कसिी ने इसे देखा न हो या इससे आहत न हुआ हो। यह व्यक्तगित रूप से परमेश्वर के सामने कबूल करना क हिमें खेद है। यह स्वेच्छा हमारे चलने की दशिा को बदलना है । कल्पना कीजए क आिप एक दनि गाडी़ चला रहे हैं, और यह आप जान जाते है क आिप गलत दशिा में जा रहे हैं, इसलए आप यू-टर्न लें। पश्चाताप यू-टर्न है, और यह बस पछतावा से कहीं अधकि है। यह सर्फि राहत के लए ठहराना नहीं है, और फरि एक बार हमारे जीवन बेहतर हो जाए, हम पाप के अपने पुराने तरीकों में वापस चले जाते हैं। ढेर सारे लोग अपनी समस्या से राहत की तलाश कर रहे हैं, लेकनि वास्तव में पश्चाताप की तलाश नहीं कर रहे है।

परमेश्वर के सामने अपने पापों को स्वीकार करने के अतरिक्ति, एक वश्िवसनीय गुरु या पासवान के सामने अपने पापों को स्वीकार करने में शक्त हिै। प्रेरति याकूब ने कहा क पिश्चाताप चंगाई लाता है (देखें याकूब 5:16)। वहाँ छुटकारा होता है जब आप अपने पाप को खुला प्रकाश में बाहर लाते हैं। इसका कारण यह है क पिाप अन्धकार में बढ़ता है। जब हम हमारे पाप सही ठहराते हैं, दूसरों को दोष देते और गोपनीयता में छपिते है, हम

शैतान को सशक्त बनाते हैं हमें बंधन में जारी रखने के लिए। पश्चाताप हमेशा उस पकड़ को तोड़ देता है!

यीशु के प्रभुत्व के प्रति समर्पण

एक कहानी है जिसे इंजीलवादी रेनहार्ड बोनके ने एक सभा में कहा एक बडे़ घर वाले छोटे लड़के के बारे में । इस लड़के के पास दो मंजिला और 10 कमरों वाला घर था। कहानी यही कह कर आगे बढ़ती है एक समय था जब यीशु ने सामने वाला दरवाजा खटखटाया और पूछा अंदर आने के लिए। छोटा लड़का यीशु के अंदर रहने के लिए सम्मानित था। उसने यीशु को सबसे अच्छा कमरा—मुख्य शयनकक्ष पेश किया।

अगले दिन, दरवाजे पर एक और दस्तक हुई। जब लड़के ने दरवाजा खोला, यह देखने के लिए कि वह कौन था, वह शैतान था। शैतान अपने आप को जबरदस्ती अंदर करने के लिए दरवाजे के खिलाफ धक्का देना शुरू कर दिया। छोटा लड़का बहुत देर तक शैतान से मल्लयुद्ध किया और अंत में उसे बाहर धकेल दिया, और दरवाजा बंद कर दिया। लड़ते-लड़ते थक कर उसने सोफे पर आराम किया, और वहाँ यीशु अपने मुख्य शयनकक्ष से नीचे टहल रहा था। छोटा लड़का निराश था कि यीशु ने उसे शैतान के साथ युद्ध में मदद नहीं की। उसने यीशु से पूछा,"तूने मेरी सहायता क्यों नही की?"

यीशु ने कहा, मैं मेहमान हूं, तुम मालिक हो। तब उस लड़के को प्रकाशन हुआ! यीशु को और कमरों की आवश्यकता है। इसलिए उन्होंने यीशु को ऊपर के सभी कमरे देने का फैसला किया - जो कुल पाँच कमरे थे - लेकिन यह अभी भी है लड़के को अपने लिए पाँच कमरों के साथ छोड़ दिया। छोटे लड़के ने तर्क दिया समस्या हल हो गई थी, इसलिए वह सोने चला गया।

अगली सुबह फिर से दरवाजे पर दस्तक हुई। छोटा लड़का दरवाजा खोलने के लिए बहुत उत्साहित नहीं था। तो, इसके बजाय, वह यह देखने के लिए इसे थोड़ा सा खोला कि यह कौन था। जैसे ही उसने दरवाजा थोड़ा सा खोला, शैतान ने अपना पैर छेद में फंसा लिया, और छोटे लड़के के साथ कुश्ती शुरू हो गया अंदर जाने के लिए। शैतान से कुश्ती से थक कर, लड़का आखिरकार दरवाजा बंद करने और शैतान को बाहर लात मारने में कामयाब रहा | फिर, वह जल्दी से यीशु के पास अपनी शिकायत करने के लिए दौड़ा और कहा, "तुम मेरी मदद क्यों नहीं कर रहे हो? मैंने तुम्हें पाँच कमरे दिए। मैं क्यों अब भी अकेले ही शैतान से लड़ रहा हूँ?" यीशु ने उत्तर दिया, "मैं आभारी हूँ आपके पांच कमरों वाले घर में मेहमान बनकर, लेकिन तुम उसके मालिक हो दरवाजे का जवाब देना तुम्हारी जिम्मेदारी है।

फरि छोटे लड़के के दमिाग में बजिली का बल्ब जल गया! वह आखरिकार समझ गया! उसने यीशु को घर की चाबयिाँ दीं और उससे कहा,"अब तुम मालकि हो, और मैं मेहमान, आप मुझे कहाँ रखना चाहते है? यीशु ने उसे रहने के लिए मुख्य शयनकक्ष दयिा मेहमान के जैसा| अगले दनि दरवाजे पर दस्तक हुई। छोटा लड़का दरवाजे का जवाब देने के लिए गया, लेकनि यीशु ने उसे वापस सोने के लिए कहा। यीशु ने उसे यह भी बताया कि दरिवाजे का जवाब देना उसका कर्तव्य नहीं था, कि वह केवल मेहमान था| तब यीशु दरवाजे पर उत्तर देने गया इस बीच छोटा लड़का कोने से देख रहा था कि क्या होगा| जब यीशु ने उस दरवाजे पर उत्तर दयिा, तो वहां शैतान खड़ा था। यीशु को देखकर वह घुटनों के बल झुक गया और बोला, "श्रीमान, यह गलत घर है , मुझे बहुत खेद है। हालांकि यिह सरि्फ एक दृष्टांत है, इसमें शास्त्रों के अनुरूप एक शक्तशिाली संदेश है।

"इसलिए, परमेश्वर के अधीन हो जाओ। शैतान का सामना करो और वह तुम्हारे पास से भाग नकिलेगा"(याकूब 4:7)। इससे पहले कि हिम डाँटें-फटकारें, हमें पहले खुद को परमेश्वर को समर्पण करना होगा। हालाँकि, यीशु के प्रभुत्व के प्रति समिर्पण करना, पापयिों की प्रार्थना करने से कहीं अधकि है। बहुतों को यीशु उनके उद्धारकर्ता के रूप में मलिा है, लेकनि उन्हें परमेश्वर के रूप में उन्हें समर्पण नहीं कयिा।वे अभी भी अपने घर के प्रभारी हैं और अभी भी चाबयिां रखते हैं। यीशु उनके प्रभुत्व के तहत उन लोगों के लिए पूरी जम्मिेदारी लेने को तैयार है। जब यीशु आपका उद्धारकर्ता और प्रभु बनेगा, तो शैतान का वरिोध करेगा प्रभावी हो। यह शक्ति के बनिा केवल खाली शब्द नहीं होगा।

यह देखना दलिचस्प है कि कैसे यहूदा - यीशु के एक शष्यि और मति्र होने के नाते — शैतानी के अधीन आने में सक्षम था। जब हम सुसमाचारों को पढते है, हम देखते हैं कि यहूदा यीशु को शक्षिक कहता है, लेकनि उसका परमेश्वर नहीं। यहूदा के लिए, यीशु एक अच्छा शक्षिक और मति्र था, परन्तु उसका नही परमेश्वर। आप परमेश्वर से बहुत परचिति हो सकते हैं, और यहाँ तक कि उसे अपना दोस्त भी कह सकते हैं, हालाँकि, शैतान को इसकी परवाह नहीं है। शैतान केवल अधकिार को जवाब देता है। यदि आप यीशु के अधकिार में नहीं हैं,आप यीशु के अधकिार में नहीं चल सकते। मैं पूरी तरह से परमेश्वर का मति्र होने के लिए तैयार हूँ, लेकनि उसके साथ हमारी मति्रता स्थानापन्न नहीं होना चाहिए हमें उसे परमेश्वर के रूप में पूर्ण समर्पण में।

अब यहोवा आत्मा है; और जहां प्रभु की आत्मा है, स्वतंत्रता है" (2 कुरन्थियिों 3:17)। असली स्वतंत्रता वही है जहाँ प्रभु की आत्मा मौजूद है। पवति्र आत्मा प्रभु की आत्मा है,और सरि्फ आपका दोस्त या शक्षिक नहीं। यदि यीशु आपका प्रभु नही है, तो

स्वतंत्रता प्राप्ति

पवित्र आत्मा की शक्ति आपके जीवन में सीमित है। उसकी शक्ति तभी खुलती और हमारे जीवन में स्वतंत्रता लाता है जब यीशु वास्तव में हमारा परमेश्वर है। मैंने किसी को एक बार समझाते सुना कि यिह पद ऐसे भी पढ़ा जा सकता है,"जहां आत्मा परमेश्वर है, वहां स्वतंत्रता है।"

यीशु के प्रभुत्व के प्रति समर्पण हमारे सोचने, बोलने, पैसे खर्चने और दूसरे लोगों के साथ व्यवहार के तरीके को बदल देता है,— लेकिन यह उसे भी बदल देता है कि शैतान हमें कैसे देखता है।

1941 में जब जापान ने पर्ल हार्बर पर हमला किया, तो अमेरिका जापान के खिलाफ युद्ध में चला गया। 1945 में जापान ने मित्र देशों की सेना के लिए पूर्ण और बिना शर्त आत्मसमर्पण का हस्ताक्षर किया। संयुक्त राज्य अमेरिका, जिसने जापान के खिलाफ जवाबी कार्रवाई की थी, अब आर्थिक सुधार योजना का नेतृत्व कर रहा है । जापान हिरोशिमा और नागासाकी के विनाश से उबर गया; और अब यह दुनिया के सबसे अधिक उत्पादक और शांतिपूर्ण देश में से एक है। जापान के पास सेना नहीं है; यूएसए उनका आवरण है। संयुक्त राज्य अमेरिका ने आत्मसमर्पण करने वाले राष्ट्र की सुधार और सुरक्षा के लिए पूरी जिम्मेदारी ली| यदि हम चाहते हैं कि परमेश्वर हमारे पीछे रहे और उसकी पूरी सुरक्षा हो, हमें पूरी तरह से उसके सामने आत्मसमर्पण कर देना चाहिए।

कुछ लोग यीशु को अपने राजा के रूप में नहीं चाहते हैं, और केवल उन्हें एक अच्छे शिक्षक के रूप में चाहते हैं। इस जीवन में, कोई बीच का रास्ता नहीं है, हम या तो परमेश्वर के सेवक हैं या शैतान के दास। हाँ, हम परमेश्वर के संतान हैं, लेकिन हमारे दिल में, हमें कभी भी समर्पण से पीछे नहीं हटना चाहिए, स्वार्थ के स्थान पर।

यदि हमारे पास वास्तव में यीशु हमारा प्रभु के रूप में है, तो वह हमारा मार्गदर्शन करेगा और उसके राज्य के लिए हमारा इस्तमाल करेगा । परन्तु यदि हम अपने स्वयं के स्वामी हैं, तो हम यीशु को हमारे अपने स्वार्थी उद्देश्य के लिए इस्तेमाल करेंगे ।

शत्रु का सामना करें

ऐसे बहुत से लोग हैं जो किसी के उनके लिए प्रार्थना करने पर स्वतंत्रता प्राप्त करते हैं। या तो किसी अभिषिक्त के द्वारा, या किसी सेवकाई के द्वारा जो बंदी और उद्धार पाने के लिए जरूरतमंद लोगों की सेवा करती है।पासवान या उद्धार मंत्री से प्रार्थना करवाना बुद्धिमानी है |

परमेश्वर ने अलग-अलग लोगों को अलग-अलग उपहार और अभषिेक के स्तर दिए है, लेकनि हमें भी एक भूमकिा नभिानी है। परमेश्वर का आत्मा हम में रहता है और वह हमारे जीवन में स्वतंत्रता लाना चाहता है। कोई फर्क नहीं पड़ता क हिमारे लिए कौन प्रार्थना करता है, या नहीं करता है, यह केवल यीशु और पवत्रि आत्मा की शक्त हिै जो परविर्तन लाता है।

दाऊद संहि और भालू से छुड़ाया गया था। वह याद करता है की कैसे परमेश्वर ने उसे छुड़ाया जब उसने राजा शाऊल के सामने गवाही दी, "और जब कोई संहि वा भालू झुंड में से मेम्ना उठा ले गया, तब मैं ने उसका पीछा करके उसे मारा, और मेम्ने को उसके मुंह से छुड़ाया; और जब उसने मुझ पर चढ़ाई की, तब मैं ने उसके केश को पकड़कर उसे मार डाला। तेरे दास ने संहि और भालू दोनों को मार डाला; और वह खतनारहति पलश्तिी उनके समान हो जाएगा, क्योंक उिसने जीवति परमेश्वर की सेना को ललकारा है।"(1 शमूएल 17:34-36)।

दाऊद संहि वा भालू के डर से नहीं भागा, वह उनके पीछे पीछे चला और उनके साथ युद्ध कयिा। इसके अलावा, दाऊद ने कहा, 'यहोवा जसिने मुझ संहि और भालू दोनों के पंजे से बचाया है, वह मुझे उस पलश्तिी के हाथ से भी बचाएगा। शाऊल ने दाऊद से कहा, जा, यहोवा तेरे साथ रहे।" (1 शमूएल 17:37)। परमेश्वर ने दाऊद को उस समय संहि और भालू से बचाया जब वह उनका पीछा कयिा, तब नहीं जब वह उनसे भागा। क्या इसी तरह से हो सकता है की, परमेश्वर उन लोगों को उद्धार लाता है जो पीड़ति नहीं खेलते हैं? हाँ, इस प्रकार के वश्विासी कसिी से आशा नहीं रखते की कोई उनके लिए प्रार्थना करें, बल्क इसके बजाय, यीशु के अधकिार में उनके स्थान का दावा करें, दुश्मन का सामना करें, और उनके जीवन के लिए जीत सुनश्चिति करें! छुपो मत इसके बजाय, लडो। बाइबलि में,यहूदा परमेश्वर के प्रत िसमर्पण और शैतान का वरिोध करने के लिए कहता है| हमें अपनी स्वतंत्रता में समर्पण और वरिोध की एक भूमकिा नभिानी है|

शत्रु का सामना करने की शुरुआत हर ,शपथ, अनुष्ठान, रक्त वाचा, टोना, जादू टोना, अटकल, झूठा धर्म, दुष्टआत्मा के सद्धिांत, झूठी प्रार्थना, और सभी प्रकार के श्राप को त्यागने से होता है। जब हम उन चीजों का त्याग करते हैं तो वह हमसे जुडी हुई जंजीर को काट देती है।"परन्तु हम ने लज्जा के गुप्त कामों को त्याग दयिा, और न चतुराई से चलते, और न परमेश्वर के वचन में मलिावट करते हैं, परन्तु सत्य को प्रगट करके, परमेश्वर के साम्हने हर एक मनुष्य के ववििक में अपनी भलाई बैठाते हैं"(2 कुरन्थियिों 4:2)।सत्य की अभव्यिक्त दिखने के लिए, परमेश्वर के वचन को सच्चाई से संभालने के लिए, और ईमानदारी से चलने के लिए, पहले हमें लज्जा की छपिी हुई बातों का त्याग करना चाहिए

और उन पापों का जिन्होंने अंधकार का द्वार खोल दिया है।

शत्रु का प्रतिकार करो

स्वतंत्रता की हमारी आवश्यकता को पहचानना, पाप से पश्चाताप करना, और शैतान के साथ सभी संबंध त्यागने से हम शैतान से हम मिस्र की गुलामी से बाहर निकल जाएंगे। यह हमें मिस्र से बाहर निकलने की प्रक्रिया शुरू करता है| यह शैतान का विरोध करने, हमारी आदतों को बदलने, और हमारे दिमाग का नवीनीकरण करने से होता है।

परमेश्वर ने अलौकिक रूप मेमने के लहू के द्वारा से इस्राएल को मिस्र से छुड़ाया , जो यीशु मसीह के क्रूस की प्रतिछाया है। वे आनन्द के साथ बंधन के घर से बाहर आये। आनन्द स्वाभाविक प्रतिक्रिया है लंबे समय से प्रतीक्षित स्वतंत्रता प्राप्त करने पर । कुछ दिनों के बाद यह आनंद ना रहा जब मिस्र की सेना इस्राएल को फिर से गुलामी में लेने के लिए रथ पर आए | मिस्र ने अपने कर्मचारियों को खो दिया था,जिसका मतलब उनकी सभी निर्माण परियोजनाएं रुक गईं। फिरौन और उसके सेना स्वतंत्र लोगों को हराने, और उन्हें उनकी पुरानी जीवनशैली में वापस लेने के इरादे से आई थी। इज़राइल की प्रतिक्रिया - जैसा कि वे

हमेशा करता था—घबराहट, भय, और ढेर सारी शिकायतें।

यदि परमेश्वर ने हमें स्वतंत्र किया है, तो फिरौन हमारा पीछा क्योंकर रहा है? क्या हम सच में पूरी अरह से स्वतंत्र है अगर मिस्रवासी पूरी तरह से नहीं गए ? यह काफी सामान्य है- छुटकारे का अनुभव करने के बाद भी—अभी भी शत्रुओ का उन आक्रमण होना जो छुटकारे से पहले था। यह अनुभव एक व्यक्ति को अपनी स्वतंत्रता पर सवाल उठाता ह। शैतान का लक्ष्य- भ्रम और संदेह के माध्यम से—किसी व्यक्ति को उनके मन और जीवन में बंधन के स्थान पर वापस लाना है। जब हमारे पुराने दुष्टात्मा उनके रथों के साथ वापस आते हैं, जब हम मुक्त हो चुके हैं, इसका अनिवार्य रूप से यह मतलब नहीं है कि हम बंधन में वापस आ गए हैं। कई बार, परमेश्वर आपको स्वतंत्र करने की कोशिश कर रहा है और आपके जीवन में स्थायी स्वतंत्रता ला रहा है, हमेशा के लिए, उस फिरौन को समुद्र में डुबाने|

यीशु ने इस बात की पुष्टि की है कि जब कोई दुष्टात्मा किसी व्यक्ति को छोड़ देता है, तो यह और दुष्टात्माओं के साथ वापस आने का प्रयास करेंगे (देखें मत्ती 12:45)। यह हमें डराना नहीं चाहिए। फिरौन रथों के साथ लौटा, परन्तु इस्राएल गुलामी में वापस नहीं गया, क्योंकि वे विश्वास और आज्ञाकारिता के साथ आगे बढे। शैतान संदेह और झूठ के

द्वारा अपनी आत्मा में वापस आने की कोशशि करेगा, लेकनि आपको अपनी स्थतिि और स्वीकारोक्तिको उसके झूठ के आगे नहीं बदलना चाहिए ।

हमें वशि्वास में खड़े होकर उसका वरिोध करना चाहिए (देखें 1 पतरस 5:9)। हमें वशि्वास करना चाहिए कहिम पश्चाताप करने और सब कुछ त्यागने के बाद शैतानी संबंध से स्वतंत्र हैं। यह हमला इस बात का संकेत नहीं है कआिप स्वतंत्र नहीं हैं। इसके बजाय, यह आपको फरि से गुलामी में ले जाने का शैतान का आखरिी प्रयास है। हमें वशि्वास में आगे बढ़ना सीखना चाहिए। परमेश्वर फरिौन को डुबाएगा,और हमारी स्वतंत्रता सच्ची स्वतंत्रता, सुरक्षति और स्थायी होगी। यदहिम वशि्वास में आगे बढ़ रहे हैं तो शैतान हमें वापस बंधन में नहीं ला सकता है| चाहे हम उसी पाप में पड़ें जसिसे हमें छुटकारा मलिा है, हमें पश्चाताप करना चाहिए और क्षमा प्राप्त करनी चाहिए, स्वयं को क्षमा करना चाहिए, और आगे बढ़ना चाहिए जैसे ककिभी हुआ ही नहीं।

स्वतंत्र होने का मतलब यह नहीं है कहिम फरि कभी आक्रमण के अधीन नहीं होंगे| इसी तरह, जब हम बचाए गए, तो इसका मतलब यह नहीं था कहिम फरि कभी पाप नहीं करेंगे| क्योंकधिर्मी चाहे सात बार गरिे तौभी उठ खड़ा होता है(देखें नीतविचन 24:16)। दूसरे शब्दों में, हम धर्मी होना बंद नहीं करते हैं क्योंकहिम गरिते हैं। हम केवल तब धर्मी होना बंद कर देते हैं जब हम उसी में रहना चुनते हैं जसिमें हम गरि थे। हम एक धर्मी और अब स्वतंत्र लोग है—जब हम पाप में गरिते हैं तो हमें उससे घृणा करनी चाहिए। यह एक संकेत है कयिह अब हमारी पहचान नहीं है। जब एक भेड़ कीचड़ में गरि जाता है, फरि रोने लगता है। जब एक सुअर कीचड़ में गरि जाता है, वह इसमें खेलता है। हम भेड़ हैं, सूअर नहीं, जब हम गरिते हैं।

हमारे कलीसयिा के एक युवक को कामोद्दीपक चति्र से उद्धार मलिा। उनका उद्धार शक्तशिाली था। उसे यकीन था कविह मुक्त हो गया था और अगले दो महीनों तक उसने वासना से संघर्ष नहीं कयिा। दो महीने की अवधकि बाद, वह फरि से उस पाप में गरि गया। वह मुझसे मलिना चाहा, इसलिए मुझे पता था ककुिछ गलत है। जब उसने कबूल कयिा की क्या हुआ, उसने बांटा कविह कैसे भ्रमति था, क्योंकउिसने यह महसूस कयिा कविह स्वतंत नहीं था। उसे जो छुटकारा मलिा वह नाइजीरयिा में था। वह जानना चाहता था कक्यिा उसे नाइजीरयिा वापस जाने के लिए अपने पैसे बचाने चाहिए और एक बार फरि से छुटकारा पाएं। मैंने उससे कहा,"चाहे आप वशि्वास करें कआिप उद्धार कएि गए हैं, या आप वशि्वास करते हैं कआिप उद्धार नहीं कएि गए हैं, आप सही हो। मेरा सुझाव उन्हें यह चुनने का था की वह उद्धार पाए है। उसे उस सच्चाई पर खड़ा होना था, और स्वतंत्रता में चलना जारी

रखें जैसे कि ऐसा कभी हुआ ही नहीं। इस घटना के बाद इस युवक को स्वतंत्रता मिल गई, जो अब हमारे शक्तिशाली अगुआ में से एक है, और अब वह विवाहित है|

यदि हम चाहते हैं कि स्वतंत्रता हमारी जीवन शैली बने तो हमें विश्वास में आगे बढ़ना चाहिए। हम शैतान को डर, संदेह, या भ्रम के मारे हमें पीछे की ओर घसीटने नहीं दे सकते। आने वाले अध्यायों में हम इस पर अधिक विस्तार से चर्चा करेंगे— मन को बदलने और

नवीनीकृत करने का सिद्धांत। अगला अध्याय स्वतंत्रता की सबसे बड़ी चाबियों में से एक के बारे में बात करता है।

प्रार्थना

"हे शैतान, मेरी लत के पीछे; और हे दुष्टात्मा, मेरे दोहराया पाप और असफलता के पीछे — मैं तुम्हारे विरुद्ध अपने नाम से नहीं, परन्तु मेरे प्रभु और उद्धारकर्ता, यीशु मसीह के नाम से आता हूं। मैं, अब, तुम्हें मेरे जीवन को छोड़ने की आज्ञा देता हूं | मैं, अब, अपने मन, भावनाओं और अपनी इच्छा पर से तुम्हारी पकड़ को तोड़ता हूँ। प्रत्येक जंजीर जो शैतान ने खुद को मुझसे जोड़ने के लिए इस्तेमाल की होगी, टूट चुकी है, यीशु के नाम में। मेरे पिता द्वारा मेरे जीवन में जो कुछ भी नहीं लगाया गया है, वह अभी यीशु के नाम में जड़ से उखाड़े जाए! मैं यीशु के अधिकार में और परमेश्वर की आत्मा की शक्ति में खड़ा हूं, और मैं शैतान के सभी विचारों, संदेह, भय और निंदा के साथ उसका विरोध करता हूं। मैं उसके झूठ के धधकते तीर के विरुद्ध विश्वास की ढाल रखता हूं।"

अध्याय 7
शैतान का चारा

मैंने सिड रोथ शो पर फ्रैंक नाम के लड़के के बारे में एक शक्तिशाली गवाही सुनी, "यह अलौकिक है |" उसकी ज़िंदगी बहुत कठिन थी । एक बच्चे के रूप में उनका यौन उत्पीड़न किया गया था जो बाद में अनसुलझे चोट और विद्रोह में विकसित हुआ । फ्रैंक नौसेना एकेडमी में भर्ती हुआ था, लेकिन ड्रग्स का उपयोग करने और बेचने के कारण बाहर निकाल दिया गया। उसके बाद उसे ऐसी आवाजें सुनाई देने लगीं जो उसे सफलता दिलातीं । ये आवाजें उसे बताती थीं कि बिचने के लिए अपने ड्रग्स को कहां छिपाना है ताकि वह पकड़ा न जाए। जीवन बहुत अच्छा लग रहा था, ड्रग्स का काम करना, और आवाज सुनने से सुरक्षा प्राप्त हो रही थी। इनमें से एक आवाज ने उसका नेतृत्व एक पेंटाग्राम बनाने के लिए भी किया, जो एक शैतानी प्रतीक है, और बाद में,एक दुष्टात्मा ने फ्रैंक में प्रवेश किया।

अब आवाजें उसका मार्गदर्शन नहीं कर रही थीं, अब वह पीड़ित था। ड्रग्स के माध्यम से, दुष्टआत्मा ने उनके मन में एक नई वास्तविकता को चित्रित किया कि दुनिया पर आक्रमण किया गया था, वह केवल एक ही बचा था, और उसे परग्रहवासी द्वारा पकड़ लिए जाने से बचने के लिए जिंदा रहने की जरूरत है। एक आवाज उसे बताएगा कि उसने जो भी देखा वह उसे पकड़ने और संक्रमित करने के लिए वहां था, और उसे उन्हें नष्ट करना चाहिए। तो, उसने ऐसा ही किया। उसने एक हथौड़ा लिया और लोगों पर हमला करना शुरू कर दिया जिससे आठ लोगों को अस्पताल में भर्ती करना पड़ा। एक को स्थायी मस्तिष्क क्षति हुई, और दो की हत्या हो गई। यह सब तब हुआ जब उसका नेतृत्व एक आवाज कह रही थी कि इस दुनिया पर दूसरी दुनिया का आक्रमण हो रहा था।

जब पुलिस ने उसे गिरफ्तार किया, तो उसने कहा कि उसने सामान्य मनुष्य से सात से आठ गुना अधिक अलौकिक शक्ति का प्रदर्शन किया है । जब फ्रैंक अस्पताल में था, उसने सोचा कि वह परग्रहवासी द्वारा पकड़ा गया था, इसलिए उसने आत्महत्या करने का फैसला किया। उसने एक जार लिया और खून बह कर मृत्यु होने की उम्मीद में खुद पर

पटक दयिा। अस्पताल कर्मचारयिों ने समय रहते खून बहना बंद कर दयिा। उन्हें 10-30 साल की जेल की सजा सुनाई गई , क्योंक हित्याएं जान-बूझकर नहीं की जा सकती थीं। जेल में रहते हुए, वह ड्रग्स से बाहर आ गया और आवाजें कम हो गईं। उसे आखरिकार एहसास हुआ उसे शैतान ने धोखा दयिा था।

उसके द्वारा मारे गए पुरुषों में से एक की वधिवा उससे मलिने आई। वह नहीं जानता था कि वह उससे क्यों मलिना चाहती है। उससे मलिने परे, उसने उसे अपने पत कि हत्या के लिए क्षमा कयिे जाने के बारे में बताया। उस औरत को वशि्वास था क परिमेश्वर सभी चीजों को भलाई के लिए करते है, और यही एकमात्र तरीका है इस दुखद घटना से कुछ अच्छा होने है, अगर फ्रैंक यीशु मसीह को स्वीकार कर ले—तब उसके पत कि मृत्यु व्यर्थ नहीं होगी। वधिवा ने अपने पत कि बाइबलि उस हत्यारे को दे दी। उसने वधिवा के अनुरोध का सम्मान करने के लिए इसे पढ़ने का फैसला कयिा।

इस प्रक्रयिा में, उन्होंने यीशु मसीह को स्वीकार कयिा और दुष्टात्मा से छुटकारा प्राप्त कयिा । परमेश्वर ने उसे एक पत्नी भी दी- जेल सेवकाई करने के लिए जेल आई महलिाओं में से एक। वह एक नया आदमी बन गया था। 13 साल जेल में रहने के बाद आखरिकार उसे जेल से रहिा कर दयिा गया और अपनी गवाही बतलाने के लिए वधिवा के कलीसयिा गया की कैसे माफ़ी एक हत्यारे को एक मसीही में बदल सकती है, और शैतान के साथ खेल खेलने के खतरों को भी।

आज, उसकी सेवकाई ने कई कट्टर हत्यारों,बलात्कारयिों, कैदयिों और पागल लोगों का यीशु के साथ रशि्ते में बढ़ने के लिए अगुवाई की है। क्षमा स्वतंत्रता लाती है।

स्कैंडलॉन

कसिी अपराध के लिए सबसे अधकि प्रयुक्त होने वाला ग्रीक शब्द- स्कैंडलॉन—नए नयिम में मत्ती 18:7 में कहा गया है। स्कैंडलॉन एक जाल का ट्रगिर है, जसि पर चारा लगाया जाता है। जब एक जानवर चारा खाने के लिए ट्रगिर को छूता है, जाल के स्प्रगि्स बंद हो जाते है और जानवर पकडा़ जाता है। एक अपराध एक आचरण के लिए एक चारा है जो सवाल में घरि व्यक्त कि को बर्बाद कर देगा।

जब मैं और मेरी पत्नी एक दुमंजलि़े घर में रहते थे, तो मैंने नचिले तले में एक चूहा देखा । मैं उन छोटे जीवों को बरदाश्त नहीं कर सकता, और जब मैं सोता हूँ तो वे जो जीव इधर-उधर दौड़ रहे होने के ख़्याल से मेरे पसीने छूट जाते है । मैं जानता था क मिैं इतना तेज़ नहीं था क उिन्हें अपने हाथों से पकड़ सकूँ या उन्हें एक छडी़ से मार डालू। मैंने वही कयिा जो

हर अच्छा गृहस्वामी करेगा। मैं अपनी कार में सवार हो गया, वॉल-मार्ट चला गया, और कुछ चूहे का जाल खरीदा। मैंने बेकन और मूंगफलूली के मक्खन को चारे के रूप में जाल में रखा, और मैंने जाल का उसका जादू चलाने के लिए छोड़ दयिा। मैं चूहे से छुटकारा कभी नहीं पाऊंगा अगर चूहा बेकन और मूंगफली का मक्खन खाने की इच्छा का वरिोध करेगा। मैंने उसे चारे तक जाने के लिए कभी मजबूर नहीं कयिा। वास्तव में,जब चूहा ट्रगिर के बल से पकड़ में आया तो मैं घर में मौजूद नहीं था । ठीक इसी तरह शैतान काम करता है।

आप देख सकते हैं, वह सीधे हमारे पास नहीं आ सकता है, क्योंकि हिम लहू के द्वारा ढंके हुए हैं, परमेश्वर की सेवा करने, और आत्मा में चलते हुए। हम उसके लिए कष्टप्रद है, क्योंकि हिम उसके राज्य को बगािड़ते हैं और पृथ्वी पर उसकी योजनाओं का वनिाश करते हैं । इसलएि, शैतान इसके लिए एक अप्रत्यक्ष तरीके का उपयोग करता रहा है ताकि हिम तक पहुँचें—सर्वश्रेष्ठ वधि, सृष्टि के आरंभ से— अपराध।

यीशु हमें सखिाते हैं कि हिम अपराधों से ठोकर खाने से बचने में असमर्थ हैं

(लूका 17:1 देखें)। जब तक पृथ्वी पर लोग हैं, तब तक तकलीफ़ और पीड़ा होगी। भले ही आप पवति्र परमेश्वर के सामने पवति्र रहो,आपको चोट लगेगी। हाबलि ने कयिा, यूसुफ ने कयिा, दाऊद ने कयिा, यीशु ने कयिा, और आप भी करेंगे।

केवल एक चीज जो हम कर सकते हैं वह यह है कि दूसरों के ठोकर का कारण बनने से बचें (1 कुरन्थियिों 8:13 देखें), परन्तु हम स्वयं पर होने वाली बुरी बातों से नहीं बच सकते है। जब हमें चोट लगती है, तो शैतान क्रोध, शकिायतें, कड़वाहट और नाराजगी का उपयोग करना चाहता है, हमें ऐसा महसूस कराने के लिए कि हिम नयिंत्रण में हैं। कोई हमें दुबारा चोट नहीं पहुँचा सकता है, क्योंकि हिम चारों ओर दीवारें खडी़ कर लेते हैं ताकी हम लोगों को खुद से दूर रख सके। यह एक जाल है, शैतान का चारा।

नज़रंदाज़ कयिे गए घाव संक्रमति हो जाते हैं

घाव चोट की बात करते हैं, नशिान चंगे होने की बात करते हैं। एक घाव कहता है, "देखो उन्होंने क्या कयिा।" एक नशिान कहता है, "देखो परमेश्वर ने मुझे कैसे चंगा कयिा।" चोट तकलीफ़देह होते है, नशिान नहीं । घाव से संक्रमण होता है, नशिान से गवाही होती है। हमारा उद्धारकर्ता हमारे अपराधों के लिए घायल कयिा गया था (देखें यशायाह 53:5). जब वह क्रूस पर लटका हुआ था, पीड़ा में रहते हुए भी उसने ना ही तो फरीसयिों को धमकाया ना ही तो उन्हें श्राप दयिा। वह उन्हें माफ कर दयिा। वे इसके लायक नहीं थे; उन्होंने माफ़ी चाही भी नहीं थीं। सच कहूँ तो, उन्होंने यह नहीं सोचा था कि वे जो कर रहे थे वह गलत था।

यीशु ने उन्हें इसलिए क्षमा नहीं किया कि उनका पाप क्षमा हो जाए, परन्तु इसलिए की उसका मन कड़वाहट में न बदल जाए।

जैसा कि मैंने पहले कहा, विश्वासघात वह है जो लोग आपके साथ करते हैं, कड़वाहट वह है जो आप अपने साथ करते हैं। विश्वासघात बाहरी है, कड़वाहट आंतरिक है। विश्वासघात को आशीष में बदलने वाली एकमात्र चीज माफी है।

यीशु हमेशा के लिए क्रूस पर नहीं रहे। लोग आपको क्रूस पर चढ़ा सकते हैं, लेकिन केवल क्षमाहीनता आपको वहां रखती है। आपका दुश्मन आपको एक दर्दनाक गड्ढे में डाल सकता है, लेकिन केवल क्षमाहीनता ही आपको वहाँ रोके रखती है। हमें समझना चाहिए कि पिहली बार जब यह घटना हम पर घटी, हम पीड़ित हैं। दूसरी बार, हम इसे स्वेच्छापूर्ण अपने मन में पुनः जीते हैं । हां, हम अपराध और क्षमाहिनता के कारण इसके स्वैच्छिक है।

क्रूस पर क्षमा ने यीशु के हृदय की रक्षा की, और हमारे लिए वह एक आदर्श था की सबसे दर्दनाक स्थितियों को कैसे संभालना है। पुनरुत्थान के कुछ दिन बाद, यीशु अपने शिष्यों के पास बिना घाव के आये, केवल निशान थे। उन्होंने उनसे उन निशानों को छूने को कहा। यदि आप बिना दर्द के अपने अतीत के दर्दनाक हिस्सों के बारे में बात नहीं कर सकते है तो आपके पास अभी भी घाव हैं। यीशु के निशान उनके शिष्यों के विश्वास में आशा और चंगाई लाए।

यदि आप परमेश्वर को आपके घावों को निशानों में बदलने देंगे, तो वह आपको निशानों को गवाहियों में बदल देंगे। शैतान जो बुराई के लिए करना चाहता है वे उसे मिटा देंगे। यदि आपके पास निशान नहीं हैं, तो इसका मतलब यह नहीं है कि आपको चोट नहीं छुटकारा लगी हैं । इसके बजाय, यह ये दर्शाता है की आपके चंगे न होने की सबसे अधिक संभावना है। यहां तक की यीशु के भी निशान थे।

यातना कक्ष से बचना

आपके हृदय में क्षमाहिनता शैतान का कानूनी अधिकार है। मत्ती की पुस्तक में यीशु द्वारा एक दृष्टांत का वाख्या है कि कैसे क्षमाहिनता हमें अत्याचारी के हाथों में डालता है (देखें मत्ती 18:34)। अत्याचारी दुष्टात्मा है जो उन लोगों को सताते हैं जो क्षमा करने से इंकार करते हैं। ये दुष्टात्मा जब आप उन्हें डांटते है तब नहीं छोडते, वे तभी निकलेंगे जब आप क्षमा करते है ।

हमें क्षमा करना चाहिए क्योंकि परमेश्वर को इसकी आवश्यकता है। अगर हम क्षमा नहीं करते हैं,तो परमेश्वर हमें क्षमा नहीं करते है (देखें मत्ती 6:15)।

हमें क्षमा करना चाहिए क्योंकि हमें इसकी आवश्यकता है। क्षमा अतीत को नहीं बदलती है, बल्कि यह भविष्य को बड़ा करती है। जब आप क्षमा करते हैं, तो आप कैदी को आज़ाद करते हैं और फिर आपको पता चलता है कि कैदी आप खुद थे। यदि आप इस बात की प्रतीक्षा करते हैं कि जिसने आपको चोट पहुँचाई है वह क्षमा माँगे, वह दिन कभी नहीं आ सकता। उन्हें अपने लिए क्षमा करें, उनके लिए नहीं। क्षमा इच्छा का निर्णय है। यह तब होता है जब आप उस व्यक्ति को खुद से कुक चाहने से मुक्त कर देते है। जिन्होंने आपको चोट पहुचाई है आप उन्हें चोट पहुँचाने के अपने अधिकार का त्याग कर देते हैं जब आप उन पर आशीष के शब्द बोलते हैं । बदला लेने और ठेस पहुँचाने की भावनाएँ बार-बार उभरेंगी, लेकिन आप आपके प्रारंभिक निर्णय पर वापस जाना होगा जहाँ आपने उन्हें क्षमा कर दिया है। उन भावनाओं को आपको विश्वास न दिलाने दे कि आपने क्षमा नहीं किया है, इसके बजाय, उन भावनाओं को उस व्यक्ति पर और खुद पर आशीष बोलकर बदलें।

मैंने रवांडा नरसंहार की एक पीड़ित, फ्रीडा के बारे में एक गवाही सुनी । उसने अपने परिवार की हत्या कुल्हाड़े से हुतु पुरुषों द्वारा होते देखी थी , और फिर उससे पूछा गया कि वह कैसे मरना चाहती है। क्योंकि उनके पास और गोलियां नहीं थीं, उन्होंने उसे उसके मारे गए परिवार के साथ जीवित दफना दिया । चौदह घंटे बाद, कुछ रिश्तेदार परिवार के सदस्यों की तलाश में आए की उन्हें उचित रीती से दफना सके । उन्होंने पाया कि छोटी लड़की अभी भी जीवित और होश में थी । उस आघात के कारण, उसे सिरदर्द, उसकी पीठ के साथ समस्याएँ थीं, और लगातार बुरे सपने आते थे। एक सेमिनार में उसने क्षमा की शक्ति के बारे में सुना । जिस क्षण उसने क्षमा किया, परमेश्वर ने उसे तुरन्त चंगा किया और उसे दुःस्वप्न से छुटकारा दिलाया।

आज वह एक प्रवक्ता और पुस्तक की लेखिका हैं, "फ्रिडा: चोजेन टू डाई, डेस्टनिड टू लिव," जो एक शक्तिशाली सन्देश हैं क्षमा की शक्ति और हमारे शत्रुओं के लिए प्रेम का ।10

जब हम क्षमा करते हैं, हम न केवल छुटकारा पाते हैं, बल्कि हम परमेश्वर को हमारे उद्देश्य के लिए हमारे दर्द को छुडाने का अवसर भी देते है ।

क्षमा करने वाला सबसे कठिन व्यक्ति

क्षमा करने वाला सबसे कठिन व्यक्ति हमेशा आपका शत्रु नहीं होता है, वह वास्तव में स्वयं आप होते है। परमेश्वर के क्षमा करने के बाद भी आज भी, बहुत से लोग दुखी हैं , क्योंकि बदले में उन्होंने स्वयं को क्षमा नहीं किया है। जॉन स्टॉट, लन्दन में सबसे

बडे मनोरोग अस्पताल के प्रशासक ने कहा, "काश यहाँ के लोग केवल यह जानते कि क्षमा करने का मतलब क्या होता है, तो मैं उनमें से आधों को एक ही बार में भेज सकता हूँ।" आपको परमेश्वर की ओर से क्षमा का उपहार अवश्य प्राप्त करना चाहिए और यदि आप स्वतंत्रता में रहने चाहते है तो इसे स्वयं को देना चाहिए । कई बार इसे करना आसान नहीं होता है।

जैसा कि मसीह ने हमें क्षमा किया है, हम क्षमा करने के बजाय स्वयं को इस आशा में दण्डित करते हैं कि परमेश्वर को दिखा सके कि हम वास्तव में अपनी करनी को गंभीरता से समझते हैं । हमारे पापों के लिए आत्म-दंड का कारण जो भी हो, हमें समझना चाहिए कि, इसकी जड़ में, सुसमाचार पर अविश्वास निहित है।विश्वासघात के अपराध और शर्म के कारण यहूदा ने खुद को फांसी लगा ली।

उससे बहुत दूर नहीं, यीशु को सभी के पापों के लिए, यहूदा के पापों सहित, क्रूस पर लटका दिया गया था। आपको खुद को सजा देने की जरूरत नहीं है। आपका पाप पहले से ही दंडित था। क्रूस पर मसीह के अंतिम कथनों में से **"पूरा हुआ"** की तुलना में अधिक महत्वपूर्ण या मार्मिक कोई भी नहीं है। यूनानी शब्द, "पूरा हुआ", यूहन्ना के सुसमाचार में ही पाया जाता है,इसका अनुवाद "टेटेलेस्टाई" के रूप में किया गया है जो एक लेखा शब्द है जिसका अर्थ है, "पूरा भुगतान।" जब यीशु ने उन शब्दों को कहा, उन्होंने घोषणा की कि उनके पिता के प्रति उनका कर्ज पूरी तरह से और हमेशा के लिए मिट गया है। यीशु ने पिता के प्रति उनके कोई कर्ज को मिटाया ही नहीं; बल्कि यीशु ने मानवजाति के कर्ज को मिटा दिया—पाप के कर्ज को। उनका भुगतान पर्याप्त था, आपको इसमें कुछ भी जोड़ने की आवश्यकता नहीं है। आपकी क्षमा पूर्ण होने के लिए आपको पीडा सहने की आवश्यकता नहीं है।

यदि हम अपने पापों को मान लें, तो वह हमारे पापों को क्षमा करने, और हमें सब अधर्म से शुद्ध करने में विश्वासयोग्य और धर्मी है।(1 यूहन्ना 1:9 देखें)। यदि परमेश्वर, जो पवित्र है,आपको, एक पापी को क्षमा कर सकता है,तब आप, एक पापी के रूप में, अपने जैसे एक पापी को क्षमा कर सकते हैं। जब आप अपने आप को क्षमा नहीं करते है, आप परमेश्वर को कह रहे हैं कि आपके मानक उनसे ऊँचे हैं । वास्तव में, आप परमेश्वर से कह रहे हैं कि आप आपके पापों में उनसे बढ़कर कठोर है। हमारी ओर परमेश्वर की क्षमा को देखने के लिए और स्वयं को वह उपहार देने के लिए विनम्रता की आवश्यकता होती है । स्वयं को क्षमा करने के लिए, आपको उसे पहले परमेश्वर से प्राप्त करना होगा।

परमेश्वर से क्षमा माँगना अच्छा है, उस क्षमा को प्राप्त करना वह जगह है जहां छुटकारा होता है। मैं अक्सर ऐसे लोगों से मलिता हूं जो परमेश्वर से उन्हें एक वशिष पाप के लिए क्षमा करने के लिए कहते रहते हैं। उन्होंने उन्हें क्षमा कर दयिा था जब उन्होंने पहली बार क्षमा माँगी थी । वे बस उसे वश्विास से प्राप्त करने में वफिल रहे।

फलिीपींस में एक पासवान थे, जन्हिोंने अपनी युवावस्था में, एक भयानक पाप कयिा जसिके लिए वह खुद को क्षमा नहीं कर सके। लगातार, वह परमेश्वर से बार-बार वह कार्य करने के लिए क्षमा करने के लिए कहते थे । अब, उनका अपनी पत्नी थी, फरि भी वे स्वयं को क्षमा करने के लिए संघर्ष कर रहे थे, परमेश्वर के साथ अपनी आत्मकि यात्रा को त्रस्त कर दयिे थे । एक दनि एक महलिा अपने पापों को अंगीकार करने के लिए आई , और अपने पाप का अंगीकार करने की बजाय, उसने पासवान से कहा की यीशु मसीह उसके पास आये थे । उन्होंने महलिा से कहा कि वह कहानयिां बनाना बंद करे और परी कथाओं को बतलाने के लिए ना आये। वह अंगीकार कोष्ट पर वापस आती रही और बताती रही कि कैसे यीशु मसीह हर समय उससे मलिने आते थे। तो अंत में, पासवान ने उसकी परीक्षा लेने का फैसला कयिा। उन्होंने उसे यीशु मसीह से पूछने के लिए कहा की उन्होंने कॉलेज में क्या कयिा था। उन्होंने स्वयं से कहा, अगर वह उन्हें बताएगी की उन्होंने क्या कयिा था, तो शायद यीशु मसीह उसके सामने प्रकट होते है। अब

यह पाप उनके मन में हर समय था, इसका मतलब यह होना चाहिए कि यह यीशु मसीह के मन भी था।

अगले दनि महलिा उत्साह के साथ अपने अंगीकार कोष्ट पर आई,जसिसे पासवान थोडा़ घबरा गये। उसने कहा, "फादर, यीशु मसीह कल आये थे।"जब मैं कॉलेज में था तब जो हुआ था उसके वषिय में उन्होंने क्या कहा," पासवान ने पूछा ?

महलिा ने उत्तर दयिा, "यीशु ने कहा कि उन्होंने आपको क्षमा कर दयिा है और इस वषिय के बारे में भूल भी गए है , और आपको भी भूलना चाहिए। पासवान ने एक शक्तशिाली सीख पायी स्वयं को माफ करना, क्योंकि परमेश्वर ने उन्हें माफ कर दयिा था।

"उदयाचल अस्ताचल से जतिनी दूर है, उसने हमारे अपराधों को हम से उतनी ही दूर कर दयिा है।"(भजन संहति 103:12)। परमेश्वर ने आपके पाप को आपसे दूर कर दयिा है । उसने उन्हें भूलने के समुद्र में गरिा दयिा और वहा एक चन्हि लगा दयिा है, "मछली पकड़ना मना है।""मैं वही हूं जो अपने नाम के नमित्ति तेरे अपराधों को मटिा देता हूं और तेरे पापों को स्मरण न करूंगा।" (यशायाह 43:25)। परमेश्वर हमारे पाप मटिा देता है और उन्हें

फरि से याद न करने का चुनाव करता है। यद उिसने ऐसा तब कयिा जब हमने उसके वरिुद्ध पाप कयिा,हमें खुद के साथ भी ऐसा ही करना चाहिए, माफ करना और भूल जाना चाहिए।

भूलने से मेरा मतलब है क हिम उस बात पर ध्यान देने का और स्वयं को दण्डति करने का चुनाव ना करें। परमेश्वर ने, मसीह में,आपको क्षमा कयिा है, अब उसे वश्विास के साथ ग्रहण करें। अपने को क्षमा कीजयि; यह आपको उस पाप को दोहराने से मुक्त करेगा। अपराधबोध और शर्मिंदिगी हमें उस पाप से दूर रहने में मदद करने का वादा करती है,लेकनि वे अपने वादे को पूरा करने में वफिल रहते हैं। केवल अनुग्रह ही हमें पाप से दूर रखता है । क्षमा में कृपा पाई जाती है।

परमेश्वर पर गलत आरोप मत लगाओ

क्षमा प्राप्त करना, और दूसरों और स्वयं को क्षमा देना स्वतंत्रता की कुंजी हैं, लेकनि कुछ लोगों को परमेश्वर को भी क्षमा करने की आवश्यकता होती है । इस अर्थ में नहीं क परिमेश्वर ने उनके वरिुद्ध पाप कयिा, परन्तु इस अर्थ में क वि परमेश्वर को कसिी ऐसी चीज़ के लिए बंधक बना लेते हैं जो उन्होंने नहीं की, बल्क यिह माना जाता है क उिन्होंने कयिा है। शैतान परमेश्वर के प्रत पिाप पैदा करना चाहता है, ताक वि्ह हमें उनसे दूर कर दे। अपने जीवन में एक मोड़ पर, शैतान आपके लिए परमेश्वर से सवाल करने के लिए एक चारा लगाएगा। परमेश्वर ने क्यों कसिी प्रयिजन की मृत्यु की अनुमत दिी ? उन्होंने कसिी को चंगा क्यों नहीं कयिा जनिके लिए हमने प्रार्थना की? परमेश्वर ने एक दुर्घटना होने से क्यों नहीं रोका? उन्होंने हमारे दलि टूटने से क्यों नहीं बचाया?

यह वचिार क यिद परिमेश्वर हमारे साथ है तो हमारे साथ कुछ भी बुरा नहीं होगा, पवत्रिशास्त्र से नहीं है। परमेश्वर की उपस्थित िका मतलब यह नहीं है की हमारे आसपास अनुचति चीजें नहीं होंगी। परमेश्वर युसुफ के साथ थे, फरि भी उसे ठुकराया गया, धोखा दयिा गया, बेचा गया, झूठा आरोप लगाया गया, कैदी बनाया गया, और भूला गया । परमेश्वर इब्रानी लड़कों के साथ थे ,शद्रक, मेशक और अबेदनगो, तौभी वे ठुकराए गए और मारे जाने के लिए आग में फेंकें गए। परमेश्वर यीशु के साथ थे, फरि भी वह अस्वीकार कयि गये, गलत समझे गये, शारीरकि रूप से पीटे गये, छोड़ दयि गये और क्रूस पर चढ़ा दयि गये।

हमारे सभी परीक्षणों और क्लेशों में, हमें कभी भी परमेश्वर को दोष नहीं देना चाहिए या शैतान को हमारे हृदय को प्रभु के प्रत कििठोर बनाने की अनुमत दिें चाहिए। यह एक जाल है । जब अय्यूब के जीवन में नरक टूट पड़ा, तो वह दुखी हुआ और प्रार्थना की। "इइन सब बातों में भी अय्यूब ने न तो पाप कयिा, और न परमेश्वर पर मूर्खता से दोष

लगाया।,"(अय्यूब 1:22)। अगर आपको ऐसा लगता है कि परमेश्वर ने आपको नीचा किया, आपके लिए नहीं थे, और आप परमेश्वर को बंधक बनाते हैं या उन पर गलत आरोप लगाते हैं तो आपको पश्चाताप करना होगा और उन भावनाओं को छोड़ना होगा। बुरे के लिए परमेश्वर को दोष देना इस दुनिया में सड़क पर दुर्घटनाएँ होने से परिवहन सचिव को दोष देने जैसा है। यह अनुचित है। हम एक टूटी-फूटी दुनिया में रहते हैं जहां मनुष्य अंधकार चुनते हैं। सबके फैसले उनके आसपास वालों को प्रभावित करते हैं। परमेश्वर , इस सारी गड़बड़ी के बीच, हमारे साथ रहना पसंद करता है और एक बड़े उद्देश्य के लिए हमें दुःख से बाहर निकालते हैं।

मैं हमेशा युवा लोगों से कहता हूँ,"यदि परमेश्वर आपकी उम्मीदों में विफिल रहते हैं, उन्हें पार करने के लिए उन पर भरोसा करें। यदि आप अपने हृदय में परमेश्वर के प्रति दोष का निर्माण नहीं करते है, तो वह आपको अपनी महिमा दिखाएगा। यीशु के मित्र, मरियम और मार्था थे। एक दिन, उनका भाई, लाज़र बीमार होकर मर गया। यीशु लाज़र को चंगा करने के लिए समय पर नहीं आये । मैरी और मार्था निराश थे। अगर हम उनकी जगह पर होते तो हमें भी निराशा होती। वहा ऐसा प्रतीत हुआ था कि यीशु ने अपने मित्रों को छोड़कर सभी के लिए समय बनाया था। यीशु अंत में आये जब लाजर लंबे समय से जा चूका था। वे एक आश्चर्यकर्म चाहते थे, लेकिन यीशु ने पुनरुत्थान की योजना बनाई थी।

कभी-कभी आपकी उम्मीदें बर्बाद हो जाएंगी, ताकि परमेश्वर आपकी कल्पना से कुछ बड़ा कर सकें । आपकी निराशा में न फंसे । जब चीजें कठिन हो जाएं, तो इसे परमेश्वर के प्रति आपके हृदय की प्रतिक्रिया को बर्बाद न होने दें ।

जब हालात बद से बदतर हो जाते हैं

यीशु हमारे जीवन को बेहतर बनाते है और हमें जीवन में बेहतर बनाते है। यह आम तौर पर सच है। वह हमें जीवन देने और बहुतायत से देने आये(देखें युहन्ना 10:10)। उस बहुतायत के जीवन के रास्ते में, हम अनुभव कर सकते हैं अप्रत्याशित देरी, निराशा और साहसहीनता । जब आराधनालय के अगुवे की एक बीमार बेटी थी, वह जानता था कि मदद के लिए कहाँ जाना था। वह यीशु के पास गया, और यीशु मदद करने के लिए तैयार हो गये। घर के रास्ते पर बेटी की हालत बिगड़ गई और उसकी मौत हो गई। जो लोग यह समाचार उस पिता तक पहुँचाये थे, उन्होंने उसे यीशु मसीह को अकेला छोड़ देने को कहा। कभी-कभी, यीशु के साथ चलने से बात बद से बदतर हो जाती है । ऐसा होने पर हम क्या करते हैं? यीशु को दोष देते है? यीशु को छोड़ देते है? या उसके साथ चलते रहते है? यीशु ने उस आदमी से

जसिने अभी सबसे बुरी खबर सुनी है कहा, "डरो मत, केवल वश्विास करो," (मरकुस 5:36 देखें)। फरि यीशु ने उस छोटी लड़की को वहाँ मृत से जलािया।

सबक यह है, जब चीजें बद से बदतर होती जाएं, तो ऐसा न करें जो कुछ तुम परमेश्वर के साथ कर रहे थे उसे करना बंद करो, इसके बजाय, चलते रहो। अपने दलि में अपराध का नर्िमाण करना, या यह सोचना कि आप बेहतर थे जब आप शैतान की सेवा कर रहे थे, यह एक वकिल्प नहीं होना चाहिए।

मैं स्वर्ग के रास्ते में नरक से गुजरना पसंद करूंगा, इसके बजाय की नरक के रास्ते से स्वर्ग में गुजरना। जब चीजें बद से बदतर हो जाएं, तो अपने बुरे को आराधना में बदल दें, और तब परमेश्वर तुम्हारी आराधना को चमत्कार में बदल देगा।

प्रार्थना

"प्रयि परमेश्वर , मुझे आपकी क्षमा के उपहार से लाभ हुआ है, और मैं उन लोगों को क्षमा करना चुनता हूँ जन्हिोंने मुझे चोट पहुँचाई है। मेरी मदद करें [कसिी का भी नाम लें जसिने आपको नाराज कयिा है] स्वतंत्र और रहिा करने । मैं उन्हें आशीष देता हूं जन्हिोंने मुझे चोट पहुंचाई है | उन्हें धार्मकिता, शांति और आनंद में चलने में मदद करें। प्रभु यीशु, आज, मैं अपने प्रति धारण की गई सभी नकारात्मक और हानकिारक भावनाओं के लिए भी क्षमा मांगता हूँ| मैं इस तरह से खुद को गाली नहीं देना चाहता। मैं ने जो कुछ कयिा है उसके कारण मई खुद को खम करता हूँ, जैसे तू ने मुझे क्षमा कयिा है। कोई अपराध जो आज आपके वरि‌ुद्ध है, मेरी असफल अपेक्षाओं के कारण, मैंने उसे जाने देता हु| मै आपको गलत आरोप लगाने के लिए अस्वीकार करता हूँ । मैं आपकी अमोघ प्रेम में आराधना और भरोसा करना चुनता हूं। पवत्रि आत्मा मेरी सहायता करें।"

अध्याय 8
वास्तवकि स्वतंत्रता

ब्रायन एक बखिरे हुए परविार में पले-बढ़े जहां उनके माता-पिता का तलाक हुआ जब वह केवल छह साल का था। उसके परविार सप्ताह के अंत में ऐसा जगह जाया करते थे जहाँ पर शराब उन लोगों का हसि्सा था। कम उम्र में ही उनके लिए इतना अधकि शराब पीते देखना सामान्य हो गया था। 14 साल की उम्र तक, वह ठीक वही काम करने लगा जो उसका परविार करता था। शराब पीने के बाद उसे दर्द नविारक लेना पड़ता था,जो अंततः एक लत बन गई। फरि, अपने हाई स्कूल के वर्षों के अंत में,वह चरस का धूम्रपान करना शुरू कर दयिा।

स्नातक स्तर की पढ़ाई के बाद, उनकी दर्द नविारक की लत के कारण वह हेरोइन का उपयोग करने लगा। उसे अपने घर से नकिाल दयिा गया था, उसकी नौकरी छूट गई थी, और वह अपने जैसे अन्य लोगों के साथ सड़कों पर रह रहा था, जसिका एकमात्र उद्देश्य नशा करना था। एक बार वे अपनी प्रेमकिा के साथ ड्राइव कर रहा था तब पुलसि ने उसे रोककर उसकी प्रेमकिा को गरिफ्तार कर लयिा गया। कार को ज़ब्त कर लयिा गया और उसे अपनी माँ के घर पैदल ही जाना पड़ा। उसके मा के घर लौटते वक्त नशीली वस्तुओं के कारण वह बेहोश होकर जमीन पर गरि पड़ा। कुछ देर बाद उसकी मां ने उसे सड़क पर लेटे हुए पाया। इस लत ने उनके जीवन पर गहरी पकड़ बनाई और उन्हें आगे बढ़ाया कई बार अधकि मात्रा में नशीली दावा लेने के लिए। फरि एक दनि, एक दोस्त के यहाँ, उसने सांस लेना बंद कर दयिा, इसलिए उसे बेहोशी से वापस लाने के लिए नहलाया गाया। बाद में, डेढ़ महीने के अन्दर अधकि मात्रा में नशीली वस्तुओं का सेवन कआि। उनमें से एक के दौरान, उन्हें वास्तव में मृत घोषति कर दयिा गया था, लेकनि चमत्कारकि ढंग से ठीक हो गया। हालाँकि,इन घटनाओं ने उसके अन्दर वास्तवकि स्वतंत्रता के लिए इच्छा पैदा नहीं कर सका।

इसके तुरंत बाद, उसकी प्रेमकिा ने खबर दी की वह गर्भवती थी और वह पति‍ा बनने वाला था। इस खबर ने उन्हें झकझोर कर रख दयिा इतना कि उन्होंने पेशेवर मदद के लिए खुद को नशा से मुक्त होने के लिए पुनर्वसन में भर्ती हो गया। पुनर्वसन से रहिा होने के बाद उसे पता चला कि यिह उसका बच्चा नहीं था,

लेकनि पति‍ा कोई और था। नशीली वस्तुओं से मुक्त होने के लिए एक झूठ ने उसे प्रेरति कयिा। हालांकि,वहि नशीली कोर्ट के आदेशों का पालन कयिा और ऑक्सफ़ोर्ड हॉउस में अपने आप को भर्ती कर लयिा।

उस समय, मेरी बहन ने उन्हें फेसबुक के माध्यम से हमारी सेवा में आमंत्रति कयिा। लोग ऑक्सफोर्ड हाउस में परमेश्वर के बारे में बातचति करते थे,लेकनि ब्रायन को यह सब से कोई मतलब नहीं था हैं। वह एक धार्मकि परविार में बड़ा नहीं हुआ था, इसलिए परमेश्वर के बारे में बातचीत उसके लिए नया वषिय था। उन्होंने मेरी बहन का आमंत्रण स्वीकार करते हुए कलीसयिा में आया। बाद में उन्होंने अपनी गवाही साझा कयि ,कैसे कलीसयिा में उसे अजीब महसूस होता था। परमेश्वर की अवधारणा उसके लिए अजीब था; लोग जोर से प्रार्थना कर रहे थे,अन्य भाषाएं बोल रहे थे, और उसके लिए माहौल असहज था-लेकनि वह दोबारा आया। मेरे चचेरे भाई नज़र ने उसे हर सेवा के लिए लेने का फैसला कयिा, और उसे अपने पारविारकि सभा में भी लाया। ब्रायन ने कहा कि अगर नज़र इस तरह से उसके साथ लगे ना होता, बुलाता और उसके साथ मुलाकात न करता तो वह कभी दोबारा कलीसयिा नहीं आता।

कुछ महीनों के बाद, ब्रायन ने यीशु को अपना जीवन देकर बपतस्मिा लयिा। वह कलीसयिा में शामलि होने लगा और सुबह 5 बजे की प्रार्थना के लिए आने लगा। उसने हमारी समर इंटर्नशपि कार्यक्रम पूरा कयिा। उनके गृहसमूह के नेता नज़र ने उन्हें एक बहुत अच्छी कार भेट में दयिा। ब्रायन का जीवन नई दशिा में परमेश्वर की ओर मुड़ रहा था। मुझे याद है कि जिब मैं अदालत में उनकी कानूनी गवाही में उपस्थति हुआ था उनके सभी आरोप हटा दएि गए थे। उसने साहस के साथ मसीह और परमेश्वर की शक्ति e बारे में गवाही दयिा,इससे उनके जीवन में सकारात्मक बदलाव आया। उस दनि बुधवार था, और उसकी माँ, जो दुसरे राज्य में रहती थी,अदालत की सुनवाई के दौरान आकर उसे चौंका दयिा। उसी शाम को, कलीसयिा सेवा में, उसकी माँ ने भी यीशु को अपना जीवन दे दयिा। वे दोनों अब हमारे स्थानीय कलीसयिा का हस्सिा हैं। बाद में ब्रायन एक समूह का नेता के रूप में सेवा करने लगा। आज, ब्रायन हमारी भेट उठाने वाला दल का देखरेख करता हैं और व्यवसाय में अपनी स्नातक की डग्रिी के लिए पढाई कर रहा है। यीशु हमें इसलिए

आज़ाद करता है की हमें जीवन में उद्देश्य को दे। स्वतंत्रता सरि्फ इतनी नहीं है कि हम जो चाहे वह करे, लेकनि वह करें जो परमेश्वर हमसे चाहता है।

उस गधे को खोलकर मेरे पास ले आओ

स्वतंत्रता के उद्देश्य का एक सुंदर गधे की कहानी मत्ती 21:1-11 में दयिा गया है। गधे के पास उसके जन्म से पहले एक भवष्यिवाणी था। यह आपके जैसा ही है। परमेश्वर आपके जन्म से पहले आपके जीवन के लिए एक योजना तैयार कयिा है। आप एक दुर्घटना नहीं है। आप परमेश्वर से आए हैं, परन्तु अपने माता-पिता के द्वारा। परमेश्वर आपके गर्भ में आने से पहले ही आपके बारे में जानता था। यद्यपि गधे के जीवन के बारे में भवष्यिवाणी थी, हम देखते हैं कि गधा बंधा हुआ था जब यीशु उसे अपने उद्देश्य के लिए उपयोग करना चाहता था।

इससे पहले कि परमेश्वर आपको इस्तेमाल करे, कई बार शैतान आपको बांधकर रखता है।

कारण यह है कि आप परमेश्वर की बुलाहट का पालन करने से प्रतबिंधति होंगे। लत की जंजीरें, कम आत्मसम्मान, दुर्व्यवहार, भय और नंदिा का एक कार्य है,यह सब आपको बांधे रखता है जसिके लिए तुम बनाये गए हो। यीशु ने अपने दो शष्यिों को गधे को खोलने खोजने के लिए भेजा। जब इसरायली मसि्र की गुलामी के अधीन थे, परमेश्वर ने मूसा को भेजा। जब इसरायली पलशि्तयिों की गुलामी में थे, परमेश्वर ने शमिशोन, शमूएल, शाऊल और दाऊद को भेजा। जब आप पाप के बंधन में थे, परमेश्वर ने अपना पुत्र, यीशु मसीह को आपको स्वतंत्र करने के लिए भेजे थे।

आप को बंधन मुक्त कयिा गया है,ताकि आपका बुलाहट को पूरा करने के लिए। यीशु ने अपने शष्यिों से कहा कि वे उस गधे को खोल दें और उसे उसके पास ले आए। शष्यिों को गधे को स्वतन्त्र करने का नर्िदेश नहीं दयिा गया था और उसे जहाँ चाहे वहाँ छोड़ दे जहां वह जाना चाहता था। स्वतंत्रता का एक उद्देश्य होता है। स्वतंत्रता उद्देश्य पर था। स्वतंत्रता का उद्देश्य वह नहीं करना था जो गधा करना चाहता था, बल्कि वह करना था जो यीशु उससे कराना चाहता था। गधा तब स्वतन्त्र नहीं था जब उसे खोल दयिा गया पर तब जब यीशु उस पर बैठा। वास्तवकि स्वतंत्रता केवल पाप से मुक्ति नहीं,जब यीशु आपके जीवन का केंद्र बनते हैं जहाँ आपका पाप हुआ करता था। स्वतंत्रता का एक उद्देश्य होता है। अगर आपको लगता है कि आपकी स्वतंत्रा इसलिए है कि आप जो चाहे वह करे, तो आप शैतान के लिए एक आसान नशिाना बन जाते हैं।

आपके मुक्त होने के बाद, आप या तो परमेश्वर की इच्छा के लिए एक वाहन हैं,या अपने दुश्मन के लिए एक आसान लक्ष्य। गधा सबसे आजाद था, तब नहीं जब उसके गले से रस्सियाँ हटाई गईं, बल्कि तब जब यीशु उस पर बैठा था। आपके ऊपर पाप का जतिना नयिंत्रण है, उतना ही आपका बंधन है। यीशु का आप पर जतिना नयिंत्रण है, उतना ही आपका आजादी है। दुष्टआत्मा के चले जाने पर आप मुक्त हैं और तुम्हारी बेड़ियाँ टूट गई हैं, परन्तु यह तो केवल आरम्भ है। वास्तवकि और स्थायी स्वतंत्रता तब होती है जब परमेश्वर उस पाप का स्थान ले लेता है जसि शैतान ने इस्तेमाल कयिा था। यह आपको परमेश्वर के प्रतआिैर भी अधकि वफादार बनने के लिए प्रेरति करता है।

जब यीशु गधे पर बैठा, तो गधे ने यीशु एक शहर के और ले गया और उस शहर में हलचल मच गया। जब यीशु आपके जीवन का प्रभु होता है, वह आपका उपयोग करेगा। जब आप अपने जीवन के स्वामी होंगे, तो आप परमेश्वर को स्वार्उथ के लिए इस्पतेमाल करेंगे। आपकी स्वतंत्रता का वास्तवकि उद्देश्य यीशु को आपके जीवन का नयिंत्रण देना और यीशु को आपके शहर, स्कूल और कार्य स्थल में ले जाना है। आपकी पीढ़ी को आप यीशु द्वारा प्रभावति करे। यही उद्देश्य है गधे के स्वतंत्रता का और आपके जीवन का भी।

कवि मेरी सेवा करें

मसि्र से छुड़ाया जाना इसका और एक बड़ा उदाहरण है की पाप और शैतान के बंधन से मुक्त कयिा जाता है सेवा के लिए। क्यों परमेश्वर इस्रैलयिों को दासत्व के बंधन से छुड़ाता है? क्या इसलिए की उसने अब्राहम से प्रतज्ञिा कयिा था ? क्या इसलिए की परमेश्वर केवाक्ल परमेश्वर है, मसि्री लोग इसरायली के साथ अन्याय कयिे थे? क्या इसयिे की उसने इस्रैलयिो से यह प्रतज्ञिा कयिा था उन्हें कनान देने के लिए? यह सच है परमेश्वर ने अब्राहम से प्रतज्ञिा कयिे थे और अन्याय से इस्राएल को छुड़ाने के लिए और उन्हें अपने अधकिार पर वजिय पाने के लिए, पर वास्तवकि मकसद नर्िगमन के इन वचनों में दयिा गया है:

> "इब्रानयिों के परमेश्वर यहोवा से हम लोगों की भेट हुई है, इसलिए अब हम को तीन दनि के मार्ग पर जंगल में जाने दे की अपने परमेश्वर यहोवा को बलआिं चढ़ाये," (नर्िगमन 3:18)।
>
> "मेरी प्रजा के लोगों को जाने दे की वे जंगल में मेरे लिए पर्व करे" (नर्िगमन 5:1)।

“इब्रानियों के परमेश्वर ने हम से भेंट की है। इसलिए हमें जंगल में तीन दनि के मार्ग पर जाने दे, के अपने परमेश्वर यहोवा के लिए बलदिान करे, ऐसा ना हो की वह हम में मरी फैलाए या तलवार चलाये” (नरि्गमन 5:3).

“तो भी जतिनी इटे अब तक उन्हें बनानी पढ़ती थी उतने ही आगे को भी उन्स बनवाना, ईटों की गनिती कुछ भी ना घटाना क्योंकि वे आलसी है, इस कारण यह कहकर चलि्लाते है हम जाकर अपने परमेश्वर के लिए बलदिान करे” (नरि्गमन 5:8)।

“और उससे इस प्रकार कहना, ‘इब्रियों के परमेश्वर यहोवा ने मुझे यह कहने के लिए तेरे पास भेजा है की मेरे प्रजा के लोगों को जाने दे, जसिसे वे जंगल में मेरी उपासना करे”

(नरि्गमन 7:16)।

“और यहोवा ने मूसा से कहा, ‘फरिौन के पास जाओ और उससे कहो,

“यहोवा यों कहता है, कि मेरी प्रजा के लोगों को जाने दे, कि वे मेरी उपासना करें”

(नरि्गमन 8:1)।

“तब फरिौन ने मूसा और हारून को बुलवाकर कहा,यहोवा से बनिती करो की वो मेंढकों को मुझसे और मेरी प्रजा से दूर करे और मैं इसरायली लोगों को जाने दूंगा जसि से वे यहोवा के लिए बलदिान करे”(नरि्गमन 8:8)।

“और यहोवा ने मूसा से कहा, ‘बहिान को तड़के उठना

फरिौन के साम्हने खड़ा होना, वह जल के पास आएगा। फरि उससे कहो,

“यहोवा यों कहता है, कि मेरी प्रजा के लोगों को जाने दे, कि वे मेरी उपासना करें”

(नरि्गमन 8:20)

“तब फरिौन ने मूसा और हारून को बुलवाकर कहा, ‘जाओ, देश में अपने परमेश्वर के लयि बलदिान करो,’” (नरि्गमन 8:25)।

“फरिौन ने कहा, ‘मैं तुम को जंगल में जाने दूंगा, कि तुम अपने परमेश्वर यहोवा के लिए जंगल में बलदिान करो केवल बहुत दूर ना जाना, और मेरे लिए वनिती करो।” (नरि्गमन 8:28)।

“फिर यहोवा ने मूसा से कहा, ‘फ़िरौन के पास जा और उस से कह, “इब्रानियों का परमेश्वर यहोवा यों कहता है, कि मेरी प्रजा को जाने दे; वे मेरी उपासना करें, (निर्गमन 9:1)।

“फिर यहोवा ने मूसा से कहा, बिहान को सबेरे उठना और फिरौन के सम्मुख खड़ा होकर उस से कहना, कि इब्रियों का परमेश्वर यहोवा यों कहता है : ‘मेरे लोगों को जाने दो, कि वे मेरी उपासना कर सकें,” (निर्गमन 9:13)।

“अत: मूसा और हारून फिरौन के पास जा कर उस से कहने लगे, ‘इब्रानियों का परमेश्वर यहोवा यों कहता है, तुम कब तक मेरे सामने दीन होने से संकोच करता रहेगा? मेरे लोगों को जाने दो, कि वे मेरी उपासना करें,” (निर्गमन 10:3)।

“फिर फिरौन के कर्मचारियों ने उस से कहा, ‘वह जन कब तक हमारे लिए फंदा बना रहेगा?

उन मनुष्यों को जाने दे की वे अपने परमेश्वर यहोवा की उपासना करे। क्या तू अबतक नहीं जानता की सारा मिस्र नष्ट हो गया है?’” (निर्गमन 10:7).

“फिर फिरौन ने मूसा को बुलाकर कहा,तुम लोग जाओ, यहोवा की उपासना करो; अपने बालकों को भी संग ले जाओ, केवल अपनी भेड़-बकरियों और गाय-बैलों को छोड़ जाओ। ’” (निर्गमन 10:24)।

“तब उस ने रात ही को मूसा और हारून को बुलवाकर कहा, ‘उठ, तुम इस्राएलियों समेत मेरी प्रजा के बीच से निकिल जाओ। और जाकर अपने कहने के अनुसार यहोवा की उपासना करो,” (निर्गमन 12:31)।

यह बहुत सुपष्ट है कि परमेश्वर इस्राएल को मिस्र से मुक्त किया था की वे उसकी सेवा करने के लिए स्वतंत्र होंगे। यह न तो झूठ था और न ही कोई बहाना

मूसा ने फिरौन से बात करते समय इसे सहज रूप से कहा ताकि मिस्री उन्हें छोड़ दे। परमेश्वर की सेवा करना और बलिदान करना

उनके मुक्ति का मुख्य कारण था जिसके लिए परमेश्वर ने अपनी सामर्थ के साथ शक्तिशाली रूप में उन्हें दुश्मन से छुड़ाया।

प्रतिज्ञा किया हुआ देश उनका लक्ष्य था, लेकिन परमेश्वर की सेवा करना उनके पलायन का कारण था। परमेश्वर जानता था कि इस्राएल उसकी सेवा नहीं कर सकता जब तक वे फिरौन के गुलामी में हे। जब तक हम पाप के बंधन में है हम पूरी तरह से यीशु के लिए उपलब्ध नहीं हो सकते। दुख की बात है,हम इस्रेलिओन की तरह,यह नहीं समझते है

स्वतंत्रता का सही कारण। हम स्वतंत्र बनना चाहते हैं, ताकि हिमें लज्जा, ग्लानि, दरद्रिता, और दूसरों को चोट पहुँचाने से अलग हो सके; ताकि शायद हमें नर्क में न जाना पडे। इसरायली सोच रहे थे उनके स्वतंत्रता का कारण केवल अन्याय और कठिनाइयों से बचना है।

परमेश्वर की रुचि केवल शत्रु को हटाने में नहीं थी,बल्कि शत्रु के स्थान पर अपने आप को स्थापति करना। वह बनना चाहता था उनका स्वामी,इसके बजाय की वे फरौिन के अधीनता में जएि। वह चाहता था कि वे पुत्रों के समान उसकी सेवा करें, क्योंकि वे दुष्ट फरौिन की सेवा दास के रूप में कयि थे।

इस्राएली,जतिने अच्छे फ़रौिन के दास थे, उससे कम परमेश्वर के दास रहे। बहुत लोग जतिने अधकि अपने लत और पुराने पाप के दास है वे उतना परमेश्वर के संतान के रूप में उनके उद्देस्य के लिए नहीं है। नर्िगमन उन्हें जतिना बेहतर जीवन नहीं देता उससे बेहतर एक स्वामी देता है। परमेश्वर फरौिन की जगह लिए थे। वे परमेश्वर को मुक्तदिाता के रूप में चाहते हैं उतना उनके प्रभुत्व के आधीन रहना नहीं चाहते। क्या आप उतने ही अच्छे परमेश्वर के दास हैं जतिना आप शैतान के दास थे?

स्वतंत्रता की परभिाषा

हम स्वतंत्रता को कसिी बुराई को दूर करने के रूप में परभिाषति करते हैं, लेकनि प्रेरति पौलुस ने स्वतंत्रता को अलग तरह से देखा। "और जहां प्रभु की आत्मा है,वहाँ स्वतंत्रता है" (2 कुरन्थियिों 3:17)। जहां आत्मा है वहाँ स्वतंत्रता मौजूद है। पौलुस ने यह नहीं कहा कि स्वतंत्रता तब है जब जंजीरें हट गईं, श्राप टूट गए, और दुष्टात्माएं नकिल गईं। जब कोई लत से छुट जाता है,क्या वह सच में मुक्त है? जब एक दुष्टात्मा को नष्कािसति कर दयिा जाता है तो क्या स्वतंत्रता आती है? यदि परमेश्वर आत्मा उस स्थान को नहीं लेता जो पाप और लत ने लयिा था तब वह व्यक्ति स्वतन्त्र नहीं है।

स्वतंत्रता केवल बुराई को दूर करना नहीं है, बल्कि परमेश्वर की आत्मा उपस्थति है। जब आप शैतान से मुक्त हो जाते हैं, केवल अपनी इच्छा से चलने के लिए, तो वह बंधन है, स्वतंत्रत नहीं। बहुत से लोग मुक्त हो जाते हैं, केवल इसलिए कि वे अपना जीवन पूरी तरह से जी सकें। वह खतरनाक है। वह गलत है। यीशु ने तुम्हें आज़ाद नहीं कयिा ताकि तुम अपने आप को अपने जीवन के परमेश्वर के रूप में स्थापति करो। आपके पाप यीशु का शक्तशिाली लहू से दूर कएि गए, ताकि आप परमेश्वर की सेवा कम से कम जतिनी आपकी क्षमता शैतान की सेवा करने के लिए आप करते थे।

यदि आप आजादी के बाद अपना जीवन अपनी तरह से जीते है, या यदि आप स्वतंत्रता के लिए तत्पर रहें ताकि आप वह कर सकें जो आप चाहते हैं, वह स्वतंत्रता नहीं है। यदि आप जेल की इमारत में कमरे या तल बदलते हैं, तो आप अभी भी जेल में ही हैं भले ही आप एक अलग तल पर हों। स्वार्थी के रूप में जीना स्वतंत्रता नहीं है यद्यपि आप शैतान से छुट गए हैं।

स्वतंत्रता वह नहीं है जो आप करना चाहते हैं, यह वह है जो उचित हैं — जो परमेश्वर चाहते है आप करे। शैतानवाद आधारित है एक बडे़ विचार पर, "वह करो जो तुम चाहते हो", जिसका अर्थ है, "वह करो जो तुम करना चाहते हो।" शैतानवाद केवल शैतान की आराधना करने के बारे में नहीं है, यह स्वयं की आराधना करना है। जब हम लत, दुष्ट आत्मा और श्राप से छुटकारा पाते हैं,की हम अपनी पूजा करे, तब हम बंधन में ही है।

हमें "चाहने" से "होने" की ओर बढ़ना है

जब हम नया जन्म पाते हैं, तो हम परमेश्वर की संतान बन जाते हैं। वही हमारी पहचान है, मसीह में हमारी स्थिती। बेटों के रूप में हमारे पास सेवा करने का मन होना चाहिए। यीशु परमेश्वर का पुत्र था,तौभी वह क्रूस की मृत्यु तक आज्ञाकारी होकर अपनी पिता की इच्छा पूरी की। वह सेवा करने और परमेश्वर के उद्देस्य के लिए मरने आया था। दुर्भाग्य से, बहुत सारे लोग आज सोचते हैं कि पुत्र होने से उन्हें आत्म-अधिकार मिलता है, उन्हें अब अपने स्वार्थ के लिए मरने की जरूरत नहीं है। वे परमेश्वर का उपयोग जो चाहते है उसे पाने के लिए करते हैं, बजाय इसके कि परमेश्वर उन्हें अपनी उद्देस्य को पूरा करने के लिए उनका इस्तेमाल करते हैं।

शैतान ने यीशु की परीक्षा जंगल में, और क्रूस पर की यह विचार - यदि आप परमेश्वर के पुत्र हैं, तो आपको सेवा करने की आवश्यकता नहीं है, न ही परमेश्वर की इच्छा को पूरा करने के लिए अपना जीवन देना ज़रूरी है। यीशु ने उस धारणा को खारिज कर दिया। अफसोस की बात है, कई मसीहियों ने इस झूठ को ग्रहण कर लिया है कि,"मैं एक बेटा हूँ, और मुझे सेवा करने की जरूरत नहीं है। जब हम सिर्फ एक बेटे की स्थिति में खडे़ होते हैं, लेकिन हमारे पास सेवक का हृदय नहीं है, हम उडा़ऊ पुत्र से बेहतर नहीं हैं।

उडा़ऊ पुत्र अपने अधिकारों को जानता था, लेकिन परिवार क जिम्मेदारी के विषय में उसे पता नहीं था। वह एक सही पुत्र तो था, लेकिन एक बेकार दास था। वह अपने पिता से नफरत नहीं करता था, वह सिर्फ खुद से प्यार करता था। उडा़ऊ पुत्र अपने पिता के विरुद्ध न गया, वह उसके पास से दूर चला गया। उनकी सभी प्रार्थनाओं का सारांश इस

वास्तविक स्वतंत्रता

"मुझे दे दो जो मेरा है" है। पहले तो यह पूछने के लिए एक अच्छी बात लगती है, लेकिन उसकी कोई इच्छा नहीं थी की पिता के रहकर उनकी इच्छा पूरी करे। वह जो चाहता था उसे पाने के लिए वह अपने पिता का उपयोग किया। उसने जो चाहा, वह पा लिया, पर उसे जो करना था, ना किया।

उसके पुत्रत्व ने उसे सूअरों के साथ रहने से नहीं बचा पाया क्योंकि उसका हृदय सेवक का हृदय नहीं था। वह अपना सबक सूअरों के साथ रहकर सीखा। जब वह अपने पिता के पास वापस आया, वह किसी वास्तु का मांग नहीं किया परन्तु अपने पिता से कहा, उसे एक दास के रूप में रखे। वह हमेशा एक बेटा था, लेकिन अब उसे एहसास हुआ की उसे नौकर बनना सीखने की जरूरत है।

आप एक पुत्र के रूप में पैदा हुए हैं, लेकिन आपको एक सेवक भावना विकसित करनी होगी, अन्यथा आपकी स्वतंत्रता स्वार्थ के बंधन में खो जाएगी। स्वार्थ सूअर के साथ जीवन जीने से एक कदम दूर है। जब आप विश्वासी बनते हो तब आप एक beta या बेटी बन जाते। जब आप एक शिष्य बनते हो, तब आप एक दास हो। पुत्रत्व मुक्त है, परन्तु शिष्यत्वके लिए कीमत चुकाना पड़ता है। यह आपके अहंकार और अभिमान की कीमत चुकाता है। जब यीशु को कीमत देकर अपना जीवन चुकाना पड़ा, आपको भी कीमत चुकाना पड़ेगा।

आप अपने जीवन के साथ केवल तीन चीजें कर सकते हैं, इसे पाप बर्बाद कर दें, स्वार्थ में जीकर इसे नस्त करे से, या इसे उद्धारकर्ता को बलिदान के रूप में चढ़ा दे। पाप और स्वार्थ से स्वतंत्रता हमें अपना जीवन जीवित बलिदान के रूप में चढ़ाना है जो हमारे लिए अपना प्राण दिया है।

प्रार्थना

"पिता परमेश्वर, आज मैं अपने हृदय को जांचता हूं, और अपने उद्देश्यों की जांच आपके वचन के प्रकाश में करता हूं। मैं स्वीकार करता हूं कि मैं मुक्त होना चाहता हूं, ताकि मुझे पीड़ा के बंधन में नहीं रहना है, इसलिए मैं करता हूं गुलामी की पीड़ा में नहीं जीना, लेकिन मेरी असली इच्छा वही है जो मैं करना चाहता हूं, बिना शैतान के रूकावट से। मैं उस के लिए क्षमा चाहता हूँ। और मैं वह चाहता हूँ जो आप मेरे जीवन से चाहते हैं। मुझे पता है कि आप मेरा सब कुछ चाहते हैं। इसलिए, मैं उड़ाऊ पुत्र के समान मांगता हूं, मुझे अपना दास बनाईये और मेरे जीवन का प्रभु होइए। मैं आपको अपने लक्ष्यों तक पहुँचने के साधन के रूप में उपयोग करने से इंकार करता हूँ। आप मेरे जीवन का लक्ष्य है, और मेरा अत्यंत महान प्रतिफल है।"

अध्याय 9
गढ़ों को तोड़ना

वैज्ञानिकों ने बाराकुडा मछली पर एक अध्ययन किया, जो कि बड़ी मछली होती है जो अन्य छोटी मछलियों को खाते हैं। उन्होंने बाराकुडा मछली को एक फिश टैंक में डाल दिया और उसमें छोटी मछलियाँ भी गिरा दीं। बाराकुडा मछली उन पर हमला किया। इसके बाद उन्होंने टंकी के बीच में एक कांच की दीवार बना दिया। टैंक के एक तरफ एक बाराकुडा मछली और टैंक के दूसरी तरफ छोटी मछली रखी गई थी। कांच की दीवार अदृश्य थी, इसलिए बाराकुडा मछली दूसरी छोटी मछलियों पर हमला करने गई पर उसका सिर ज़ोर से कांच की दीवार पर टकरा गया। पहले तो यह कांच से टकराता रहा, यह धीरे-धीरे कांच को छूने के लिए उसके पास जाने लगा। कुछ दिनों के बाद, कांच हटा दिया गया था, और आश्चर्यजनक रूप से बाराकुडा मछली कभी नहीं छोटी मछलियों पर हमला करने के लिए दूसरी तरफ नहीं गया। इससे यह निष्कर्ष निकलता है की कांच के दीवार को हटाने के बाद भी उस मछली के मन में यह बात बैठ गयी थी।

हम सभी अपने जीवन में कुछ कांच की दीवारों से टकराते हैं, और फिर असफलताएँ दोहराते हैं,ये हार हमारे अंदर प्रवेश करती हैं। भले ही ये सीमाएं आत्मिक क्षेत्र से हटा दिये गए तौभी हम सीमित रहेंगे क्योंकि वह हमारे मनो से हटाए नहीं गए हैं।

बलवान गढ़ों में रहते हैं

यीशु ने कहा, "कैसे कोई मनुष्य किसी बलवन्त के घर में घुस कर उसका माल लूट सकता है जब तक की पहले वह उस बलवंत को ना बाँध ले?" (मैथ्यू12:29)। बलवान मनुष्य एक दुष्ट आत्मा है जो किसी व्यक्ति का शांति, आनंद, धन और स्वास्थ्य को लूट लेती है। हमें बलवान मनुष्य को बांधना चाहिए उससे मुक्त होने के लिए। बलवान एक दुष्टात्मा है, और गढ़ विचारों का घर है। "क्योंकि हमारी लड़ाई के हथियार शारीरिक नहीं, परन्तु गढ़ों

को ढा देने के लयि परमेश्वर के द्वारा सामर्थी हैं," (2 कुरन्थियों 10:4)। हमारे हथयिार बलवंत को बंधने के लिए सामर्थी है और गढ़ों को ढा देती है।

हमें यह समझना चाहिए कि दुष्टात्मा जतिनी जल्दी आती हैं उतना ही जल्दी नकिाल जाती है। गढ़ समय के साथ बनते हैं और समय के साथ नष्ट हो जाते हैं। शैतान को केवल आपका जीवन तोड़ने में ही दलिचस्पी नहीं है लेकनि आप में एक मानसकिता का भी नर्िमाण करना चाहता है, ताक जिब भी वह चला जाए, तो भी तुम दर्द में जीओगे जैसे कि वह अभी भी वहीं है। गढ़ वह घर है जसि शैतान आपके दमिाग में बनाता है। यह बलवंत के लिए एक घर है।

वचिारों के इस घर में बार-बार संदेह के वचिार शामलि हैं, भय, नदिा, अयोग्यता, झूठ और नकारात्मकता। इसे हमारे दमिाग में बनाने के लिए शैतान को समय लगता है, लेकनि एक बार जब यह बन जाता है, तो उसके पास रहे के लिए एक स्थान हो जाता है। गढ़ शैतान का नविास स्थान है। आप शैतान को नकिाल सकते हैं पर यद आिप गढ़ों को नहीं ढाते हैं तो वह आप को कस्ठ दे सकता है उस मानसकिता के द्वारा जो आप में बन गया है।

गढ़ एक मानसकिता है

एक करोड़पत और एक बेघर व्यक्त कि साथ एक प्रयोग कयिा गया था। करोड़पत को बेघर स्थति मिें डाल दयिा गया, और बेघर व्यक्त को एक करोड़पत रूिपए दयिा गया। प्रयोगकर्ता यह देखने के लिए कि क्या धन उनके व्यवहार को परविर्तति कर सकता है। थोडे समय के भीतर वह व्यक्त जो शुरू में करोड़पत था,पर बेघर हो गया था, उसे एक नया व्यवसाय खोलने का वचिार आया। तब उसे उसके पुराने संपर्कों से दूर रखा गया और वह व्यवसाय करने नहीं दयिा गया जसिसे वह परचिति था। कुछ ही समय पश्चात उसका नया व्यवसाय फल-फूल गया, और वह फरि से करोड़पत बिन गया। बेघर व्यक्त फािलतू जदिगी जी कर उसे जो धन दयिा गया था, उसका ज्यादातर हस्सिा बर्बाद कर दयिा, और फरि से सड़कों पर आ गया। वे लोग जो इस प्रयोग को कर रहे थे इस नष्किर्ष पर पहुंचे क करिोड़पत होिना एक मानसकिता है केवल धन का होना नहीं।

मानसकिता एक शक्तशिाली गढ़ है। हम अपने मनो को नयिंत्रति करते है पर हमारी मानसकिता हमें नयिंत्रति करता है। हमारे अधकिांश व्यवहार स्वचालति हैं। हमारा अवचेतन मन चेतन मन से अधकि शक्तशिाली होता है। हमारी मानसकिता चीजों के लिए चुंबक की तरह है। उदाहरण के लिए, यद आिप नरिंतर नकारात्मक वचिारों से भरे रहते हैं, तो वे, बदले में,आपके जीवन में और अधकि नकारात्मक चीजों को आकर्षति करता है। इसलिए यीशु ने कहा, "क्योंक जिसिके पास अधकि है, उसे और दयिा जाएगा; लेकनि जसिके पास नहीं

है, उससे जो भी उसके पास है ले लयिा जाएगा" (मत्ती 25:29)। आपका मन जसि में भरा होता है वह उन चीजों को आकर्षति करता है जब तक आपका जीवन आपके सबसे प्रबल वचिारों की वास्तवकिता से छलकता है। जीवन में कुछ लोगों की असफलता शैतानीक नहीं, पर उनकी मानसकि होती है। मानसकि दृढ़ गढ़ों को केवल परमेश्वर के वचन की सच्चाई से ही तोडा़ जा सकता है।

स्पर्श करें और सखिाएं

जब यीशु ने स्वतंत्रता के मुद्दे को युहन्ना, अध्याय 8 में संबोधति कयिा, उन्होंने कहा, 'जसिे पुत्र मुक्त करता है वह वास्तव में स्वतंत्र है।' यह दुष्टआत्मा को बाहर नकिालने और पीढ़दिर श्रापों को तोड़ने से संबंधति है। जब यीशु अपने स्पर्श से दुष्टात्माओं को बाहर नकिालते हैं, तो वे नष्कािसति होती हैं। उसी स्थान पर यीशु ने भी एक सन्दर्भ दयिा कि यदि हम सत्य को जाने, सत्य हमें मुक्त करेगा। सवाल उठता है, यदि हम यीशु के द्वारा स्वतंत्रता प्राप्त करते हैं, तब हमें क्यों सत्य के द्वारा स्वतन्त्र होना जरूरी है? यीशु अपने शक्ति के द्वारा बलवान से हमें छुडा़ता है और उसके सत्य के द्वारा हमारे मन के गढ़ों को तोड़ता है, जसिका परणिाम हमें और अधकि स्वंतंत्रता प्राप्त होता है दुष्ट आत्माओं से चुदाने से अधकि।

अभषिेक दुष्ट आत्माओं को भगाता है पर सत्य गढ़ों को तोड़ता है। हमें दोनों की जरूरत है। यह सत्य की उपस्थिति निहीं है जो हमें स्वतंत्र करती है, इसके बजाय, यह सत्य का ज्ञान है जो स्वतंत्रता लाता है। सत्य साबुन की तरह होता है, एक बार लगाने पर ही काम करता है। अगर आपके पास एक साबुन है लेकनि, आप इसे अपनी त्वचा पर नहीं लगाते, तो यह बेकार हो जाएगा। बाइबल की सच्चाई आपके जीवन को नहीं बदलती, यह तब होती है जब आप उस सत्य को घनष्ठि रूप से जानते हैं, कि अपने स्वभाव से ही आपके मन में स्वतंत्रता लगता है।

सत्य तथ्यों से बढ़कर है, यह वही है जो परमेश्वर हमारे बारे में कहता है। तथ्य परविर्तथिोता है, सत्य नहीं। सत्य शाश्वत है। यीशु सत्य है। जतिना अधकि हम यीशु को जानते हैं,उतना ही अधकि हम अपने बारे में जानते हैं, और अधकि स्वतंत्रता हमारे मन के गढ़ों में आता है।

यह स्वतंत्रता यीशु के स्पर्श से नहीं, बल्कि उसके शक्षिा के द्वारा आती है। यह हमारे दलि के अंदर परमेश्वर का वचन सुनना, पढ़ना, याद रखना, अंगीकार करना और

उसका पालन करने से होता है। यह हमारे जीवन में मानसकि गढों को तोड़ना शुरू कर देता है और हमें पवति्र आत्मा के साथ आगे बढ़ने में सहायता करता है।

एक युवती थी जो हमारी सेवा में आई और उद्धार पाई। जब मैं उससे बात कर रहा था, उसने बताया कि गिर्भावस्था के दौरान एक दुर्घटना के कारण भारी तनाव महसूस करने लगी, जसिसे उसके अन्दर कार चलाने का भय समां गया। उस समय तक वह चार साल कार नहीं चलायी थी। इससे उसका जीना दूभर हो गया था। मैंने उसके लिए प्रार्थना की और

भय की आत्मा को बाहर नकिाला। मैंने उसे परमेश्वर का वचन, 2 तीमुथयिुस 1:7, एक हज़ार बार लखिने के लिए कहा। फरि उसके बाद,उसे कार चलाने की सलाह दी।

पहली बार मैंने इसके बारे में डेवडि चो से सुना था, जनि्होंने एक महलिा जो कैंसर से ठीक होने में असमर्थ थी,उसे एक हज़ार बार इस प्रतज्ञिा को लखिने के लिए कहा - "उसके कोडे. खाने से हम चंगे हो गए। उसके पश्चात उसने उस प्रतज्ञिा एक हजार बार लखिी,और परमेश्वर ने उसे चंगा कयिा।

यह युवती प्रतदिनि इस पद को लखिने लगी। इसका उद्देश्य परमेश्वर के वचन से उसके मन को जो दुर्घटनाओं और भय से प्रभावति था,मुक्त करना था।

हमारा दमिाग एक जहाज की तरह है। एक बार यह जीवन के हमिखंडों से टकरा जाए,तो इसमें छेद हो जाते हैं और पानी अन्दर आने लगता है, और हम में गढ़ बना लेटा है। टाइटैनकि इसलिए नहीं डूबा क्योंकि समुद्र में बहुत अधकि पानी था,पर इसलिए डूबा क्योंकि उसके अन्दर पानी चला गया था।

उसे शास्त्र लखिने का काम देकर, मैं उसकी आत्मा से डर का पानी नकिालना चाहता था।

वह एक हज़ार बार वचन लखिने से पहले ही वह कार चलाने लगी और प्रभु ने उसे मुक्त कर दयिा। सच्चाई जानना स्वतंत्रता लाता है।

फ़िरौन के लिए परमेश्वर

इस्राएल को गुलामी से छुड़ाने के लिए मूसा को बुलाया गया था और परमेश्वर ने उसे प्रतज्ञिा दी थी उनके समर्थन का। जब मूसा मसि्र पहुंचे और फ़िरौन से परमेश्वर के लोगों को जाने देने की मांग की, वह नहीं डगिा। इसके बजाय, उसने इस्रैलयिों का काम को और कठनि बना दयिा की वे उतना ही इटे बनाए बनिा पुआल उपलब्ध कराए बनिा। फ़िरौन मूसा को एक मज़ाक समझा, और इसरायली उसे पागल समझे, स्वतंत्रता का प्रतज्ञिा देकर उनके जीवन को कठनि बनाने के लिए। इन सब बातों के कारण मूसा परमेश्वर के ऊपर नाराज़ हो गया।

परमेश्वर ने मूसा को आश्वस्त किया कि सब कुछ ठीक हो जाएगा और कहने लगे, “देख, मैं ने तुझे फ़िरौन के लिए परमेश्वर सा ठहराया है, और तेरा भाई हारून तेरा भविष्यद्वक्ता होगा” (निर्गमन 7:1)। फ़िरौन मूसा की बात न मानी, और इस्राएल ने भी उसकी न सुनी। मूसा निराश था, और परमेश्वर का समाधान था मूसा को परमेश्वर ने फ़िरौन का परमेश्वर बनाया ? दिलचस्प घटना। परमेश्वर उसे शक्तिशाली आत्मिक युद्ध के बारे में कुछ दिखा रहे थे। मूसा मिस्र से आज़ाद था, पर उसमे दास की मानसिकता टूटना ज़रूरी था। वह

लंबे समय तक खुद को एक दास के रूप में नहीं देख सकता था अगर वह दुसरे गुलामों का उद्धार करना चाहता था। परमेश्वर चाहता था कि वह खुद को अलग तरीके से देखे और परमेश्वर एह आशा करते थे यह फ़िरौन और इस्रेलिओन में परिवर्तन के पहले।

इस स्थिति के लिए परमेश्वर का समाधान कोई त्वरित सुधार नहीं था, न ही वह निर्गमन की प्रक्रिया को तेज़ किये। इसके बजाय, उसने मूसा की आत्मिक स्थिति को प्रकट किया। इसके लिए मूसा को अपने आँखों से खुद को बदलने की आवश्यकता थी। यह वचन, “आप फ़िरौन के परमेश्वर हैं, ”आपको चौंकना नहीं चाहिए। फ़िरौन खुद को मिस्र के देवता के रूप में देखता था, उनके अलग देवताओं के तरह। परमेश्वर ने यह बात मूसा से स्पष्ट किया, की आप आत्मिक क्षेत्र में फ़िरौन से बडे़ हो और अगर आप इसरायली को छुडा़ना चाहते हो तो फ़िरौन से दास के रूप में मांगना छोडो़। और मालिक की तरह उसे आदेश दो।

मेरा मानना है कि मूसा ने वह प्रकटीकरण प्राप्त किया, क्योंकि अविश्विसनीय सबूत था। फ़िरौन ने मूसा से विपत्तियों के लिए प्रार्थना करने के लिए विनिती करना शुरू किया की उनसे महामारी दूर हो। उसने मूसा को अब मजाक के रूप में नहीं देखा, वह अब शत्रुओं के दरबार में भी आदर पाता था।

यदि आप परमेश्वर की शक्ति आपके जीवन में प्रवाहित होना चाहते हैं तो आपको जानना होगा कि आप मसीह में कौन हैं। आपके पास यीशु के नाम का अधिकार है की आप शैतान, पाप और बीमारी को आज्ञा दे सकते हैं दूर होने के लिए। खुद को दास के रूप में मत देखो, नहीं तो तुम एक दास की तरह रहोगे, भले ही तुम्हें पाप से आज़ादी मिली हो। इस मानसिक बदलाव ने न केवल फ़िरौन को मूसा के बारे में उसके सोच को बदल दिया, परन्तु 10 विपत्ति मिस्र के देवता पर सीधा प्रहार था। मिस्र के देवता तुत्कार्बखिर गए।

जब पानी लहू में बदल गया, मिस्र के देवता हापी नील पर हमला किया गया था।

जब मेंढक नील नदी से निकिले, हेकेत, मिस्री उर्वरता, जल और नवीकरण की देवी पर हमला किया गया था।

जब पृथ्वी से जूँ निकिली, गेब, पृथ्वी का मिस्री देवता और धूल का आक्रमण हुआ।

जब मक्खियों का झुंड आया, खेरफी, मस्रि के देवता जो एक पसि्सू के सरि पर हमला कयिा गया था।

जब मवेशयिों और पशुओं की मौत हुई, हाथोर, गाय के सरि वाली मस्रि की देवी पर हमला कयिा गया था।

जब राख फोड़े और घावों में बदल गई, आइससि, मस्रिी चकित्सिा की देवी पराजति हो गई।

आग के रूप में जब ओलों की वर्षा हुई, नट, मस्रिी आकाश की देवी हार गई।

जब आसमान से टड्डियाँ भेजी गईं, मस्रि देवता सेठ तूफान और अव्यवस्था पराजति हो गयी।

जब पूर्ण अंधकार तीन दनि ता छाया रहा,तब रा, सूर्य देवता ,जो फरिौन के अलावा मस्रि के सबसे अधकि पूजे जाने वाले देवता थे ने प्रकाश न दयिा, और लज्जति हुआ।

जब पहलिौठे की मृत्यु आई, तब फरिौन पर आक्रमण हुआ, जसिे रा का पुत्र माना जाता था, वह मनुष्य के रूप में प्रकट हुआ,जो मस्रि की महान देवता के रूप में पूजे जाते थे उसके खुद के परवािर में हमला हुआ।।11

जैसा कि आप देख सकते हैं, मूसा को इन देवताओं जनिके पीछे शैतानी शक्ति थी, वजियी हासलि हुआ। ये सरि्फ मूर्तियों की रचना नहीं थे जनिकी मस्रि पूज करते थे। ये शैतानी शक्तियां थीं जसिे केवल परमेश्वर की शक्ति से पराजति कयिा जा सकता था।

यदि आप परमेश्वर के अधकिार में चलना चाहते हैं तो आपको परमेश्वर के अधकिार को अपनाना होगा। यदि आपका जीवन समस्याओं से घरिा हुआ है शायद आप समझ नहीं पा रहे हैं। कुछ कदम आपने आगे बढ़ाया और नरक की शक्तयिां आप पर टूट पड़ी है। आपको अपने मन को नए सरिे से बनाना होगा कि परमेश्वर आपके बारे में क्या कहता है

आगे बढ़ते रहना है। शैतान को भागना पड़ता है। उसे आपसे वनिती करना होगा की उसे अकेला छोड़ दे जसि तरह वह यीशु से वनिती कयिा था जब वे इस धरती पर थे। दुष्टात्मा आपके दर्द पर प्रतक्रियिा नहीं करते हैं, लेकनि जब आप अधकिार से चलते हैं।

यीशु ने अन्धकार की शक्तयिों के अधकिार को छीन लयिा, जसिका अर्थ है कि उनके पास कोई अधकिार नहीं है, लेकनि वे वैसे ही कार्य करेंगे जैसे वे करते हैं। आप एक पुलसिकर्मी और शैतान एक अपराधी है।

अपराधी पुलसि को देख कर भागते हैं, पुलसि अपराधी को देख कर भागता नहीं। शैतान आपको देख कर भागेगा,आप नहीं। आपके पास यीशु के अधकिार का प्रतनिधित्वि करने वाला बल्लिा है और पवत्रि आत्मा की शक्ति का बंदूक है। जब आप जानते हैं कि

आप कौन हैं, तब अन्धकार का शक्ति आपको देख कर भागेगा और आप अपने जीवन पर परमेश्वर की महिमा देखेंगे।

दास, उत्तरजीवी, या सैनिक

न केवल मूसा को अपने बारे में अपनी मानसिकता को बदलना पड़ा इस्राएल को मिस्र से बाहर निकालने के लिए परमेश्वर द्वारा उपयोग किए जाने से पहले, लेकिन इस्रेलिओन को भी जंगल में आपने आप को बदलना था। परमेश्वर गुलामी के मानसिक गढ़ों को तोड़ना चाहता था इससे पहले की वे वादा किये हुए देश में प्रवेश करे।

मिस्र में वे दास थे, लेकिन वादा किए गए देश पर कब्जा करने के लिए, उन्हें सैनिक बनने की जरूरत थी। मिस्र में, वे परमेश्वर की प्रतीक्षा कर रहे थे, समुद्र को दो भागों में बाँटने के लिए, परन्तु प्रतिज्ञा किए हुए देश में वे यरदन नदी में प्रवेश् करके उसे दो भागों में बाँटना है। मिस्र में, फ़िरौन ने उन्हें जाने दिया, उन्हें प्रतिज्ञा किये हुए देश में शत्रुओं को खदेड़ना था।

मिस्र से वादा किए गए देश में एक मानसिक परिवर्तन ज़रूरी था की वे दास नहीं बल्कि एक सैनिक है। उनमें से अधिकांश ने इसे नही बना पाया और जंगल में मर गए। परमेश्वर के लिए यह आसान था की उन्हें मिस्र से बाहर निकाले पर उनसे मिस्र को निकलना। ठीक उसी प्रकार जिस तरह से यीशु के लिए हजारों दुष्टआत्मा को एक से बाहर निकालना आसान था दुष्टात्मा ग्रसित फरीसियों के मन से गढ़ों को तोडना की।

परमेश्वर हमारे जीवन में जंगल की मानसिकता को निकालने की अनुमति देता है गुलामी, गरीबी, अत्याचार, बीमारी, और हर दूसरी मानसिकता जो परमेश्वर के वचन के अनुरूप नहीं है।

मिस्र में हमने दासों की तरह सोचना सीखा। जंगली इलाका हमें सिखाता है कि कैसे जीवित रहना है, लेकिन वादा किया हुआ देश में हमें सैनिक की तरह सोचने की आवश्यकता है। मिस्र में उनके पास बहुत कम था। जंगल में बस इतना ही काफी था, और वादा किए गए देश में पर्याप्त से अधिक था। आप वर्तमान में किस मानसिकता की सदस्य हैं? दास, उत्तरजीवी, या सैनिक?

दास मानसिकता पीड़ित मानसिकता है। एक उत्तरजीवी मानसिकता जंगल की मानसिकता है। सैनिक एक पुत्रत्व मानसिकता है। यह परमेश्वर के राज्य की मानसिकता है। राज्य की मानसिकता हमें परमेश्वर के साथ कार्य करना है ना की परमेश्वर की बाट जोहना। हमें उनसे यह मांगने की ज़रूरत नहीं है जो हमें कलवारी के विजय से प्राप्त हो चुका है।

पति और उसके दो पुत्रों के दृष्टांत से पता चलता है कि बिडे बेटा पति की प्रतीक्षा कर रहा था कि वह उसे वह दे जो उसका पहले से ही है। बडे बेटे को उम्मीद थी कि पिता उसे दे देंगे, जिस तरह इसरायली परमेश्वर से वह चाहते थे जो परमेश्वर ने उनके लिए मिस्र में किया। लोग दास मानसिकता वाले पीडित की भूमिका निभाएंगे और उम्मीद करेंगे परमेश्वर उनके लिए सब कुछ करेंगे। बडे बेटे ने शिकार की भूमिका निभाई,भले ही उसके पास सारी विरासत थी। हमारी मानसिक बदलाव हमें मिस्र की गढ़ों को हमारे जीवन से नाश करने के लिए ज़रूरी है।

पूर्ण विजय

यहोशू, जो मूसा के पीछे अगुआ बना,वादा किया हुआ देश सैनिकों के रूप में ले गया। उसने 31 राजाओं को हराया। यहोशू की किताब का आधा हिस्सा शत्रुओं की हार के बारे में है। और दूसरा हिस्सा लूट का बंटवारे के बारे में था। जब आप विजयी होते हैं तो आशीष आपके जीवन में आता है। हालांकि कुछ राष्ट्र बचे थे, जिसका अर्थ है उनकी जीत पूर्ण नहीं था।

कभी-कभी, छुटकारे के दौरान, जब कोई आपके लिए प्रार्थना करता है, आपको ऐसा लग सकता है कि जीत पूरी नहीं हुई है। आप परमेसर से कुछ प्राप्त करते हैं , विशेष रूप से जब कोई आपके लिए प्रार्थना करता है, लेकिन आप अभी भी ऐसा महसूस कर सकते हैं कि यह पूरा नहीं हुआ है। शायद परमेश्वर आपको एक अच्छा आरम्भ देना चाहता है की आप बाकी पर खुद विजय प्राप्त करे। कुछ लोग यह गलती करते हैं कि वे एक सेवक से दूसरे सेवक, गहरे अभिषेकवाला और एक सेवक के पास जाता है,जब की उन्हें परमेश्वर के वचन में खडे रहना और युद्ध करना ज़रूरी है। इसी कारण से उन्हें पूर्ण विजय नहीं मिलता है।

देखें कि परमेश्वर ने क्यों कुछ शत्रुओं को छोड़ दिया हैं,"इस्रैलियों में से जितने कनान में की लडाइयों में भागी ना हुए थे, उन्हें परखने के लिए यहोवा ने in जातियों को देश में इसिये रहने दिया की, पीढ़ी पीढ़ी की इस्रैलियों में से जो लड़ाई को पहल से ना जानते थे वे सीखे और जानले "(न्यायियों 3: 1-2)।

परमेश्वर ने कुछ शत्रु राजाओं को यह देखने के लिए छोड़ दिया कि क्या इस्राएल अभी भी उनकी आज्ञा मानेंगे, ताकि वे लड़ाई सीख सके शत्रुओं के रहते हुए। मुझे ऐसा लगता है, कभी-कभी, परमेश्वर हमें 100 प्रतिशत नहीं बचाता है जब कोई हमारी सेवकाई करता है, ताकि हम अपने आत्मिक अधिकारों को इस्तेमाल कर सके हमारी लड़ाई में विजय पाने के लिए।

मुझे फलि्म "द क्रॉनकिल्स ऑफ नार्नयिा: द लायन, द वचि एंड द वार्डरोब, "जब भेड़यि ने

पीटर और असलान पर हमला कयिा। तब असलान ने हस्तक्षेप नहीं कयिा, लेकनि पीटर को बताया क तिलवार चलाना सीखने की बारी उसकी है। हम में से ज्यादातर ऐसे हालात में भयभीत होते हैं और दुसे प्रचारक, परमेश्वर के जन पर भरोसा करते हैं उस हालत से हमें नकिलने के लएि।

हो सकता है क आिपको आंशकि वजिय मलिी हो। मैं आपको एक सलाह देता हूँ, बैठे रह कर अपेक्षा मत करएि। परमेश्वर के लएि कड़ी मेहनत करे, परमेश्वर के राज्य में बढ़ते चले जाए, और आप देखेंगे आपका आंशकि वजिय सम्पूर्ण वजिय में बदल जाएगी। सबसे अच्छी बात यह है क इिस प्रक्रयिा में आप एक सनकि बन जाएंगे। यह नई मानसकिता जो आप वकिसति करेंगे परमेश्वर के साथ आपके भवष्यि के प्रयासों में आपके लएि काम आएगा।

जीवन में राज करना

आदम की तरह, हमें परमेश्वर ने अपने स्वरूप और समानता में बनाया है। हम फलने-फूलने और गुणा करने के लएि परमेश्वर द्वारा आशीषति हैं और हमें दएि गए हैं

पृथ्वी पर अधकिार (उत्पत्ति 1:28 देखें)।

हमें पाप और शैतान पर अधकिार दएि गए हैं। हमारे स्वभाव में राज करना है जसि तरह एक पक्षी उड़ता है, मछली तैरती है। हम छुटकारे के लएि सृजे नहीं गए हैं, हम अधकिार के लएि सृजे गए। उद्धार हमारे प्रभुत्व का प्रयोग करने में वफिल रहने के परणिामस्वरूप आया है। परमेश्वर चाहते हैं की मनुष्य उसके जैसा बने। परमेश्वर स्वर्ग पर शासन करता है और उसने मनुष्य को पृथ्वी पर अधकिार दयिा है (भजन 115:16 देखें)। परमेश्वर ने मनुष्य को स्वामत्वि नहीं दयिा है इस पृथ्वी पर, केवल अधकिार दयिा है (भजन 24:1 देखें)। यह व्यक्त कयिा गया जब परमेश्वर ने आदम को जानवरों का नाम रखने दयिा, नाम रखने के अर्थ से प्राप करना है।

परमेश्वर ने हमें पृथ्वी पर अधकिार दयिा है। उसने हमें अपने शत्रुओं पर शासन करने का अधकिार दयिा है। पृथ्वी पर स्वर्ग शैतान की अनुपस्थति निहीं है, लेकनि उस पर प्रभुत्व। प्रभुत्व रखने के लएि, हमारे पास एक शत्रु होना ज़रूरी है। आदम साँप को मारने में असफल रहा, इसके बजाय, उसने उसकी बात सुनी। जब आदम ने पाप कयिा, तब परमेश्वर ने पृथ्वी का अधकिार नहीं लयिा, शैतान ने पाप ने माध्यम से, आदम से इस पृथ्वी का अधकिार ले लएि, इसलएि शैतान ने यशु की परीक्षा करते समय पृथ्वी का अधआिर देने

की बात कहा (मत्ती 4:9 देखें)। परमेश्वर ने पृथ्वी को कभी शैतान को नहीं दिया। पृथ्वी मनुष्यों को शासन करने के लिए दिया गया था, परन्तु पाप के द्वारा वह शासन शैतान को हस्तांतरित हो गया। यहां तक कि यीशु ने भी इस बात को कहा की"इस पृथ्वी का सरदार" शैतान है (देखें यूहन्ना 12:31)।

पृथ्वी पर गंदगी मनुष्य के कुप्रबंधन का प्रत्यक्ष परिणाम है, या अन्धकार के शक्ति और पापों पर प्रभुत्व की कमी है। यीशु आया उस अधिकार को शैतान से लेने और हमें वापस देने के लिए (लूका देखें 10:19)। आप सोचेंगे कि पहली बार मनुष्य जिस तरह गलती किये परमेश्वर हमें भरोषा नहीं करेंगे प्रभुत्व के बारे में। परमेश्वर का हम पर अधिक विश्वास है जितना हम उसमें करते हैं। वह अपने राज्य का विस्तार करने के लिए हम पर भरोसा करता है,अन्धकार के राज्य को बाहर निकिलने के लिए और उस पुरातन नाग को पैरों के निचे कुचलने के लिए।

छुटकारा परमेश्वर का लक्ष्य नहीं है, बल्कि यह इसका साधन है हमें हमारे अधिकार के सही स्थान पर वापस लाने के लिए, जो प्रभुत्व है। "क्योंकि यदि एक मनुष्य के अपराध के कारण मृत्यु ने उस एक ही के द्वारा राज्य किया, तो जो लोग अनुग्रह और धर्म रुपी वरदान बहुतायत से पाते हैं, वे एक मनुष्य के, अर्थात यीशु मसीह के द्वारा अवस्य ही जीवन में राज्य करेंगे ।" (रोमियों 5:17)। परमेश्वर की अनुग्रह और धार्मकिता का उपहार हमारी मदद करा है जीवन में राज्य करने के लिए, न केवल पाप और शैतान से छुटकारे के लिए नहीं। आपकी राज्य करने की क्षमता आपके प्रभु यीशु मसीह की धार्मकिता और अनुग्रह का भरपूरी का उपहार को समझने के द्वारा प्राप्त होता है।

हमारे पाप के कारण शैतान हम पर राज्य करता है, परन्तु हम उस पर राज्य कर सकते हैं, धार्मकिता और अनुग्रह के द्वारा। केवल पाप से छुटकारे में मत रहिये परन्तु परमेश्वर का मूल इरादा, अधिकार और जीवन पर राज्य करने के लिए पूरा करे। हमें अनुग्रह केवल जीवित रहने के लिए नहीं दिया गया है लेकिन बढ़ने के लिए।

प्रार्थना

"प्रभु यीशु, मुझे धार्मकिता का दान और अनुग्रह की प्रचुरता देने के लिए मैं आपको धन्यवाद देता हूं, ताकि मैं न केवल जीवित रहूँ, बल्कि अपने जीवन में फलता-फूलता रहूँ। मैं आपके सत्य को ग्रहण करता हूँ ताकि मैं विजय और अधिकार में चल सकू। मैं अपने मन की

नवीनीकरण करता हूं,आपके वचन के अनुसार जो मैं आत्मकि जगत में हूँ। मैं आपकी सच्चाई को अपनी मानसकिता को कमी से प्रचुरता में बदलने के लिए आमंत्रति करता हूं, गड़बडी से चमत्कार, और डर से वश्विास की और"

अध्याय 10
दमिाग का नवीनीकरण

मेरे जन्म के दौरान, मेरी मां के लिए मुश्कलि समय था। मुझे बताया गया था कि जन्म की प्रक्रयिा में मेरी ऑप्टकिल तंत्रकिा का एक हसि्सा क्षतग्रिस्त हो गया था, और मुझे अपने शैशवावस्था के दौरान काफी समय अस्पताल में बतिाना पड़ेगा। हालांक,ि परमेश्वर की दया और कृपा से, मैं एक के स्वस्थ बच्चे के रूप में बाहर आया । वर्षों बाद, उन्होंने देखा कि एक आँख का ढक्कन दूसरे की तुलना में कमजोर था, और मेरी एक आँख ऊपर नहीं उठेगी जब दूसरा ऊपर होगा। एक बच्चे के रूप में, मुझे वह एक समस्या के रूप में याद नहीं है। मैंने पूरी तरह से देखा और मेरी आँखों में कोई दर्द नहीं था।

संयुक्त राज्य अमेरकिा आने से पहले जब मैं लगभग 10 वर्ष के उम्र का था, यूक्रेन में एक डॉक्टर ने मेरी पहली आँख की सर्जरी की। वह मेरी कमजोर आंख को ऊपर देखने में सक्षम करेगी जब दूसरी आंख ऊपर देखेगा। सर्जरी ने ज्यादा कुछ नहीं कयिा, और समस्या अभी भी बना हुआ है। स्कूल में, जब मैं अभी भी यूक्रेन में था,मुझे एक उपनाम दयिा गया जो मेरी आँखों को संदर्भति करता है। मुझे एक वकिृत बच्चे जैसा लगने लगा।

ये भावनाएँ तब प्रबल हो गईं जब हमारा परविार अमेरीका चला गया। मैं 13 साल का था। मैं और अधकि बंद हो गया और लोगों के आसपास होने से शर्मदिा होने लगा। मुझे माजकिकरण में बड़ी कठनिाई हुई, और मैंने जन्मदनि की पार्टयिां हर कीमत पर टाल दयिा। मैंने तो शर्म के मारे क्लास तक छोड़ दी,क्योंकि मैं प्रस्तुतयिों के लिए लोगों के सामने खड़ा नहीं होना चाहता था। मुझे लगा जैसे परमेश्वर ने मुझे बनाकर गलती की है। मैंने सोचा मेरे बनिा दुनयिा एक बेहतर जगह होती। क्योंकि मैं मजबूत माता-पिता के साथ एक ईश्वरीय परविार में पला-बढ़ा, मैं कभी अपनी जान लेने के बारे में नही सोचा, लेकनि मैं चाहता था कि परमेश्वर मेरे लिए एक दुर्घटना दे जो मुझे मार डालेगी, सरि्फ दर्द से छुटकारा पाने के लिए। मैं ऐसे लोगों से मलिता था जो मुझसे यह सवाल पूछते थे,“तुम्हारी आँखों को क्या हुआ?” इसने मुझे बहुत भयानक महसूस कराया। मुझे ऐसा लगा था की वे मेरे बारे में केवल

एक चीज देख सकते थे। जब मैं अन्य लोगो के आसपास था,मैं समझ सकता था कि वे मेरे आसपास बहुत सहज नहीं थे। मेरा मानना था कि मुझे अस्वीकार करने में लोगों की गलती थी और मुझे ऐसा बनाने में परमेश्वर की गलती थी।

इसलिए, मैंने अपनी आंखों के उपचार के लिए प्रार्थना की, यह सोचते हुए कि अगर मेरी शारीरिक शरीर बदल गया, मेरी मानसिक भावनाएँ भी बदल जाएँगी। संयुक्त राज्य अमेरिका में मेरी एक और सर्जरी थी, उम्मीद से कि यह मेरी रूप को बदल देगी। दुर्भाग्य से इसने कुछ नहीं किया। हालाँकि,मैं आपके साथ बांटने जा रहा हूं कि क्या बदलाव आया।

मेरा मन बदल गया। एक किशोर होने के नाते, मैंने इन दुखों और आंतरिक पीड़ा को दूर करने के लिए प्रार्थना में जाता था । हर हफ्ते स्कूल के बाद मैं 30-45 मिनट मेरे कमरे में प्रार्थना और आराधना में बिताऊंगा,और फिर मैं परमेश्वर का वचन पढ़ूंगा। मैं परमेश्वर का वचन पढ़ूंगा और कैसेट पर उपदेश सुनूंगा (उस समय कोई पॉडकास्ट या यूट्यूब नहीं था)। मैं हर बुधवार को उपवास रखता और कभी-कभी एक दिन में 50 अध्याय तक बाइबल पढ़ता।

धीरे-धीरे, लेकिन निश्चित रूप से, परमेश्वर का वचन, परमेश्वर की आत्मा की मदद से मुझ में जीवित हो रहा था। परत दर परत, झूठ हटता जा रहा था और उसकी जगह सच आ रहा था। स्कूल में मेरे ग्रेड्स में सुधार हुआ, मैं अब लोगों से शर्मिंदा नहीं था या सार्वजनिक बोलने से डरता नहीं था। मेरे प्रति भी लोगों की प्रतिक्रिया बदली। आज जब मैं बोलता हूं या लोगों से मिलता हूं तो वे मुझसे मेरी आँखों के बारे में नहीं पूछते, और ज्यादातर लोगों को परवाह नहीं है। उने परेशान नहीं होने का कारण है क्योंकि यह मुझे परेशान नहीं करता। मैंने सीखा है कि मन का नवीनीकरण आपके जीवन को बदल देता है।

पहले बाहर आओ

प्रेरित पौलुस ने रोमियों 12:2 में कहा कि हम मन के नवीनीकरण से परिवर्तित हो गए हैं। हम में से बहुत से लोग सोचते हैं कि एक बार हमारा जीवन परिवर्तित है, तो हमारा मन नया हो जाएगा। यह वास्तव में अलग तरह से है जब हम पैदा हुए थे, तो हम में से धकिांश गर्भ से बाहर आए थे, और इस संसार में, पहले सिर। अगर आप अप्रिय परिस्थितियाँ, कार्य में सीमा,आपके सेवकाई में ठहराव से बाहर आना चाहते हैं, आपके सिर को पहले बाहर आना होगा ।

जब आपका मन बदल जाएगा, तो आपका जीवन बदल जाएगा। याद रखें, जहां आपका मन जाता है, आपका जीवन उसका अनुसरण करता है। जब आप छुटकारे का अनुभव करें, आपके दिमाग को एक गुलाम से एक बेटे में बदलना होगा, एक गुलाम से एक सैनिक मे।

भले ही आपको पहले जैसे वार आए, आप उन्हें एक अलग स्थतिि से देखते हैं। मुझे हमारे कलीसयिा को बताना अच्छा लगता है, "आप एक बीमार व्यक्त िनहीं हैं जो चंगा होने की कोशशि कर रहे हैं, आप स्वस्थ व्यक्त िहै जो बीमारी से लड़ रहा है। "आप एक बाध्य व्यक्त िनहीं हैं जो स्वतंत्र होने की कोशशि कर रहे हैं, आप एक स्वतंत्र व्यक्त िहैं जो बंधन से लड़ रहे हैं। "आप पापी नहीं जो पवत्रि होने की कोशशि कर रहे है, आप पाप से लड़ने वाले संत हैं।

बीमारी, पाप और बंधन मेरी पहचान नहीं है। मैं अब मसीह में हूँ —यही मेरी नई पहचान है—और मैं जो भी सामना कर रहा हूं, मैं उसे पराजति करूंगा उसमें मेरी होने के कारण ।

पहले प्रकाश और फरि सूर्य

परमेश्वर वश्विास से चलता है और वश्विास में हमारे सोचने का तरीका शामलि होता है। पवत्रि आत्मा हमारे जीवन में नए सोच के माध्यम से चलती है। परमेश्वर ने इसे इस रूप में पृथ्वी का नरि्माण करते समय शुरुआत में तय कयिा। "और पृथ्वी बेडौल और सुनसान पडी़ थी; और गहरे जल के ऊपर अन्धयिारा था: तथा परमेश्वर का आत्मा जल के ऊपर मण्डलाता था।"(उत्पत्त ि1:2)। पृथ्वी की स्थति िबिडोल और अन्धकार था ,बनिा आकार के। हो सकता है क िअभी आपके जीवन की स्थति ियिही है - सुनसान, अधेरा, और बनिा आकार के। जैसा क ियिह पृथ्वी के साथ था, वैसे ही आपके साथ है एक मसीही के रूप में। यद्यप िपवत्रि आत्मा मौजूद था, कुछ भी बदल नहीं रहा था, अभी भी कोई आकार नहीं था, यह सरि्फ बेडोल और अंधेरा था। पवत्रि आत्मा ने सृष्ट िका चमत्कार तब तक नहीं कयिा जब तक क िपरमेश्वर ने वचन नहीं भेजा। जैसा क िमैंने पहले कहा, मन का नवीनीकरण सत्य के बाहर नहीं होता है। पवत्रि आत्मा सत्य को एक साधन के रूप में उपयोग करता है । जसिसे वह हमारे मन में बदलाव लाता है, और इसका परणिाम हमारे जीवन में परविर्तन होता है । "तब परमेश्वर ने कहा, उजयिाला हो: तो उजयिाला हो गया। और परमेश्वर ने उजयिाले को देखा क िअच्छा है; और परमेश्वर ने उजयिाले को अन्धयिारे से अलग कयिा।" (उत्पत्त ि1:3)।

पहले दनि,परमेश्वर ने सबसे पहले उजयिाला बनाया। जब मैं छोटा था और बाइबल नहीं पढ़ता था, मैं इस धारणा में था क िपरमेश्वर ने पहले दनि सूरज, चाँद और तारों को बनाया,

क्योंक िउसने उजयिाला बनाया। जैसे-जैसे मैं उम्र और वश्विास में बढ़ता गया, और मैंने बाइबल को अधकि सावधानी से पढा़, मैंने महसूस कयिा क िसूरज, चाँद और तारे चौथे

दनि बनाए गए थे (उत्पत्ती 1:14-19 देखें)। सवाल यह उठता है की, उजयिाला पहले दनि कैसे आया जब सूरज, चाँद और तारे चौथे दनि आए?

प्राकृतकि दुनयिा में, आपके पास सूरज के बनिा उजयिाला नहीं हो सकता। परमेश्वर ने बाइबल के पहले कुछ पदो से प्रदर्शति कयिा जो के हमारे प्राकृतकि तरीके से चीजों को देखने के वपिरीत है। हमारी दुनयिा में सूरज के बनिा हमारे पास उजयिाला नहीं हो सकता। परमेश्वर की दुनयिा में उजयिाले के बनिा सूरज नहीं हो सकता। हमारी दुनयिा में, आप बच्चो के बनिा पति नहीं हो सकते। परमेश्वर की दुनयिा में, आप एक पति बन जाते हैं और तब आपको बच्चे मलिते हैं। (उदाहरण के लएि, अब्राहम को एक पति का नाम प्राप्त करना बच्चे पैदा करने से पहले) हमारी दुनयिा में, हम जीत पाने के लएि लड़ते हैं। परमेश्वर की दुनयिा में, हमें जीत मलिती है, इसलएि हम लड़ते हैं। हमारी दुनयिा में, हम सही काम करने के बाद धर्मी बनते हैं। परमेश्वर की दुनयिा में, हम पहले धर्मी बनते हैं, ताकहिम सही काम कर सकें। अक्सर जब हमारी जंदिगी बदलती है तो हमारा मनोदशा और सोच बदलता है, लेकनि परमेश्वर की दुनयिा में, पहले हमारे मन को बदलना होगा औरतब हमारा जीवन बदल जाता है।

जैसा कआिप देखते हैं कपिरमेश्वर हमसे अलग सोचते हैं। अगर हम परमेश्वर के साथ काम करना चाहते हैं, हमें उसके जैसा और अधकि सोचना चाहएि। अगर उजयिाला सूरज से नहीं आई, फरि यह कहाँ से आया? उत्तर सीधा है,"फरि परमेश्वर ने कहा," (उत्पत्ती 1:3)। परमेश्वर के वचन ने उजयिाले को सूरज से पहले बनाया। परमेश्वर के वचन ने कुछ ऐसा बनाया है जो सूरज, चाँद या सतिारों के बनिा वहाँ नहीं होना चाहएि। हममें से ज्यादातर लोग परमेश्वर से प्रार्थना कर रहे हैं की हमें सूरज दो। हमारा सूरज चंगाई, सफलता, या एक प्रयिजन के उद्धार के रूप में आ सकता है। कभी-कभी, हम अंदर से हार जाते हैं, नकारात्मकता, संदेह और भय से भरा हुआ। हम आश्वस्त हैं, कयिदि केवल परमेश्वर हमारे जीवन में कोई चमत्कार करेगा, तो हमारा भावनात्मक और मानसकि स्थति तुरंत बदल जाएगी।

क्या आपने कभी सोचा है कशिायद परमेश्वर, आपके दमिाग में चमत्कार लाने की कोशशि कर रहे हैं, सबसे पहले, उनके वचन और आत्मा की शक्तसि? दुनयिा के नर्मिाण की कहानी हमें पहले यह सखिाती है हमारे जीवन में सूरज होने से पहले, हमारे मन में प्रकाश होना चाहएि। आपका मन पहले से ही चमत्कार की वास्तवकिता से भरा होना चाहएि,हालांकि यह अभी तक आपकी परस्थितियिों में नहीं है। परमेश्वर के वचन को अपनी आत्मा में इतना वास्तवकि करना है कयिह आपके भीतर की दुनयिा को बदल दे, जैसे की आप पहले ही अपने जीवन में इच्छति परणिाम को प्राप्त कर चुके हैं। परमेश्वर का वचन आपको

अपना दमिाग में जानकारी भरने के लएि नहीं दयिा गया है, इसके बजाय, यह आपको दी जाती है ताकपिवति्र आत्मा इसका उपयोग कर सके प्रकाशन लाने के लएि। सीधे शब्दों में कहें तो परमेश्वर का वचन इतना वास्तवकि हो जाता है कयिह आपके सोचने के तरीके और आप जो महसूस करते हैं उसे बदल देता है।

वश्विास आशा नहीं है,यह होना है

आपका पूरा संसार बदल जाता है यदआिप परमेश्वर के वचन को अपना मन और आत्मा बदलने देते हैं। परणिामस्वरूप लोग गलत सोच के वजह से अपनी परस्थितियिों में पीड़ति होते हैं। कुछ बहुत से अधकि प्रार्थना करते हैं, लेकनि वास्तव में, मानसकि गढ़ों से स्वतंत्रता परमेश्वर के वचन की सच्चाई के माध्यम से प्राप्त कयिा जाता है,न केवल छुटकारे के लएि अधकि प्रार्थना कर के।

मेरी पत्नी और मेरा लक्ष्य है कहिम साल में एक बार कार दान करें। हमने इसे चार साल पहले शुरू कयिा था, और 2018 तक, हमने छह कारों को दे दएि हैं। ऐसा इसलएि नहीं है कहिम अमीर हैं, बल्कइिसलएि कहिम वश्विास करते हैं की परमेश्वर चाहते है की हम अपनी दौलत से ज़्यादा अपनी उदारता के लएि जाने जाएं।

दूसरी कार जो हमने दी वह एक अच्छी टोयोटा कैमरी थी। हमनें नर्िणय लयिा हमारे कलीसयिा में एक जोड़े को आशीष देंने जनिका पहला बच्चा होने वाले था, और वे अभी-अभी एक दुर्घटना से गुज़रे थे, अपना वाहन खोए थे। हम जानते थे कवि एक कार की तलाश कर रहे थे, इसलएि बनिा देरी करते हुए हमने जल्दी से उन्हें कार दे दी। पर हमने यह फैसला शनविार को कयिा। अगले दनि, रववार, हमने उन्हें दोपहर के भोजन के लएि आमंत्रति कयिा और घोषणा की कहिम उन्हें अपने वाहन से आशीष देना चाहते हैं। वे टूट गए, यह उनके लएि अवास्तवकि था। उस समय इस कार की कीमत लगभग 10,000 डॉलर थी। यह एक बहुत अच्छा उपहार था। हमने उनसे कहा कहिम थोड़ी देर बाद उन्हें कार की चाबी देंगे क्योंकमिैं बंपर बदलना, तेल बदलना और इसे सबसे अच्छा उपहार बनाने के लएि कुछ चीजें ठीक करना चाहता था।

यह खबर सुनने के बाद, वे हमारे घर से कार के मालकि के रूप में गए, भले ही उन्हें कार घर चलाने के लएि नहीं मलिा। उन्हें कार या चाबी नही मलिा, बस एक वादा और इस वादा

से उन्हें यकीन है ककिार उनकी थी। उन्होंने खरीदारी या वाहन की चतिा बंद कर दी । उन्हें पता था कउिनके पास एक अच्छी कार है और वह आ रहा था। उन्हें कार अधकिार में रखने क्यूँ मलिा? मेरा वादा, मेरा वचन।

इसी तरह से परमेश्वर चाहता है कि हम उसे उसके वादे पर ले। वह जो कहता है उसके आधार पर आपके भीतर एक नई वास्तविकता बनाना चाहता है। बाद में, वह उस वास्तविकता को आपके जीवन के बाहर लाएगा।

एक महीने बाद, शुक्रवार की रात की प्रार्थना के दौरान, मैंने उन्हें कागजी कार्रवाई और चाबियाँ दिया। उन्होंने आखिरकार उस दिन कार चलाई, लेकिन उन्हें वास्तव में कार मिला जब मैंने उन्हें वह वादा दिया था । विश्वास कुछ होने की उम्मीद नहीं, यह आपके अंदर होना है इससे पहले कि यह बाहर प्रकट हो। वह एक नवीकृत मन की शक्ति है।

विश्वास शीर्षक विलेख है

"अब विश्वास आशा की हुई वस्तुओं का निश्चय, और प्रमाण है अनदेखी वस्तुओं के विषय में" (इब्रानियों 11:1)। वास्तु शब्द ग्रीक शब्द से है "हाइपोस्टैटसि" जिसका सीधा सा अर्थ है 'शीर्षक विलेख '। कब आपको संपत्ति या कार के लिए शीर्षक विलेख मिलता है, आप इसका मालिक बन जाते हैं, भले ही आपके पास अभी तक शारीरिक रूप से यह नहीं है। परमेश्वर की वचन के शक्ति से , पवित्र आत्मा आपके भीतर प्रतिज्ञा को वास्तविक बनाता है और आप प्रतिज्ञा की हुई वस्तुओं के स्वामी बनते हो।

संदेह देखता है कि आपके पास क्या है और कुछ नहीं। आशा देखती है कि परमेश्वर के सामान्य वचन के आधार पर क्या संभव है। विश्वास इस व्यक्तिगत वास्तविकता का वाचा है ,हमारे दिल में सुनने के द्वारा वास्तविक बनाया गया,परमेश्वर से। एक नवीकृत मन और विश्वास एक साथ मिलकर इसे तोड़ते हैं हमारे जीवन में मानसिक बाधाएँ जो हमें हमारी पूर्ण स्वतंत्रता से पीछे रखती हैं परमेश्वर में।

जब परमेश्वर आपके भीतर काम करना शुरू करेगा, तो यह नया विचार, भावनाएँ और दृष्टिकोण उत्पादन करेगा । भले ही आपका जीवन नहीं बदल रहा है,परमेश्वर के सत्य पर विश्वास करना और उस पर बने रहना बंद न करें। उसकी सच्चाई इन तथ्यों से कहीं अधिक शक्तिशाली है। तथ्य बदलेंगे, सत्य शाश्वत बना रहेगा । अगर परमेश्वर ने आपके जीवन के पहले दिन में आपके मन में उजियाला लाया है , निश्चिंत रहें, चौथा दिन होगा जहां आप सूरज, चांद और सितारों का चमत्कार देखेंगे। याद रखें, "हे प्रिय, मेरी यह प्रार्थना है; कि जैसे तू आत्मिक उन्नति कर रहा है, वैसे ही तू सब बातों मे उन्नति करे, और भला चंगा रहे।" (देखें 3 यूहन्ना 1:2)। परमेश्वर अंदर से वास्तविक परिवर्तन और सफलता चाहता है और आपके स्वास्थ्य, वित्त, और रिश्ते में अतिप्रवाह हो ।

अपने दमिाग को नवीनीकृत करने के लिए पहला कदम

अपना मन बदलने के लिए कसिी बाहरी चमत्कार की प्रतीक्षा करना बंद करें। अधकिांश चमत्कार में से कोई भी तब तक नहीं आएगा जब तक आप अव्यवस्था से छुटकारा नहीं पा लेते अपने मन को परमेश्वर के वचन से भरकर। मन का नवीनीकरण कभी काम नहीं करेगा

अगर कोई इस बहाने को मानता है तो," मेरा मन इतना नकारात्मक होने का कारण इसलिए है क्योंकि मेरा जीवन इतना कठनि है। क्या आपने कभी सोचा है सोचा कि शायद आपका जीवन इतना कठनि इसलिए है क्योंकि आपका मन इतना नकारात्मक है? आपके जीवन में नयिमति रूप से चमत्कार नहीं हो सकते अगर आपका मन अस्तव्यस्त है।

अपने मन को शैतान के रौंदने के लिए फुटपाथ बनाना बंद करो, इसे परमेश्वर के वचन का शष्यि बनाओ। भूमिका प्रकार जहां पक्षयिा बीज चुरा रहे थे मार्ग के कनिारे था(देखें मत्ती 13:4)। शैतान को अपने मन पर फुटपाथ के रूप में चलने न दें, अन्यथा परमेश्वर के वचन को बदलाव लाने का कोई मौका नहीं है। पक्षी इसे आपके ह्रदय से चुरा लेंगे ।

इज़राइल ने सोचा कि और अधकि चमत्कार उनके मन को बदल देंगे, लेकनि उनमें से अधकिांश जंगल में पीड़ितों के रूप में मर गए, भले ही उन्हें कसिी भी अन्य पीढ़ी की तुलना में अधकि चमत्कार देखने का मौका मलिा । फरीसयिों ने इसी झूठ पर वश्विास कयिा कि यदि यीशु कुछ और चमत्कार करेंगे, तब वे वश्विास करेंगे कि वही परमेश्वर का पुत्र है। यीशु द्वारा कएि गए सभी अलौकिक कार्यों के बावजूद, मृतकों के पुनरुत्थान सहति, वे अभी भी असहमत बने हुए हैं।

मुझे गलत मत समझएि, हमें चमत्कारों की जरूरत है, लेकनि वे अकेले हमारे मन को नहीं बदलेंगे बनिा हमारी वनिम्रता और बनाने की इच्छा के बनिा, परमेश्वर का वचन को हमारे जीवन के लिए मानक बनाने। याद रखें, वही सूरज जो बर्फ को पघिलाता है वह मट्टिी को भी सख्त करता है। चमत्कार ऐसे ही होते हैं—क्योंकि जो परमेश्वर के वचन के भूखे हैं, चमत्कार हमारे वश्विास की मदद करते हैं, लेकनि उन लोगों के लिए जो अपने जीवन के ऊपर प्रभुता करने के लिए परमेश्वर के वचन को नकार रहे हैं,उनके लिए चमत्कार कभी पर्याप्त नहीं होते। यदि आप अपने आपकी नकारात्मक सोच को अपनी परस्थितियिों के लिए दोष देना बंद कर देते हैं, परमेश्वर आप पर शक्तशािली तरीके से काम करना शुरू कर देंगे।

अपने दमिाग को नवीनीकृत करने के लिए दूसरा कदम

यह वश्विास करना बंद कर दें कि आप अपने वचिारों को नयिंत्रति नहीं कर सकते।

दूसरा झूठ जसिका पश्चाताप होना चाहिए यह है की, मैं अपने वचिारों को नियंत्रति नहीं कर सकता, वे मुझे नियंत्रति करते हैं। यह एक कमजोर बहाना है और यह बहाना शास्त्र नहीं है। बाइबल हमें आज्ञा देती है कि"इन बातों पर ध्यान करो,"(फलिप्पियों 4:8), "तू दनि रात इसी में ध्यान देना,"(यहोशू1:8), "वह उसकी व्यवस्था पर रात दनि ध्यान करता रहता है," (भजन संहिता 1:2)।

यह बहुत स्पष्ट है कि परमेश्वर आपसे अपेक्षा करता है कि वह आप अपने वचिारो का चुनाव करे, अपने वचिारों को हमेशा कसिी अन्यथा चीज़ द्वारा चुने जाने न दें। हम इसे व्यावहारिक रूप से कैसे करते हैं? यह सच है कि हमारे मनो पर हमला होता है, क्योंकि हमारा मन युद्ध का मैदान है, खेल का मैदान नहीं।जैसे ही एक मसीही अपनी आत्मा को पवित्र आत्मा से जोड़ना शुरू करता है, उसकी आत्मा मजबूत होने लगती है।

मन या तो आपकी आत्मा का या आपके शरीर का सेवक है। जब आत्मा कमजोर होती है, तो मन शरीर के लिए काम करता है नकारात्मक वचिार सोच कर। लेकिन जब हम लगातार अपनी आत्मा को पवित्र आत्मा के साथ संवाद करते है, हमारा मन परमेश्वर के वचन और पवित्र आत्मा का प्रभाव जो हम में रहता है इसके अंतर्गत आता है। हम इस वकिल्प के साथ रह जाते है की परमेश्वर के बातों को सोचे या मन को जीवन के प्रवाह के साथ जाने दे।

हर देश में सीमा पर गश्त होती है लोगों को प्रवेश करने से रोकने के लिए जन्हिें प्रवेश नहीं करना है। यह देश की संरक्षण और सुरक्षा के लिए है। आपको अपने दमिाग में एक सीमा नियंत्रण स्थापति करना होगा संदेह, भय और नकारात्मकता के सभी आतंकवादी वचिारों को

प्रवेश करने से रोकने के लिए। वे केवल आपके जीवन को नुकसान पहुंचाते हैं।

अपने दमिाग को नवीनीकृत करने के लिए तीसरा कदम

आप अपने मन को जो खलिाते हैं वह मानसकिता बन जाती है। एक मानसकिता को आपके मन में जो भरा है उसे बदले बनिा बदलना असंभव है । आमतौर पर, जब हम गढ़ों को तोड़ने का सच सुनते हैं या मन का नवीनीकरण, हम अपने मानसकिता को बदलने की कोशशि में व्यस्त हो जाते हैं । हम जल्दी से सीखते हैं कि यह एक आसान काम नहीं है।

एक मानसकिता है जो आपको नियंत्रति करती है। मन वह है जसि आप नियंत्रति करते हैं। अपनी डफ़िॉल्ट और स्वचालति सोच को बदलने का एकमात्र तरीका है अपने चेतन

मन को परमेश्वर के सत्य की नई जानकारी से भरना। एक बार जब चेतन मन अतप्रिवाह से भर जाता है, तो वह अवचेतन मन में फसिल जाता है।

हमारे पचानवे प्रतशित व्यवहार स्वत: होते हैं, इसीलएि हम लक्ष्य नर्धिारति करते हैं, लेकनि उन तक नहीं पहुंचते। लक्ष्य नर्धिारण चेतन मन का कार्य है, लेकनि उन तक पहुँचने अवचेतन मन का कार्य है । अवचेतन मन आपके दमिाग के अधकिांश भाग पर कब्जा कर लेता है । यह तर्क से काम नहीं करता है, इसलएि यह चेतन मन द्वारा बार-बार कहा हुआ हसूर बात को मानता है ।

यह महत्वपूर्ण है कि हम अपने मन को परमेश्वर के वचन की जानकारी से भरे। पवत्रि आत्मा उस जानकारी को पलट देता है, जसि हमने हमारे मन को भरा था, प्रकाशन में, और यह जल्द ही हमारा नया नज़रयिा बन जाता है। हर बार आप पवत्रि आत्मा को अवसर देते हैं परमेश्वर के वचन की जानकारी से प्रकाशन करने ,आप नश्चिति हो सकते हैं कि वह उस वचन के प्रकाशन को प्रकटीकरण में बदल देगा । और तब उसका वचन आपके जीवन में दृश्यमान परणािम उत्पन्न करेगा ।

इससे पहले कि आपकी परस्थितियिों में अभव्यिक्ति हो सके, आप परमेश्वर के आत्मा को आपकी आत्मा में प्रकाशन लाने दे।

अंत में, इससे पहले कि आत्मा द्वारा प्रकाशन हो, आपको अपने मन को परमेश्वर के वचन से उतनी ही जानकारी से भरें जतिना संभव हो। बाइबल को पढें, याद करें और मनन करें,

पॉडकास्ट सुनें,और मसीही कतिाबें पढ़े। अपने मन को सच्चाई से भरो,और पवत्रि आत्मा इसे जीवति कर देगा जो आपके मानसकिता और अपने जीवन को बदल देगा।

अपने दमिाग को नवीनीकृत करने के लएि चौथा कदम

आप जो मानते हैं उसे कबूल करें, न कि आप जो महसूस करते हैं। हम जो कबूल करते हैं उसे प्राप्त करते हैं। यीशु को अपने जीवन का प्रभु मानकर हम उद्धार प्राप्त करते हैं। हम परमेश्वर के वादों को प्राप्त करते हैं उनके कबूलने के द्वारा । जब आप नयिमति रूप से केवल वही स्वीकार करते हैं जो आप महसूस करते हैं और देखते हैं, आप अपने वश्विास को ठेस पहुँचा रहे हैं और नकारात्मक वचिारों को दूर करने में मदद नहीं कर रहे हैं।

जब परमेश्वर ने संसार को अंधकारमय, शून्य और नराकार देखा - उसने स्थति का वर्णन करने के लएि अपने शब्दों का उपयोग नहीं कयिा। इसके बजाय वह स्थति को बदलने के लएि अपने वचन की शक्ति का उपयोग कयिा। अपना मुंह को थर्मामीटर के रूप में उपयोग न करें, जो केवल आपके वर्तमान स्थति के तापमान को पढ़ता है, परमेश्वर

के वचन को अपने मुंह को एक थर्मोस्टेट में बदलने दें, जो आपके जीवन के तापमान को परमेश्वर के कहने को कबूल करने पर बदलता है |

यहोवा ने यहोशू को नर्िदेश दयिा,"व्यवस्था की यह पुस्तक तेरे चति से कभी नहीं उतरने पाए" (यहोशू 1:8)। यहोशू को कतिाब न केवल पढ़ना था, या इसका अध्ययन करें, लेकनि इसे बोलना भी था। यीशु ने ऐसा जंगल में शैतान के साथ उसके परीक्षा में कयिा। संभावनागत शैतान ने यीशु की वैसे ही परीक्षा की जैसे वह आमतौर पर हमें वचिारों के साथ परीक्षा लेता है। यीशु ने शैतान के तीरों का मुकाबला करने के लएि पवत्रिशास्त्र के बारे में नहीं सोचा, उन्होंने पवत्रिशास्त्र को बोला।

यह बहुत शक्तशिाली होता है जब बुरे वचिार आपके दमिाग को खोलने के लएि हमला करते हैं और अपने मुंह से परमेश्वर के वचन के अनुसार बोलने, अपनी भावनाओं और वर्तमान परस्थितियिों के अनुसार नहीं । जैसा कयिोएल 3:10 में कहा गया है,"कमजोर कहें,'मैं बलवान हूं।' हमेशा जो आप महसूस करते हैं वो न बोले,वरना आपका मन नहीं बदल सकता। इसके बजाय परमेश्वर का वचन बोलना सीखें।

अपने दमिाग को नवीनीकृत करने के लएि पांचवां कदम

नकारात्मक वचिारों का वरिोध करें, सकारात्मक वचिारों का समर्थन करें। सकारात्मक वचिार रुकने वाले नहीं हैं, उनकी समर्थन करने की जरूरत है। नकारात्मक वचिार छोड़ने वाले नहीं हैं, उनका वरिोध करने की जरूरत है।

यीशु का पहला दृष्टांत बीज, मट्टिी और बोने वाले के बारे में मत्ती 13 दखिाता है कि जंगली पौधों जैसी बुरी चीज़ों को उखाड़ने की ज़रूरत है और अच्छे बीज बोने चाहएि। सभी अच्छे बीजों को पोषण की आवश्यकता होती है उनके अंकुरति होने के लएि। खराब बीज को बढ़ने के लएि, आपको कुछ करने की जरूरत नहीं है। यह अपने आप बढ़ता है। अच्छे बीज, दुर्भाग्य से, उस तरह से नहीं बढ़ता। वचिारों के साथ भी ऐसा ही है। बुरे वाले नहीं जायेंगे; अच्छे वाले नहीं रहेंगे।

हमें परमेश्वर के वचन की समर्थन करनी चाहएि, हमारे दलि में जगह बनाकर और शैतान के बुरी सोच का प्रतरिोध करके उन्हें बंदी बनाकर और मसीह के अधीन लाकर (देखें 2 कुरन्थियिों 10:5)।

बाइबल मन को बंदरगाह की तलाश में एक जहाज के रूप में वर्णति करती है। आप

खराब जहाजों को समुद्र में आगे-पीछे चलने से नहीं रोक सकता, लेकनि आप उन्हें अपने मन के बंदरगाह में जहाजघाट वशिेषाधकिारों से मना कर सकते हैं (यरि्मयाह 4:14; व्यवस्थाववरिण 15:9 देखें)।

आप पक्षयिों को अपने सरि के ऊपर से उड़ने से नहीं रोक सकते, लेकनि आप उन्हें अपने बालों में घोंसला बनाने से रोक कर सकते हैं। बुरे वचिार आते हैं, लेकनि उन्हें रहने की ज़रूरत नहीं है अगर हम उनके खलिाफ परमेश्वर के वचन के सच्चाई के साथ बोलते हैं।

अपने दमिाग को नवीनीकृत करने के लए छठा कदम

प्रक्रयिा का जश्न मनाएं। आपके वचिार में बदलाव देखने में समय लगने वाला है। मुझे लगता है कि परमेश्वर को दुनयिा बनाने में एक दनि के बदले छह दनि लगने का एक कारण है |वह हमें दखिाना चाहता था कि परविर्तन की प्रक्रयिा के माध्यम से कैसे जाना है।

प्रत्येक दनि कुछ महान कयिा जाता था और परमेश्वर जश्न मनाकर उस दनि समाप्त करता था शकिायत करने के बजाय की अभी भी क्या नहीं कयिा गया था। तीसरे दनि, जब अभी भी बहुत काम कयिा जाना था, परमेश्वर ने देखा कि यह अच्छा है। परमेश्वर ने यह नहीं देखा की अभी भी क्या अधूरा था। अभी बहुत कुछ कयिा जाना बाकी था लेकनि वह जो पूरा हुआ उसका जश्न मनाया।

मन का नवीनीकरण तब होता है जब हम छोटे जश्न मनाते हैं और इस पर ध्यान केंद्रति करता है कि परमेश्वर क्या कर रहा है, बजाय इसके कि वह क्या नहीं कर रहा है। साथ ही, यह ध्यान देने योग्य है कि परमेश्वर ने कभी सृष्टि की गन्दी प्रक्रयिा की तुलना उस सुन्दर स्वर्ग से नहीं कयिा जहाँ वह नविास करता है ।

शैतान आपके दमिाग के नवीनीकरण की प्रक्रयिा को गड़बड़ाने की कोशशि करेगा

अपनी प्रगति की तुलना कसिी और से करवा कर। हम सभी सृष्टि के अलग-अलग दनिों में हैं। हमें अपनी आंखें सृस्ष्टकिर्ता की ओर रखनी चाहएि और खुद की तुलना दूसरों से न करें। तुलना संतोष को मारता है। हमें यीशु की तलाश में दौड़ने के लए प्रोत्साहति कयिा जाता है, दूसरे धावक को नहीं यह देखने के लए कि हम दूसरे की यात्रा के साथ तुलना कैसे करते हैं। जीवन में सबसे बडी़ खुशी यह जानना है कि आप कौन हैं और आप कौन नहीं हैं , अपनी खुद की त्वचा में सहज होने और जसि रास्ते पर परमेश्वर ने आपको रखा है इसमें खुश रहने में, भले ही ऐसा लगे कि आप दुसरो के मुकाबले बहुत पीछे हैं।

आप परमेश्वर में पूर्ण हैं। आपको दुसरो से अपनी तुलना करने की आवश्यकता नहीं है| तुलना करने से शकिायत होती है। शकिायत करने से लोभ करने के 10वीं आज्ञा टूटती

है। लोभ करने से परमेश्वर के द्वारा आपके दमिाग को नवीनीकृत करने की रचनात्मक प्रक्रयिा को ख़तम करती है।

अगर आपके पडो़सी का बाग आपके बाग से ज्यादा हरा दखिता है, तो अपने खुद के बाग को पानी देना शुरू करें । खुद का बेहतर अनुवाद बने जो अब दुनयिा ने नहीं देखा है| याद रखें, परमेश्वर ने जो शुरू कयिा, वह पूरा करने के लएि वशि्वासयोग्य है (देखें फलिप्पियिों 1:6)। वह आपके साथ अभी तक समाप्त नहीं हुआ है।

अपने दमिाग को नवीनीकृत करने के लएि सातवां कदम

चमत्कारों की अपेक्षा करें। कुछ अच्छा होने की उम्मीद करना एक चुनाव है। यह हमारी वशि्वास का कार्य है। एक नवीकृत दमिाग वाले व्यक्त िके पास सकारात्मक उम्मीदें उनके दमिाग में सबसे आगे हैं। अपने कल्पना में एक ऐसी छवनिा बनाए जसिमें चीजें आपके लएि बुरी होंगी, जैसे बीमारी बगिड़ना, रशि्ते टूटना, व्यापार असफल होना, आद। उन नकारात्मक कल्पनाओं को परमेश्वर के वचन के वादों से बदले।

एक युवा जोडे. की एक मजेदार कहानी है, जनि्होंने शादी की और पत्नी को यह आभास होता रहा क िघर में कोई है जो उन्हें लूटने की कोशशि कर रहा है। वह अपने पत िसे जाकर घर जांच करने के लएि कहेगी। वह घर की तलाशी लेता और वहां कसिी को नहीं पाता। यह सप्ताह दर सप्ताह लंबे समय तक जारी रहा, जब तक क िवह उठ कर और घर पर जाँच करने से थक नहीं गया, केवल इसे सुरक्षति और नरािपद पाने। लेकनि अपनी पत्नी के सम्मान के कारण, वह अभी भी घर जाकर जांच करता। अपनी पत्नी के अनुरोध पर एक रात की नयिमति जांच के दौरान, वह घर में एक चोर को देखकर वह हैरान रह गया। चोर ने उससे कहा क िवह कोई शोर न मचाए और उसे सारा कीमती सामान दे दे। चोर के मांगे हुए देने के बाद, इससे पहले की चोर वापस जाता, उसने चोर से कहा की इतनी जल्दी जाने ना जाए, पर उसकी पत्नी से मलिे, क्योंक िवह उन सभी वर्षों से उसकी प्रतीक्षा कर रही थी।

उम्मीदें चमत्कारों के लएि प्रजनन स्थल हैं। कुछ लोग सुबह इस भावना के साथ उठते हैं क िउस दनि उनके साथ कुछ बुरा होगा। यद िआपके साथ ऐसा होता है, तो यह शैतान की ओर से है। बसि्तर पर वापस जाएं और तब तक जागें जब तक आप सकारात्मक महसूस ना करे क िपरमेश्वर अच्छा है और वह अच्छी चीजों की योजना बनाता है।

अगर आपके मन में बुरे वचिार आते रहते हैं क िकुछ हो जाएगा और वे होते हैं, आप अपनी परेशानी के लएि अपने वशि्वास को छोड़ रहे हैं। मैं परमेश्वर पर भरोसा करना

चुनता हूँ और उसके अनुग्रह और दया की अपेक्षा करता हूँ,न की दुर्घटनाएं, टकिट,या पूरी नरक के खुलने की |

क्या इसका मतलब यह है कि हिमारे कभी बुरे दनि नहीं होंगे? नहीं! लेकनि हम उनकी उम्मीद में नहीं जीते रहते।

प्रार्थना

"बहुमूल्य पवत्रि आत्मा, आप अभी मेरे जीवन पर मंडरा रहे हैं। मैं सरि्फ अँधेरा देख रहा हूं, मैं मेरे जीवन में खालीपन महसूस कर रहा हूँ। मैं आपके वचन को मेरे जीवन में अंतमि अधकिार के रूप में स्वीकार करता हूँ। मैं मांगता हूं कि आप बाइबलि से जानकारी लेंगे और मेरे इस दलि में एक प्रकाशन करें। ओह, पवत्रि आत्मा मेरे जीवन में परमेश्वर के वचन की अभव्यिक्ति को लाओ। मेरी वास्तवकिता को आपकी सच्चाई के स्तर तक उठने दो।

अध्याय 11
जलते रहना

एक अमीर आदमी था जो अपने परविार के लिए एक चालक ढूंढ रहा था। यह उस दनि की बात है जब चालक घोड़ों द्वारा खींची जाने वाली गाड़ियों को चलाते थे। इस अमीर आदमी ने तीन उम्मीदवारों को नौकरी के लिए अपना कौशल दखिलाने का फैसला कयिा। वह उन्हें एक खड़ी चट्टान पर ले आया और उन्हें खाली गाड़ी को चट्टान से चलाने के लिए कहा ।

पहले चालक ने घोड़े से खींची जाने वाली गाड़ी को उससे जतिना संभव था चट्टान के करीब चलाया । सभी प्रभावति हुए।

दूसरा चालक उस बदि‍ु तक चट्टान के और भी करीब चला गया जब गाड़ी चलाते समय एक पहयिा चट्टान के ऊपर लटका हुआ था। नशि्चति रूप से, कोई भी उसे हरा नहीं सकता, उसके परविार ने सोचा।

तीसरे ड्राइवर ने चट्टान से जतिनी दूर संभव हो गाड़ी चलाई। वह समझाया कि जब वह अमीर आदमी के परविार को चलाएगा, तब जतिना हो सके उन्हें खतरे से दूर रखना सबसे अच्छा होगा। उसे काम मलिा। मसीह के साथ हमारे चलने में, दो तरह के लोग हैं। एक जतिना संभव हो चट्टान की रेखा के करीब आता है और दूसरा प्रयास करता है जहाँ तक हो सके पाप की चट्टान से दूर जाने के लिए और यीशु के करीब रहने के लिए। जब यौन पाप की बात आती है तो युवा इन दनिों जो प्रश्न पूछते हैं, वह है,"कतिनी दूर बहुत दूर है?" या, "रेखा कहाँ है?" ये प्रश्न प्रकट करते हैं कि हमारी पीढ़ी को परमेश्वर के करीब रहने में कोई दलिचस्पी नहीं है, लेकनि वह देखना चाहती है कि वह नरक के कतिने करीब बनिा वहां जाए पहुंच सकती है!

मैं हमेशा युवाओं से कहता हूं कि वे गलत सवाल पूछ रहे हैं । आइए कल्पना करें कि मैं कि परमेश्वर का वचन जानता हूं जो कहता है कि व्यभचिार गलत है। यही वह चट्टान है जसिसे मैं अपनी शादी में बचना चाहता हूं। मै मेरी पत्नी के पास जाता हूँ और पूछता हूँ, क्या मेरे लिए दूसरी महलिा के साथ घूमना ठीक है? हर समय दूसरी महलिा को संदेश करूँ?

शायद सार्वजनकि रूप से हाथ पकड़ू? उसे शुभ रात्रि का चुंबन दूँ? शायद बनिा संभोग कएि उसके साथ सो जाऊ? आपको क्या लगता है कि मेरी पत्नी क्या कहेगी? उसकी प्रतक्रियिा क्या होगी - हाँ, तुम यह सब तब तक कर सकते हैं जब तक की व्यभचािर की रेखा को पार नहीं करते हो?

इसके वपिरीत होगा - मेरी पत्नी क्रोधति होगी कि मैंने इन सवालों को पूछा। इसके बजाय, मेरे लक्ष्य और प्रश्नों को इस बात पर ध्यान देना चाहएि की मैं उसके कतिने करीब पहुंच सकता हूं, न कि मैं व्यभचािर के चट्टान के कतिने करीब पहुंच सकता हूं,तलाक में पड़ने के बनिा। परमेश्वर चाहता है कि हिम उन्हें ज्यादा प्राथमकिता देंसमझौते की चट्टान से बचने के बजाय।

खाई से बचना

कोई भी पूरी तरह से गलत चुनाव नहीं करता है रास्ते में नासमझी भरे फैसले कयिे बनिा। हमारा नासमझ कार्यों का बहाना देते है जसिका कारण है वे आमतौर पर गलत नहीं होते हैं। अगर आप पाप की खाई में गरिने से बचना चाहते हैं ,तो आपको नासमझ फैसलों की सफेद लाइन पर चढ़ने से बचना चाहएि ।

याद रखें, अधकिांश नासमझी भरे फैसले हमेशा पापपूर्ण नहीं होते है,इसलएि, हम अपने आप को पाप के करीब आने का बहाना देते हैं जतिना हम संभवतः जा सकते हैं लेकनि जल्द ही बहुत देर हो जाती है।

जब दाऊद ने व्यभचािर कयिा, तो वह गलत था, और हत्या के पाप की ओर बढ़ाया। व्यभचािर यूं ही नहीं हो गया। वह एकाधकि नासमझ फैसलों का परणिाम था। दाऊद ने सीमा और कंपन पट्टी पार कर दी, व्यभचािर में डूबने से पहले।

जब राजाओं के युद्ध करने का समय आया, तब दाऊद का अभषिेक कयिा गया युद्ध में इजरायल का नेतृत्व करने के लएि, लेकनि उसने घर में रहने का फैसला कयिा। क्या यह गलत था कि दाऊद युद्ध में न जाए? मुझे ऐसा नहीं लगता! लेकनि उसके लएि यह नासमझी थी की जब उसकी सेना युद्ध के मैदान में थी, तब वह घर पर रहा। नासमझ फैसले और अधकि नासमझ फैसलों की ओर ले जाते हैं। दाऊद घर पर रहा और, "सांझ के समय दाऊद पलंग पर से उठ कर राजभवन की छत पर टहल रहा था," (2 शमूएल 11:2)। यह समझे, दाऊद घर में रहा, दनि भर सोया, और शाम को पलंग से उठा। मुझे पता है कि वह एक राजा के पद में था, लेकनि सारा दनि सोना बुद्धमिानी नहीं है। यह गलत नहीं है, लेकनि यह एक राजा के लएि बुद्धमिानी भी नहीं है ।

एक नासमझी के फैसले ने दूसरे को जन्म दयिा और फरि उसने एक महलिा को नहाते हुए देखा । उस समय कसिी व्यक्त िके लिए ऐसा करना स्वाभावकि बात थी। उसे देखने में वशिेष रूप से उसके लिए कुछ भी गलत नहीं था। वह गलत हो गया जब वह उसे नहिार रहा था और फरि उसे अपने घर पर आमंत्रति कर रहा था । दाऊद और अधकि झूठ, छल, और वनिाश की खाई में फंस गया जो उसे महंगा पड़ा। अगर आप अपने अतीत के पाप में फरि गरिने से बचना चाहते हैं, तो ऐसे काम करने से बचें जो बुद्धमिानी के नहीं हैं।

मूर्ख कुँवारयिाँ

दस कुँवारयिों की कहानी याद है? उनमें से आधी बुद्धमिान और बाकी आधी मूर्ख थीं (देखें मत्ती 25)। पांच मूर्ख कुँवारयिों ने अपना कौमार्य नहीं खोया। उन्होंने कुछ गलत नहीं कयिा, लेकनि उन्होंने वही कयिा जो मूर्खता थी। ऐसा करने से उन्हें उनकी नयिति की एक नयिुक्त िको खोने की भारी नरिाशा हुई। अपना "कौमार्य" नहीं खोना इस बात की गारंटी नहीं है क िआप अपनी पूरी क्षमता तक पहुँचेंगें।

परमेश्वर चाहता है क िहम बुद्धमिानी से जीवन व्यतीत करें उन चीज़ों से दूर रहकर जो पाप की ओर ले जाती है। पाप से दूर रहने का सबसे अच्छा तरीका उन चीजों से एक बड़ी दूरी रखना है, जो अपने आप में,पापी नहीं मानी जाती है, लेकनि जब उसमें भाग लयिा जाता है, तो वह हमें पाप की ओर ले जातो है।

रेत पर अपना घर बनाने वाला आदमी गलत नहीं था, लेकनि उसे मूर्ख कहा गया। जब आपकी नैतकि सीमा केवल गलत काम करने से बचने के प्रयास करने पर नरि्मति होती है, आप जल्द ही या बाद में टूट सकते हैं । बुद्धमिान ने अपना घर चट्टान पर बनाया। यद िआप चाहते हैं क िआपकी अखंडता और स्वतंत्रता,तूफानों और प्रलोभनों से बेहतर कार्य करे तो आप सरि्फ गलत ही नहीं बल्क िअपने नासमझी भरे फैसलों को टालने के इर्द-गरि्द प्रतबिद्धता का नरि्माण करें।

छेड़खानी गरिने की ओर ले जाती है

पोतीपर के घर में यूसुफ की परीक्षा हर दनि होती रही। हम उन्हें उस पुरुष की पत्नी के साथ छेड़खानी करते हुए या उसके साथ समय बतिाते हुए नहीं देखते हैं। वह एक अकेले आदमी थे जनिकी युवावस्था में कठनि वर्ष बीते थे। उनके परविार के पास पहले से ही उनका मृत्यु प्रमाण पत्र था, उनके लिए वह अस्तत्वि में नहीं थे। वह एक दास थे, और उनके सपने ठहराव पर थे। यह पाप से छेड़छाड़ करने का एक बड़ा बहाना था। यूसुफ के

पास पासवान, कलीसयिा या बाइबलि नहीं थी, उन्हें सही रास्ते पर चलाने के लएि। फरि भी, उन्होंने पाप से लड़ाई, आज हम में से अधकिांश लोगों की तुलना में, बेहतर कयिा । उनका सद्धिांत सरल था, यद आिप पाप में गरिने से बचना चाहते हैं, तो आप इसके साथ छेड़छाड़ नहीं कर सकते।

छेड़छाड़ मत करो, भागो! हर कोई जो पाप में पड़ता है, पहले उसके साथ छेड़छाड़ करता है। छेड़खानी के लएि हम जो बहाना इस्तेमाल करते हैं, वह यह है क विास्तव में पाप नहीं कर रहे है। ठीक है, आप तब तक नहीं गरिते जब तक आप छेड़छाड़ नहीं करते। कुछ परमेश्वर की कृपा का उपयोग करते हैं पाप से छेड़छाड़ करने के बहाने के रूप में। हमें अनुग्रह पाप से भागने की शक्त दिेने के लएि दयिा गया था, उसके साथ खेलने के लएि नहीं।

" क्योंक परिमेश्वर का अनुग्रह प्रगट है, जो सब मनुष्यों के उद्धार का कारण है। और हमें चताता है, क हिम अभक्त औिर सांसारकि अभलािषाओं से मन फेर कर इस युग में संयम और धर्म और भक्त सि जीवन बताएं।"(तीतुस 2:11-12)। अनुग्रह उद्धार देने वाले से बढ़कर है। यह एक शक्षिक है जो हमें सखािता है क अिभक्त औिर सांसारकि वासनाओं को कैसे नकारा जाए और इस दुनयिा में अलग तरीके से कैसे जीना है। "हे भाइयों, तुम स्वतंत्र होने के लयि बुलाए गए हो परन्तु ऐसा न हो, क यिह स्वतंत्रता शारीरकि कामों के लयि अवसर बने, वरन प्रेम से एक दूसरे के दास बनो" (गलतयिों 5:13)। आइए हमारी स्वतंत्रता को उन चीजों के साथ खलिवाड़ करनने के बहाने के रूप में उपयोग न करें, जो हमें फरि से गुलामी में ले जा सकती हैं, जतिना हम सोच सकते हैं उससे कहीं ज्यादा तेज।

कमर बंधी और दीये जले

जसि कारण हमें व्यर्थ की बातों से या कनिारे से दूर रहने की आवश्यकता है, वह केवल हमारे पाप में गरिने से बचने तक ही सीमति नहीं है। वह हमें परमेश्वर की खोज के लएि एक जुनून भी देता है |

"तुम्हारी कमरें बन्धी रहें, और तुम्हारे दीये जलते रहें।" (लूका 12:35)। यह अंतमि दनिों में लोगों के लएि यीशु की चुनौती है। अपनी कमर पर एक कमरबंध रखो, जसिका मतलब है क अिपने दृढ़ वशि्वास को कस लें। अगर आप ऐसे काम करते है जो आपको पाप की ओर ले जाते हैं, फरि भी आप पाप में गरिने से बचने की कोशशि कर रहे हों - आपका दृढ वशि्वास ढीला हो जाता है और बहुत जल्द आपकी पैंट गरि जायेगी, मतलब आपकी स्वतंत्रता फरि से खो जाएगी। दृढ़ वशि्वास आपकी स्वतंत्रता को पकडे़ रहता है। जब दृढ़ वशि्वास

ढीला हो जाता है, हम समझौता करते हैं जो हमें उस चीज़ को खोने की ओर ले जाता है जो हमने प्रभु से प्राप्त की थी।

कसी हुई कमर और मजबूत विश्वास हमारे वस्त्र को एक साथ पकड़ते हैं,

लेकिन यह वह है जो हमें हमारे दीयों को जलने का मौका भी देता है। जब आप पाप से भागना बंद कर देते हैं, तो इसकी एक कीमत होती है—आप परमेश्वर के पीछे भागना बंद कर देते है । दोनों तत्व जुडे़ हुए हैं, कमर और दीया आपस में जुडे़ हुए हैं। पवित्रता और जुनून जुडे़ हुए हैं। प्रत्येक को दूसरे की जरूरत है। दृढ़ विश्वास हमारी स्वतंत्रता को पकड़ के रखती है; हमारी स्वतंत्रता हमें बिना ध्यान भटकाए परमेश्वर के पीछे दौड़ने की अनुमति देती है।

साँप को अपने आग में फेंक दो

बुद्धि से चलते समय, दृढ़ विश्वास हमें पाप में गिरने से बचाता हैं, लेकिन यह हमें परीक्षा में पड़ने या आक्रमित होने से नहीं बचाता है।

“जब पौलुस ने लकडियों का गट्ठा बटोरकर आग पर रखा, तो एक सांप आंच पाकर निकिला और उसके हाथ से लिपट गया। ... तब उस ने सांप को आग में झटक दिया, और उसे कुछ हानि नि पहुंची।” (प्रेरितों के काम 28:3, 5)। पौलुस धार्मिकता ,परमेश्वर के अनुसरण करने और पवित्र आत्मा के निकिट रहने, पाप के साथ छेड़छाड़ नहीं करने के मार्ग पर था। फिर भी, उसने एक तूफ़ान, एक जहाज़ की तबाही का अनुभव किया, और फिर उसका सामना एक साँप के साथ हुआ । परमेश्वर ने उसे तूफान और जहाज़ की तबाही से बचने के लिए अनुग्रह दिया, लेकिन जब साँप की बात आई, तो कुछ और ही घटित हुआ।

जब बारिश हो रही थी, तो पौलुस ने आग लगाने के लिए लकड़ियाँ बटोरीं। एक यहां दिलचस्प सीख मिली - अपने तूफान और अपने जहाज़ की तबाही को आपको निष्क्रिय बनाने को मत दो, या आपके भीतर आपकी आत्मा में प्रभु के लिए आग जलाने से रोकने मत दो । अतीत के नाटक और आघात को आप पर हावी न होने दें जो आपको परमेश्वर के प्रति ठंडा कर देती है और पुराने अच्छे दिनों की यादों पर जीने के लिए पीछे हटाती है । परमेश्वर चाहता है कि आप आज जलें, क्योंकि वह महान मैं हूँ है,न की महान मैं था। अगर आपको कोई ऐसा समय याद है जब आपने यीशु मसीह को आज से कहीं अधिक प्यार किया था तो आप पीछे हट गये है। अपने जीवन में फिर से उस ही आग को बनाने का समय आ गया है । लोगों ने क्या किया या आपने क्या किया, खुद को ठंड में जमने के लिए

इस बहाने का उपयोग न करें। हो सकता है कि आपके शत्रुओं ने आपका अतीत ले लिया हो, लेकिन यह आपकी अनुमति से होता है कि वे वर्तमान में आपके जुनून को मार डाले।

सही मायने में बारिश में आग लगाना आसान नहीं होता है। जीवन के विभिन्न परिदृश्यों से गुजरने के बाद जुनून को जीवंत रखना आसान नहीं है। लकड़ियों के गट्ठर को एक साथ रखने में थोड़ी मेहनत लगती है। प्रतिदिन वचन पढ़ने, प्रार्थना करने, उपवास करने, YouTube पर पॉडकास्ट और/या संदेश सुनने के द्वारा स्वयं को नियमित रूप से अनुशासित करना शुरू करे। टेलीविजन देखने में कम और गवाही देखने में अधिक समय; सोशल मीडिया पर कम समय, लेकिन आपका छोटे समूह में भाग लेने में अधिक समय; कम समय बहस करने और अधिक समय आपके विश्वास के बारे में गवाही देने में व्यतीत करें। जब आप ऐसा करेंगे तो आप हैरान रह जाएंगे कि ये छोटी-छोटी लकड़ियाँ आपस में मिलकर कैसे अग्नि उत्पन्न करती हैं। यह एक छोटी सी आग हो सकती है,लेकिन यह आपकी है और यह असली है।

जब आपके जीवन में आग जल रही हो, तो सब कुछ अद्भुत होता है, यहाँ तक कि चाहे वह एक तूफान और एक जहाज़ की तबाही के बाद आया हो। लेकिन रुकिए,पौलुस के जीवन में इस आग ने एक सांप को उजागर किया। वह सांप निकला और उसने सिर्फ पौलुस को आक्रमित ही नहीं किया, लेकिन वहाँ रहने और उसे मारने के इरादे से उसके हाथ पर जकड़ा हुआ था। आश्चर्य की बात है जब आप मसीही विश्वास , स्वतंत्रता में चलने, और प्रभु के लिए जलने के परे अपना जीवन बिताते है तो कितनी बार ऐसा होता है। बूम! कहीं से भी, आप गिर जाते हैं या आपको कुछ चोट लगता है - और सांप आपको जोर से काटता है, जाने नहीं देता।

सांप आवाज के साथ आता है। जब सांप ने पौलुस को काटा, लोग बात करना शुरू कर दिये। “वह ज़रूर एक हत्यारा है,” किसी ने कहा। “परमेश्वर उसे दंडित कर रहे है, ”दूसरे ने कहा। “वह तूफान और जहाज़ की तबाही से बच गया, लेकिन अब भाग्य ने उसे पा लिया है,”किसी और ने सोचा।

जब आप पर उस तरह का हमला होता है, और भले ही आप जिस पाप से छुड़ाये गये है गिर जाते हैं,शैतान के झूठ की बतों को न सुनें। उसका झूठ उस पाप से कहीं अधिक खतरनाक है जिसमें आप दोबारा गिरे थे।

पौलुस ने लोगों के साथ बहस करने के बजाय सांप को उस आग में झाड़ दिया जिसे उसने जलने में मदद की थी। सांप मर गया और लोग कहने लगे की वह एक ईश्वर था। लोगों की राय बहुत जल्दी बदल जाती है। एक पल उन्होंने कहा कि वह एक हत्यारा था और दूसरे

ही क्षण उन्होंने कहा कि वह एक देवता था। दोनों कथन गलत थे। हमें लोगों की राय से ज़्यादा परमेश्वर के वचन पर भरोसा करना चाहिए। उसी नोट पर, हमें चाहिए

हमारे दिमाग में किसी भी आवाज से ज़्यादा परमेश्वर के वचन को ग्रहण करना।

जब आप आक्रमित हों तो अपराध बोध, शर्म और झूठ को दूर भगाना सीखें। शैतान आपकी आग को मारना चाहता है। इसके अलावा आपको यह करना चाहिए की उन प्रलोभनों और परीक्षाओं को आग में झोंक देना, और वे मर जायेंगी। आप आक्रमण से पहले जो कर रहे थे उसे करना और जलना बंद न करें। शैतान यही चाहता है।

आत्मिक सांप डंक से लोगों की मृत्यु होने का एक कारण है कि उनके जीवन में उस सांप को फेंकने के लिए पर्याप्त आग नहीं है । आप अपनी परेशानियों को मेरी आग के गड्ढे में नहीं फेंक सकते है, आपको अपना खुद का निर्माण करने की जरूरत है। आप अपने सांप को अपने पासवान के आग में नहीं फेंक सकते, आपका अपना होना चाहिए। अपने दिल को एक चिमिनी में बदलो, इसे कचरा पात्र बनाना बंद करें जहां कुछ भी और सब कुछ जाता है। आप पवित्र आत्मा का मंदिर हैं, मरे हुए व्यक्ति की हड्डियों की कब्र नहीं। आपको एक आवाज़ बनने के लिए बुलाया गया है, न कि आपकी पीढ़ी के लिए प्रतिध्वनि।

सांप के मरने के बाद द्वीप पर आत्मिक जागरण शुरू हो गया। शैतान पौलुस को मारना चाहता था ताकि वह आत्मिक जागरण को रोक सके, लेकिन पौलुस ने सांप को मार डाला और आत्मिक जागरण हुआ। आप जिस भी शैतान को हराएंगे वह आपके निजी जीवन में एक नया स्तर खोलेगा। शैतान बुराई के लिए जो करेगा,परमेश्वर पलटेंगे और इसे आपके भले के लिए इस्तेमाल करेंगे।

प्रार्थना

“प्रभु यीशु, मैं आपको और भी अधिक चाहना चाहता हूँ। मैं समझता हूं कि आपके पीछे चलने की मेरी इच्छा कमजोर है। पवित्र आत्मा, मेरे भीतर यीशु के पीछे चलने की इच्छा पैदा करें। हे प्रभु, मुझे ऐसे लोगों से घेर दीजिए जो इस दौड़ में मेरी मदद करेंगे। पिता परमेश्वर, मुझे अपना अनुग्रह दें कि मैं पाप और किसी भी चीज़ की ओर पीठ कर सकूँ जो पाप की ओर ले जाता है।

अध्याय 12
जैसे आप बढ़ते हैं

जब मैं यूक्रेन में एक छोटा लड़का था, मेरे परविार के पास एक गाय, सूअर,मुर्गयिाँ, और एक छोटा बगीचा जहाँ हम अपना अधकिांश भोजन उगाते थे। मैं गाय का दूध दुहना, खेतों में काम करना और हमारे जानवरों की देखभाल करते हुए बडे़ हुआ। मैं एक युवा लड़के के रूप में प्रकृतिऔर पशु साम्राज्य कैसे काम करते है इसके वषिय में बहुत चौकस था। पर मैंने चूजों का हैचगिं पर वशिेष रूप से ध्यान दयिा। माँ मुर्गी अंडे देती और उन्हें एक सुरक्षति, आरामदायक वातावरण में रखती। वह उन अंडों पर कुछ समय बैठती | बाद में, मुझे पता चला कविह लगभग 21 दनि था। जब वह बैठ कर उन अंडों को सेती, प्रत्येक अंडे के अंदर छोटी मुर्गयिों का वकिास हो रहा था।

चूजों के बाहर आने से ठीक पहले, मैं खोल पर गहरे रंग के हस्सिे देख सकता था,जो यह संकेत देते हैं किकुछ बाहर नकिलने वाले थे खोल से बाहर। मुझे यह देखकर आश्चर्य हुआ कमिुर्गी माँ खोल को नहीं तोड़ती है उसके चूजों के नई दुनयिा में बाहर आने के लएि। वह बस उन्हें सेती रही, उन्हें गर्म रखती रही। जैसा वे अंदर बढ़ते रहे, वे खोल तोड़कर और बाहर नकिलेंगे।

बात करते समय यीशु ने खुद को यरूशलेम में एक मुर्गी माँ के रूप में संदर्भति कयिा। "कतिनी ही बार मैं ने चाहा कजिैसे मुर्गी अपने बच्चों को अपने पंखों के नीचे इकट्ठे करती है, वैसे ही मैं भी तेरे बालकों को इकट्ठे कर लूं, परन्तु तुम ने न चाहा!" (मत्ती 23:37)। कभी-कभी, यीशु स्वतंत्रता और हमारे जीवन में परवि‍र्तन लाते हैं, उनमें हमारे बढ़ने की प्रक्रयिा द्वारा। वह अपने प्रेम से हमें सेतना चाहते है, ताकहिम अंडे से नकिल सकें। सारी आज़ादी एक प्रार्थना से नहीं मलिती है, कुछ परमेश्वर में बढ़ने से मलिती है। मैं अपने कलीसयिा को हर समय बताना पसंद करता हूँ - कुछ लोग प्रार्थना-पंक्तपिर छुटकारा पाते है, और बहुत से लोग अपने प्रार्थना जीवन से छुटकारा पाते है। ऐसी चीजें हैं जो केवल बढ़ने से आती हैं।

बढ़ने द्वारा स्वतंत्रता

"प्रेम में भय नहीं होता, वरन सद्धि प्रेम भय को दूर कर देता है,..." (1 युहन्ना 4:18)। "परपिूरण" शब्द का अनुवाद बडे़ होने या परपिक्व प्यार के रूप में कयिा जा सकता है। कुछ चीजें हैं जो हमारे परमेश्वर के प्रेम में परपिक्वता द्वारा डाली जा सकती हैं । यदि प्रेम परपिक्व नहीं है तो आप में भय और प्रेम सह-अस्ततिव में होते हैं। एक बार जब आप प्रभु में बढ़ जाते हैं, तो कुछ चीजें आपकी बढ़ने में बाहर नकिल आती हैं । जैसे मुर्गी खोल में पलती रहती है,तब वह खोल से बढ़ जाती है और उसे तोड़ देती है। आपके पास आपके चारों ओर, डर का जो भी खोल है, वह टूट जाएगा, यदि आप परमेश्वर के प्रेम और उसके वचन में बढ़ते हैं ।

कभी-कभी हम चाहते हैं कि परमेश्वर हमारी सीमाओं के खोल को तोड़ दे, परन्तु कष्टों के बावजूद, वह चाहता है कि हम उनमें परपिक्व होते रहें । जैसे-जैसे हम बडे़ होते हैं, हमारी जंजीरें टूटने लगती हैं। हम उनसे आगे नकिल जाते है। इसलिए बहुत से लोग बहुत जल्दी हार मान लेते हैं। वे प्रार्थना पंक्ति में या छुटकारे के लिए परामर्श में आते हैं, कुछ नहीं होता और वे परमेश्वर पर हार मान लेते हैं । छोटे मुर्गे की तरह बनो - मुर्गी की गर्मी के नीचे रहो,घोंसले से बाहर मत लुढ़को, आप देखोगे कि कैसे जो आज आपको थामे रहता है, शीघ्र ही फटेगा और टूट जाएगा।

"मैं उन को तेरे आगे से एक ही वर्ष में तो न नकिाल दूंगा, ऐसा न हो कि देश उजाड़ हो जाए, और बनैले पशु बढ़कर तुझे दुःख देने लगें। जब तक तू फूल फलकर देश को अपने अधिकार में न कर ले तब तक मैं उन्हें तेरे आगे से थोड़ा थोड़ा करके नकिालता रहूंगा।"(नर्गिमन 23:29, 30)। इस्राएल ने प्रतज्ञिा की हुई भूमि पर एक साथ ही कब्ज़ा नहीं कर लयिा। थोड़ा-थोड़ा करके, परमेश्वर ने उनके शत्रुओं को तब तक बाहर नकिाला, जब तक कि इस्राएल उतना बढ़ा की उसे वरिासत में ले सके। परमेश्वर चाहता है कि आप उसमें बढें़ और और आगे बढें, क्योंकि आपकी पूरी क्षमता और स्वतंत्रता इसी पर नर्भिर करती है।

बंधन तोड़ो

पवत्रिशास्त्र एक धर्मी व्यक्ति की तुलना खजूर के पेड़ से करता है (देखें भजन संहति 92:12-15)| खजूर सुंदरता का प्रतीक होता हैं, जो हमेशा हरा रहता हैं और आग में जलता नहीं है। एक धर्मी की तरह हम आग की झील में नहीं जलेंगे, हम हमेशा प्रभु में आनन्दति रहेंगे, क्योंकि हमारी जडे़ परमेश्वर में गहरी हैं।

खजूर के पेड़ आमतौर पर उष्णकटबिंधीय क्षेत्रों में लगाए जाते हैं। वे सूखे से डरते नहीं हैं क्योंकि उनकी जड़ें बहुत गहरी होती हैं। आप और मैं उस तरह हैं - हमारा परविश यह निर्धारित नहीं करता है कि हम फलते-फूलते हैं या नहीं, परमेश्वर के साथ हमारा रिश्ता करता है।

खजूर का पेड़ अपशब्द का सामना करता है, क्योंकि उसकी ताकत उसके अन्तर्भाग में है,उसके छाल में नहीं। विश्वासी अपने जीवन को भीतरी जीकर इसे दर्शाते हैं बाहरी नही। हमारी शक्ति प्रभु में है,इसमें नहीं कि लोग हमारे साथ कैसा व्यवहार करते हैं या हम कैसा महसूस करते हैं।

खजूर का पेड़ तूफान में झुक जाता है इसलिए टूटता नहीं है। तूफान अटल हैं। वे बुद्धिमानों और मूर्खों के पास आते हैं। हमें तूफानों से नहीं डरना चाहिए, अगर हम परमेश्वर के भरोसे अपने घुटनों को विनम्रता से मोड़ना जानते हैं। जब आप एक खजूर के पेड़ की तरह तूफान के दौरान झुकते हैं, आप नहीं टुटोगे। तूफान गुजरेंगे और आप दोबारा उठोगे।

एक खजूर के पेड़ और एक धर्मी व्यक्ति के बीच कई तुलनाएं हैं । मुख्य बात यह है कि खिजूर के पेड़ के चारों ओर बंधन होता हैं, जो इसे भीतर बढ़ने नहीं देते हैं। जब एक खजूर का पेड़ छोटा होता है, उसे सीधा बढ़ने में मदद के लिए उसके चारों ओर रस्सियाँ बाँधी जाती हैं। अधिकांश पेड़ों में रस्सियाँ हैं जो पेड़ों में बढ़ती हैं, जैसे-जैसे पेड़ बढ़ता रहता है। एक खजूर का पेड़ अलग है। एक बार जब वह बड़ा हो जाता है तो उसके ऊपर जो जंजीरें डाली जाती है जब वह युवा होता है, वह उसे पेड़ में विकसित नहीं होने देता, बल्कि जिंजीरें टूट जाती है। खजूर के पेड़ की बढ़ने की शक्ति की कल्पना करे।

आप खजूर के पेड़ की तरह हैं। हो सकता है कि शैतान ने चारों ओर जंजीरें डाल दी हों जब आप कमजोर थे। हो सकता है कि आपके प्रार्थना कर, उपवास कर और उसे तोड़ने के लिए सब कुछ करने की कोशिश की हो, और अपने आप को बंधन में फंसा हुआ पाते रहे। शत्रु आपको समझाने की पूरी कोशिश करेंगे कि आप ऐसे ही होगें और समस्या आपकी पहचान है—यदि आप इसे हरा नहीं सकते, तो इसे स्वीकार करें।

मुझे समलैंगिकता का पहला मामला याद है जिसे मैंने बतौर एक युवा पासवान निपटाया था । एक युवक ने खुलेआम समलैंगिकता का अभ्यास किया और उस समय उसका एक बॉयफ्रेंड था। वह हमारे युवा सम्मेलन में आए थे। मैंने उस महिला के बारे में प्रचार किया जिसे लहू बहने की बिमारी थी और कैसे यीशु ने उसे बुलाया। मेरे संदेश का पूरा बिंदु यह था कि आपकी पहचान आपकी समस्या नहीं है और आप इससे तब तक मुक्त नहीं हो सकते जब तक आप यह मानना बंद नहीं करते कि आप कौन हो।

वह कलीसयिाई सेवा के बाद मुझसे मलिने और बात करने के लएि कहने आया। जैसे ही हम बात करने बैठे, उसने स्वीकार कयिा कि उिसने लंबे समय से समलैंगकिता अपना ली है उसके पहचान के रूप में। मैंने उससे पूछा क्यों? जब वह कलीसयिा में बड़ा हुआ, तो वह बाइबल से जानता था कि परमेश्वर ने उसे वैसा नहीं बनाया है । उसकी प्रतकि्रयिा थी, "मैंने इतने समय तक छुटकारे की कोशशि की, मैंने प्रार्थना की, मैंने उपवास कयिा, मैंने स्वीकारा और यह समलगिं आकर्षण दूर नहीं हुआ, इसलएि मैंने हार मान ली" उस रात उसे एहसास हुआ कि उिसने झूठ पर वशि्वास कयिा है। क्योंकि वह थक गया था और लड़ाई से ऊब गया था, झूठ पर वशि्वास करना आसान था ।

याद रखें, आप अपने जीवन के चारों ओर एक बंधन को नहीं तोड़ सकते है यदि आप उसे आप में बढ़ने की और आप कौन हैं परभिाषति करने की अनुमति देते हैं। आपकी वर्तमान समस्या आपकी पहचान नहीं है। आप मसीह में हैं - यही आपकी पहचान है, जसि आप अभी से पहचाने। आपकी पहचान मसीह में है, संकट में नहीं। अपना सरि शैतान के झूठ से बाहर नकिाले। जंज़ीर को आपमें बढ़ने देने का उसका आखरिी प्रयास है, ताकि आप ऐसे ही बने रहें। उसके झूठ पर वशि्वास न करे। आप खजूर के वृक्ष के समान हैं। बढ़ने की पक्रयिा के दौरान रस्सयिों को आप में बढ़ने न दें, वे धीरे-धीरे टूटेंगी, लेकनि नशि्चति रूप से। यह एक प्रक्रयिा हो सकती है, लेकनि परणिामस्वरूप आप मजबूत हो जाएंगे। परमेश्वर आपमें नई ताकत पैदा करेगा जो आपकी भवषि्य की वजियों में सहायक होगा। शेर और भालू के साथ आपकी मौजूदा लड़ाई आपको एसी स्थति में लाएगी जो आपको आपके गोलयित के वरिुद्ध महान वजिय देगा।

अभषिेक करने से जूआ टूट जाएगा। जंजीरों को उनका हस्सिा नहीं बनना चाहएि जो आप हैं। यदि आप उन्हें अपनी पहचान में समाहति रहने देने से इंकार करते हैं तो वे टूट जाएंगी। स्वतंत्रता बढ़ने से आती है। जैसे-जैसे आप मजबूत होते जाएंगे, चीजें टूटती जाएंगी! भय और अन्य समस्याओं से आज़ादी केवल ऐसी चीजें नहीं हैं जो प्रक्रयिा के दौरान आती हैं। चतिा भी प्रक्रयिा में टूट सकती है।

सीखने से आराम पाएं

"हे सब परशि्रम करने वालों और बोझ से दबे लोगों, मेरे पास आओ; मैं तुम्हें वशि्राम दूंगा। मेरा जूआ अपने ऊपर उठा लो; और मुझ से सीखो; क्योंकि मैं नम्र और मन में दीन हूं: और तुम अपने मन में वशि्राम पाओगे।" (मत्ती 11:28-29)। जो लोग यीशु के पास आते हैं वह उन्हें वशि्राम प्रदान करता है। उद्धार अर्जति करने के प्रयास के जुए से वशि्राम।

यह एक अवशि्वसनीय आशीष। आराम दयिा गया है। फरि हमें उसका जूआ लेने की और उससे सीखना शुरू करने की आज्ञा दी गयी है और हम अपनी आत्माओं के लिए आराम पाते है। वशि्राम है जो तब आता है जब आप यीशु के पास आते हैं, परन्तु वह भी एक वशि्राम है जो आपके यीशु में बढ़ने के बाद आता है।

अगर प्रार्थना में आने के बाद आपको नराशा,चंता और भारीपन से पूरी तरह से आज़ादी नहीं मलिी है,तो प्रभु चाहता है कआिप उसमें बढें़ । इस बढौती के परणािमस्वरूप आपको वह आराम मलि जाएगा जसिकी आपको आवश्यकता है। सब कुछ एक बार में हमारे पास नहीं आता है। परमेश्वर के पास हमारे लिए जो भी है हमें वह सब नहीं मलिता है जब हम बचाए जाते हैं या छुटकारे के लिए प्रार्थना कयि जाते है। कृपया मुझे गलत न समझे - यह सब हमारे लिए मसीह में उपलब्ध है जब हम बचाये जाते है, परन्तु कुछ बातें केवल मसीह में बढ़ने से ही आती हैं। वहाँ स्वतंत्रता है जो यीशु देता है और वह स्वतंत्रता है जसि आप पाते हैं।

उदाहरण के लिए, यदआिपके माता-पति ने आपको एक कार खरीदी थी जब आप 10 साल की उम्र के थे, आप इसे कानूनी रूप से तब तक नहीं चला पाएंगे जब तक आप कम से कम 16 वर्ष की आयु के नहीं होंगे। जो आपका अपना है उसे प्राप्त करने के लिए बढ़ना आवश्यक है। मेरा मानना है कपिरमेश्वर हमारी आशीषों को फैलाते हैं ताकहिम उसमे बढें,न केवल आये,हमें जो चाहिए वह प्रापूत करें, और चले जाए।

यीशु में बढ़ने के लिए, वह कहते हैं, "मेरा जूआ उठाओ,"– यह उसके साथ एक वाचा की बात करता है । आप राजा यीशु के साथ समान रूप से जूए में हैं। आप उसके साथ रशि्ते में हैं। यह रशि्ता एक वाचा है - शादी की तरह। जब मैंने अपनी पत्नी से शादी की, तो उसने मेरे आखरिी नाम को लयिा। जो कुछ मेरा था उसका हो गया और वह सब भी जो उसका था मेरा हो गया । यह यीशु के साथ हमारे संबंध जैसा है। जब हम बचाये जाते हैं, हम उसके साथ एक वाचा में बंध जाते हैं। हमारी लड़ाई उसकी हो जाती है और उसकी शांतहिमारी हो जाती है। वह जो हमारा है लेता है और हमें जो उसका है देता है।

यीशु में बढ़ने के लिए, वह उससे सीखने के लिए कहता है। यीशु हमें ज्ञान की शक्ति सखिाता है । बढ़ना सीखना है, सीखना बढ़ना है। हम सभी कतिाबों, स्कूलों, शक्षिकों, पासवानों से सीख सकते हैं, लेकनि यहाँ यीशु उसका अध्ययन करने के लिए कहता है। जानें कविह कौन है - यह स्वतंत्रता लाता है। यूहन्ना 8:32 के अनुसार, "और सत्य को जानोगे, और सत्य तुम्हें स्वतंत्र करेगा ।

बाद में, यीशु प्रकट करता है कविह सत्य है (देखें यूहन्ना 14:6)। जैसा

हम उसे जानते हैं, हम विश्राम पाते हैं। उसमें, हम स्वतंत्रता पाते हैं। उसमें छुटकारा है। हम यह सब उसमें पाते हैं। यदि हम यीशु के पास आने से सब कुछ प्राप्त नहीं करते हैं तब निराशा नहीं छलकनी चाहिए । उसमें बढ़े । इस प्रक्रिया में, आप जो पाएंगे उससे आप आश्चर्यचकित रह जाएंगे।

जैसे वे चले, वे चंगे हो गए

यीशु एक गाँव में दाखिल हुआ जहाँ 10 कोढ़ियों ने उससे उन्हें चंगा करने के लिए कहा। उनके लिए प्रार्थना करने, उन्हें छूने, या चंगाई का एक शब्द बोलने के बजाय - यीशु ने उन्हें जाकर याजक से मिलने को कहा। "और जाते ही जाते वे शुद्ध हो गए।" (लूका 17:14)। परमेश्वर ने उन्हें चंगा किया, तब नहीं जब उन्होंने प्रार्थना की, लेकिन जब उन्होंने आज्ञा मानी। परमेश्वर के प्रति आज्ञाकारिता हमारी आत्मा और शरीर में उसकी चंगाई को ला सकती है। जब हम प्रार्थना करते हैं और जब हम आज्ञा मानते हैं तो यीशु चंगा करता है।

यह एक तरह से डॉक्टर के पास जाने जैसा है। कभी-कभी डॉक्टर मौके पर ही सर्जरी करता है और आप पूरी तरह स्वस्थ हो जाते हैं। लेकिन हम में से अधिकांश के लिए, जब हम डॉक्टर के पास जाते हैं, तो वह हमें दैनिक लेने के लिए दवा लिखता है । जैसा कि हम उनके निर्देशों का पालन करते हैं, हम अपने स्वास्थ्य में सुधार को देखते हैं। यीशु हमारा डॉक्टर है (मरकुस 2:17 देखें) - वह अपने स्पर्श से और उसके वचन से चंगा करता है । यदि प्रार्थना करते समय यीशु आपको चंगा नहीं करता है, तो हो सकता है यह उसके वचन के नुस्खे को लेने का समय है। "वह अपने वचन के द्वारा उन को चंगा करता और जिस गड़हे में वे पड़े हैं, उससे निकालता है।" (भजन संहिता 107:20)। प्रभु चंगा करता है और अपने वचन से छुटकारा देता है।

"हे मेरे पुत्र मेरे वचन ध्यान धरके सुन, और अपना कान मेरी बातों पर लगा। इन को अपनी आंखों की ओट न होने दे; वरन अपने मन में धारण कर। क्योंकि जिनको वे प्राप्त होती हैं, वे उनके जीवित रहने का, और उनके सारे शरीर के चंगे रहने का कारण होती हैं।" (नीतिवचन 4:20-22)। इस पद में शब्द "स्वास्थ्य" का मूल अर्थ है स्वास्थ्य, उपचार, इलाज और दवा। परमेश्वर का वचन औषधि के समान है। "..जो बातें मैं ने तुम से कहीं हैं वे आत्मा है, और जीवन भी हैं।" (यूहन्ना 6:63)। जब यीशु आपको स्पर्श करे तब चंगाई और स्वतंत्रता मिल सकती है , लेकिन कभी-कभी, वह आपको अपना वचन देता है की आप उस पर चल सकें। आप देखने लगेंगे वचन आपकी स्थिति को बदलेगा।

हमारे महान चकित्िसक, यीशु को कसिी फार्मेसी की आवश्यकता नहीं है। उसके पास अपनी खुद की बनाई दवा है - एक ऐसी जसिमें बलि्कुल नकारात्मक प्रभाव नही, कोई समाप्त तिथि निहीं, और इलाज के अंत में कोई बलि नहीं है। परमेश्वर का वचन औषधि के समान है, एक उपचारक।

चकित्िसा भेदभाव नहीं करती है, इसलिए परमेश्वर का वचन भी, जब हम उसमे से लेते है वह जीवन लाता है।

परमेश्वर का वचन औषधि के रूप में काम करता है, लेकनि तभी जब आप इसे अपने भीतर लेते हैं । दवा बोतल पर काम नहीं करती है और परमेश्वर का वचन बाइबलि में काम नहीं करता है। बाइबलि को आपके अंदर आना होगा। आपको इसे अंदर लेना होगा।

औषधि काम करने में समय लेती है, वैसे ही परमेश्वर का वचन भी। आपके धैर्य रखना होगा जब आप प्रभु की आज्ञाकारिता में चलते हैं ।

जैसे-जैसे आप यीशु के बारे में और जानेंगे, आपको वश्िराम मलिेगा। जैसे ही आप यीशु में चलते हैं, आप चंगे हो जायेंगे। प्रभु में बढ़ने की प्रक्रयिा में शक्ति प्रकाशति होती है।

जैसे-जैसे आप आगे बढ़ते हैं नदी भर जाती है

“जब वह पुरुष हाथ में माप ने की डोरी लिए हुए पूर्व ओर नकिला, तब उसने भवन से ले कर, हजार हाथ तक उस सोते को मापा, और मुझे जल में से चलाया, और जल टखनों तक था।” (यहेजकेल 47:3)। परमेश्वर भवष्यिवक्ता यहेजकेल को उस पवत्रि भवन में ले गए जहां से पानी पूर्व की ओर बह रहा था, मृत सागर की ओर। उस पानी में 1,000 हाथ चलने के बाद, लगभग 1,700 फीट, पानी एक टखने की गहराई तक बढ़ गया जो बहुत उथला है। बस पैर छप-छप के लिए काफी है,पर इतना भी नहीं कि तैर सके। जब भवष्यिवक्ता चलते रहे, पानी की गहराई धीरे-धीरे बढ़ गयी 1,700 फीट तक, उसके आगे पानी घुटनों की ऊंचाई तक था। फरि 1,000 हाथ आगे पानी उसकी कमर पर था। एक और 1,700 फुट के बाद, और वह चल नहीं सका, वह केवल तैर सकता था। नदी गहरी और चौड़ी होने लगी जैसा वह आगे गया।

यह परमेश्वर के अभषिक में बढ़ने की कुंजी है - मृत सागर की ओर नदी में चलते रहो। यह प्रकाशन मेरी समझ की नींव बन गया की परमेश्वर कैसे उनका अभषिक बढ़ाना चाहते है। कुछ समय पहले, मैंने अपने उपवास के दौरान शहर छोड़ दयिा था प्रभु के चेहरे की तलाश करने के लिए। अभषिक उस नदी के समान है, इस शब्द के द्वारा उन्होंने वहाँ मुझ पर प्रकाशन कयिा । इसकी शुरुआत टखनों से होती है और समय के साथ बढ़ती है। हमें

अपने पानी में चलने में वश्विासपूर्वक रहना होगा। हमारी पवत्रि आत्मा को और अधकि जानने की इच्छा हमें दूसरे सृतर पर ले जाएगी। यह एक प्रक्रयिा है। जैसा कआिप पवत्रि आत्मा के साथ आगे चलते है,परमेश्वर के अभषिक की नदी और अधकि बढ़ेगी। पवत्रि आत्मा के साथ संबंध बनाना सीखें और जब आप पठार पर हो तब उस रश्ित़े को बंद न करें। चलते रहें,चीजें बदल जाएंगी। परमेश्वर आपके लिए नये स्तर तय करेंगे।

नदी में होना ही एकमात्र ऐसी चीज नहीं थी जसिके कारण उसकी बढ़ती हुई, जसि दशिा में वह जा रहा था, उसने भी एक भूमकिा नभिाई। वह मृत सागर की ओर जा रहा था, जो पृथ्वी का सबसे नचिला स्थान है। मृत समुद्र उन लोगों का प्रतनिधित्वि करता है जो अपने जीवन के सबसे नचिले स्थल पर हैं, पाप में। परमेश्वर में बढ़ने से आप पवत्रि आत्मा के करीब जाते हैं और कलीसयिा के बाहर लोगों के करीब। उनके पास सुसमाचार ले जाने में एक प्रयोजन है। जब हम ऐसा करते हैं, वह हमारे जीवन में उसकी नदी की चौड़ाई और गहराई को बढ़ाता है जब तक कविह समय नहीं आ जाता जब वह नदी दूसरों के लिए चंगाई और जीवन लाती है।

वास्तव में, बढौती के समय के दौरान, स्वतंत्रता, चंगाई, और परमेश्वर का अभषिक आपके जीवन में बढ़ता है।

प्रार्थना

"जब मै हारा और थका हुआ था, तो मै आपके पास आया, यीशु, और आपने मुझे आराम दयिा। आज, मैं आपसे अपना जूआ और बोझ देने के लिए कहता हूं। मुझे आप की तरह बनना सखिायिये। मुझे नम्रता और दीनता सखिाये। मुझे आराम, चंगाई,स्वतंत्रता, और मेरे जीवन में बढ़ती खोजने दे क्योंकमिैं अपना जीवन आपके चरणों में बताना सीखता हूं।

अध्याय 13
दो शाऊल की कहानी

मैं एक बडे़ वसि्तारति परविार से आता हूं। मेरी नानी, जो अभी भी जीवति है जब मैं इस पुस्तक को लखि रहा हूँ, उनके 16 बच्चे, 73 पोते और 33 परपोते हैं। मेरे नानाजी, उनके पत, बिहुत पहले ही प्रभु के पास चले गए थे। मेरी कुछ बेहतरीन यादें मेरे बचपन की हैं। एक मजबूत यूक्रेनी परविार में पलना-बढ़ना जो सख्त पेंटकोस्टल था उसकी आपनी आशीषें और बोझे हैं। मुझे ऐसा लगाता था की वो शास्त्र जसिका अभ्यास कसिी भी अन्य से अधकि कयिा जाता था वह था की एक बच्चे पे छडी़ को चलाना।

मुझे याद है मेरा ममेरा भाई और मैं एक साथ नानी के घर पे थे। उनके पति, जो सख्त थे, उन्होंने हमें नानी का घर छोड़ घुमने के लिए कही जाने के लिए मना कयिा था । हम लगभग सात साल के थे । बेशक, मेरे ममेरे भाई को अपने पिता के सख्त नयिमों का पालन करने से ज्यादा जो़खमि भरे कार्यों में दलिचस्पी थी,और मैं बस अपने चचेरा भाई के पीछे चलना चाहता था, तब भी मैंने उसे चेतावनी दी थी कि उसके पिता खुश नहीं होंगे अगर हम घर से नकिलते हुए पकडे़ गए।

हम नानी के घर से नकिलकर कुछ खेतों में और अधकि अज्ञात स्थनों में गए, और समय का खयाल नहीं रख पाए। ऐसा हुआ कि हमने दोपहर का भोजन नहीं कयिा, और हर कोई हमें ढूंढ रहा था। वह अच्छी बात नहीं थी। जब हम वापस आए, तो हमने सभी के साथ मलिने की कोशशि की कि जैसे हमने कुछ भी गलत नहीं कयिा था, लेकनि नश्चिति रूप से,यह काम नहीं कयिा। मेरे मामा हम दोनों को घर में ले गए और उनके बेटे को एक अच्छी, यूक्रेनी पेंटकोस्टल, पटिाई हुई । वह तीव्र था नंगे बट पर एक बेल्ट से । मैं ये दर्दनाक मंजर देख रहा था, अपने बट पर हाथ रखे हुए, यह जानते हुए कि अगला मैं होगा, क्योंकि हम दोनों ने उसके पिता की बात सुनी और दोनों ने उनकी बात नहीं मानी।

उसकी सजा़ के बाद और जब पवति्र शास्त्र पूरा हो गया,उसके पिता ने मुझे गुस्से से देखा और कहा,"बाहर नकिलो यहाँ से।" मैंने सोचा, "यह बात है, मेरे लिए कोई बेल्ट नहीं?"

मैं उस घर से भागा जतिनी जल्दी मैं भाग सकता था, उस बेल्ट को मुझ पर से टालने के लिए परमेश्वर को धन्यवाद देते हुए और मेरे ममेरे भाई के लिए बुरा लगते हुए। क्या आप जानते हैं कि मेरे मामा ने मुझे अनुशासति क्यों नहीं कयिा? क्योंकि मैं उनका बेटा नहीं था। गुस्से में उन्होंने मुझसे उनके घर से जाने के लिए कहा, लेकनि मुझे अनुशासति नहीं कयिा।

पति अपने बच्चों को अनुशासति करते हैं। पति अनुशासति करते है, क्योंकि बच्चे खुद को अनुशासति नहीं करते हैं। अगर हमने गलती ना की होती, और पड़ोसयिों के घरों और खेतों से दूर रहे होते तो मेरे ममेरे भाई को पटिाई कभी नहीं मलिी होती। एक मसीही के रूप में याद रखें,आप या तो खुद को अनुशासति करें या आपके प्यारे पति आपको अनुशासति करेंगे (इब्रानयिों 12:3-11, 1 कुरन्थियिों 11:32 देखें)।

कसिी भी अन्य आदमी की तरह बनो

परमेश्वर हमें हमारे पापों के लिए दण्ड नहीं देता है - वह पहले ही क्रूस पर हो चुका है। परमेश्वर ने हमारे सारे पापों के लिए यीशु को दण्ड दयिा। एक प्यार करने वाले पति के रूप में, जब हम अनुशासन में रहने को टालते हैं, तो वह हमें अनुशासति करते हैं ताकि हमारे भीतर पवत्रिता का फल वकिसति कर सके।

अनुशासन सजा से अलग है: दंड अनादि है, अनुशासन अस्थायी है।

दंड पापयिों के लिए है, अनुशासन संतों के लिए है।

क्रोध से दण्ड मलिता है, प्रेम से अनुशासन होता है।

सजा बाद में है, अनुशासन अभी है।

दंड एक व्यक्ति को परमेश्वर की उपस्थिति से दूर करता है, अनुशासन उन्हें करीब लाता है।

जैसा कि मेरे ममेरे भाई के साथ हुआ था, उसके पति ने उसे प्यार से अनुशासति कयिा, उसे घर में रखते हुए। दूसरी ओर, मैं पटिाई होने से टाला गया, लेकनि मुझे घर से बाहर नकिाल दयिा गया। इस दुनयिा में जो लोग 151 परमेश्वर की आज्ञाओं को तोड़ते है वह हमेशा के लिए उनसे अलग हो जाते है, भले ही ऐसा लगे कि उनके पाप उन्हें कोई मुसीबत में नहीं गरिते इस पृथ्वी पर। हमारे लिए, परमेश्वर के बच्चे, जब हम हमारे पति की आज्ञाकारतिा में चलने से इनकार करते हैं, वह हमें अनुशासति करेगा, यहाँ और अभी, हमारे भीतर एक नया आज्ञाकारी चरत्रि वकिसति करने के लिए।

शमिशोन ने सोचा कि यदि उसके बाल काट दिए गए, तो कोई परेशानी नहीं होगी। वह, "कोई और मनुष्य के समान" होगा (न्यायियों 16:7, 11, 17)। उसने दलीला को तीन बार

बताया कि उसके लिए क्या किया जाना चाहिए किसी भी अन्य आदमी की तरह। शिमशोन धोखा खा गया, उसने सोचा कि परमेश्वर की आज्ञा न मानने के द्वारा, उसके लिए वैसा ही होगा जैसा कि अन्य सभी के लिए था।

दुनिया में जो लोग परमेश्वर की सेवा नहीं करते है, फिर भी किसी तरह जीते हैं,शादी करते है, परिवार बनाते है और मस्ती भी करते है । जितना शिमशोन ने उस शक्ति और उद्देश्य का आनंद लिया, उसने नहीं सोचा था की अनुशासन के बिना जीवन जीने से कुछ भी हो सकता है सिवाय एक सामान्य, आम जीवन के, जैसा उसके आसपास के लोगों के समान।

जब शिमशोन ने खुद को शराब से दूर रह कर, मुर्दों को छूने, या उसके बाल कटवाने से अनुशासित नहीं किया, वह हर अन्य आदमी के जैसा नहीं हुआ । उसकी पिटाई हुई। वह मुश्किल था। जिस लड़की से वह प्यार करता था वह उसे पैसे के लिए छोड़कर चली गई । उसकी आंखें फोड़ दी गई। उसकी आजादी छिन गई। वह उसकी बाकी के दिन गोलों में बीताया। ऐसा सामान्य पुरुष नहीं जिते, अधर्मी भी बेहतर तरीके से जीते हैं। आप कह सकते हैं, यह एक मसीही होने के लायक नहीं है अगर परमेश्वर आपको गलत काम करने के लिए अनुशासित करेगा।

यदि आप एक विश्वासी के रूप में अनुशासित जीवन जीने से इंकार करते हैं, तो आपको आपके पिता द्वारा अनुशासित किया जाएगा। अनंत काल के प्रकाश में,यहाँ पृथ्वी पर कुछ पिटाई प्राप्त करना और पिता के करीब रहना बेहतर है, अनंत काल के लिए बाहरी अंधकार में फेंके जाने की तुलना में। एक ही रास्ता है अनुशासित होने से बचने का - अनुशासन को चुनना। यह बहुत आसान है, अधिक पुरस्कृत, और पवित्र आत्मा हमारी मदद करेगा हमारे रास्ते में यदि हम आज्ञाकारिता का मार्ग चुनते हैं। हाँ, अनुशासन एक संकरा रास्ता है,लेकिन यह जीवन की ओर ले जाता है। एक पूर्ण, भरपूर और विजियी जीवन। एक जीवन जिसका हम सपने देखते हैं, और वह जीवन जो परमेश्वर ने हमारे लिए रखा है। यह हमारे लिए एक छोटी सी कीमत है परमेश्वर की इच्छा में जीने के लिए । याद रखें, आपको पाप और समझौते का जीवन जीने की ऊँची कीमत चुकानी होगी।

अनुभव को अनुशासन की ओर ले जाना चाहिए

दो समानांतर कहानियां हैं जो बताती हैं कि अनुशासन का जीवन कितना शक्तिशाली होता है क्योंकि वह परमेश्वर के साथ हमारी मुलाकात के होने से संबंधित है। मैं इसे "दो शाऊलों की कहानी" कहता हूँ। एक राजा है, दूसरा फरीसी है। एक दाऊद को मार डालने को रामा को जाता है, दूसरा मसीहियों को मार डालने को दमिश्क को जाता है । दोनों को लगता

है कि वे जो कर रहे हैं, सही कर रहे हैं। दोनों का मिलन परमेश्वर से एक शक्तिशाली और असामान्य तरीके से हुआ। राजा शाऊल ने नग्न होकर भविष्यवाणी की पूरे दिन और रात। तरसुस का शाऊल तीन दिन तक अंधा रहा।

इन दोनों मिलन का नतीजा कितना अलग है। राजा शाऊल धर्मत्यागी हो जाता है; तरसुस का शाऊल प्रेरित बन जाता है। दोनों के पास अविश्वसनीय अनुभव था, लेकिन एक ने अपने पुराने जीवन में वापस जाने का विकल्प चुना। दूसरे ने पूरी तरह से पलट कर अपने पुराने जीवन को त्याग दिया और एक नए जीवन को अपनाया जो पहले के विपरीत था। एक शाऊल ने आत्महत्या कर ली, जिसे याजकों के हत्यारे के रूप में जाना जाता है; दूसरा शाऊल एक शहीद के रूप में मरा, जिसने अंत तक परमेश्वर की इच्छा का पालन करना चुना।

आपका छुटकारा जितना शक्तिशाली रहा होगा, उसे पूरी तरह से परमेश्वर को जीवन समर्पित करना होगा, नहीं तो आपका शक्तिशाली अनुभव लंबी अवधि में बिल्कुल कुछ नहीं करेगा। मुझे परमेश्वर के साथ लाज़वाब मिलन, सम्मेलन के अनुभव, आत्मिक जागृति शिविर पसंद है, लेकिन यह सब हमें एक आग को चिंगारी देने के लिए दिया गया है जो जलने पर कायम रहेगी । वहां और अधिक है। आपका आत्मिक जीवन एक सैर है, एक आत्मिक छलांग नहीं। हमें अनुशासन में रहना सीखना चाहिए, केवल मूर्खतापूर्ण अनुभवों की छलांग नहीं लेनी चाहिए जो हमारे पुराने तरीकों की ओर ले जाती है।

कुछ दिन पहले, मैंने और मेरी पत्नी ने अपनी 49cc यामाहा मोपेड की सवारी की एक खेत क्षेत्र के आसपास। हमने सूअरों को मिट्टी में खेलते देखा। यह वही खेत जिससे मैंने उपदेश के लिए एक सुअर उधार लिया था जब मैं एक युवा पासवान था। आप एक सुअर को धो और साफ कर सकते हैं, लेकिन जब आप उसे वापस खेत में डाल दें, वह कीचड़ तक अपना रास्ता खोज लेगा और वहाँ फिर से वापस चला जाएगा । हममें से कितने लोगों परमेश्वर के साथ हमारी मुलाकातों को इस तरह देखते हैं । हम धोए जाते हैं और शुद्ध किये जाते हैं, केवल वापस भागकर वही करने के लिए जिन बातों से परमेश्वर के हृदय को ठेस पहुँचती हैं। मर्ज़ क्या है? सुअर को मार कर क्रूस पर चढ़ाना और अपनी इच्छा परमेश्वर को सौंप कर भेड़ बन जाना। परमेश्वर के प्रति आज्ञाकारिता के अनुशासन के लिए अपने शरीर को समर्पित करें। अनुशासन महत्वपूर्ण है क्योंकि यह देह को हराने का एकमात्र तरीका है।

शैतान, पृथ्वी और मांस

जैसा कि मैंने पहले उल्लेख किया है, हम जो चाहते हैं हम वह करने के लिए स्वतंत्र नही हुए हैं, लेकिन वह करने जो हमें करना चाहिए। एक रेलगाड़ी को उसकी पटरियों से

स्वतंत्र कयिा जा सकता है और वह जो करना चाहता है वह कर सकता है, लेकनि वह उन पटरयिों के बनिा कहीं भी नहीं जा सकता है। दो पटरयिां जहाँ हमारी स्वतंत्रता की यात्रा होती है वह है अनुशासन और शष्यित्व।

छुटकारे से शैतान तो नकिल जाता है, परन्तु अनुशासन का जीवन उसे बाहर करें रहता है । छुटकारा वह है जो परमेश्वर हमारे लएि करता है, अनुशासन वह है जो वह हम में करता है।

अनुशासन इतना महत्वपूर्ण क्यों है? क्योंकि हमारे तीन शत्रु हैं, जनिको हम हर समय और कभी-कभी, उसही समय सामना करते हैं। हमारे शत्रु दुनयिा (हमारा बाहरी शत्रु), शैतान (हमारा अदृश्य शत्रु), और मांस (हमारा आन्तरकि शत्रु) हैं।

शैतान पराजति हो जाता है जब हम पवति्र आत्मा की शक्ति में परमेश्वर के वचन का उपयोग करके लड़ते है ।

यूसुफ की तरह प्रलोभन के दृश्य से भागने से दुनयिा जीती गयी है । हम उन लोगों और जगहों से भागते हैं जो हमें हमारे पुराने रास्तों में खींचते हैं ।

शरीर हमारा सबसे बडा़ शत्रु है, क्योंकि हम इसे बाहर नहीं नकिाल सकते।

आत्म-त्याग द्वारा क्रूस पर चढ़ाए जाने के बाद भी, यह अगले दनि फरि से जीवति हो जाता है। परमेश्वर को खोजने के उद्देश्य से उपवास करके हमारी आत्मा को आहार देना,शरीर पर काबू पाने में हमारी मदद करता है।

अनुशासन की छडी़

कसिी वशिेष बंधन से छुटकारे के बाद हम सभी को अनुशासन की आवश्यकता होती है, लेकनि कुछ लोगों को छुडा़ए जाने के लएि अनुशासन की आवश्यकता होती है। जब पाप के कारण के प्रकाशन को संबोधति करते हुए, यीशु ने छुटकारे का सुझाव नहीं दयिा, लेकनि क्रूर अनुशासन। "यदि तेरी दाहनिी आंख तुझे ठोकर खलिाए, तो उसे नकिालकर अपने पास से फेंक दे; क्योंकि तेरे लयिे यही भला है कि तेरे अंगों में से एक नाश हो जाए और तेरा सारा शरीर नरक में न डाला जाए।" (मत्ती 5:29)। यीशु, जो आत्मकि दुनयिा का राजा है, वह शैतान की ताकत को जानता है जो दुनयिा में पाप के परदे के पीछे काम कर रहा है । वभिनि्न पापों से नपिटने की उनकी सलाह है अपने जीवन को अनुशासन में रखना, जो मनोहर नहीं है। अपना हाथ काटने के बराबर दर्द सहने की योगता होना - क्रूर है। कभी-कभी इस तरह का अनुशासन ही आपके जीवन सफलता लाता है।

यदि आप स्वयं को अनुशासति नहीं करेंगे तो जीवन आपको अनुशासति करेगा। ज़नि्दगी के द्वारा अनुशासति होने से बेहतर है की आप जीवन में खुद को अनुशासति करें । मेरे

लिए,नयिमति रूप से मेरे शरीर को क्रूस पर चढ़ाना अनुशासन में शामलि है। वश्विासी के तौर पर मैं क्रूस पर उद्धार के लिए आता हूं, लेकनि मैं मेरे पवत्रिीकरण के लिए क्रूस पर मरने के लिए उठता हूं । शरीर पर काबू पाने के लिए अपनी महत्वाकांक्षाओं से और पाप से मरने की आवश्यकता होती है अनुशासन और आत्मा को आहार देने के माध्यम से ।

तुम जो खलिाओगे वही बढ़ेगा; तुम जो भी भूखे मरोगे। "पर मैं कहता हूं, आत्मा के अनुसार चलो, तो तुम शरीर की लालसा कसिी रीतसि पूरी न करोगे।"(गलतयिों 5:16)। शरीर में वासनाएँ होती हैं – वासना पैरों में फंगस की चकित्सिक स्थतिकि समान है । जतिना अधकि आप इसे खरोंचते हैं, उतना ही यह खुजली करता है। शरीर कभी तृप्त नहीं होगा; कभी पर्याप्त नहीं होता है। हमारी देह के लिए हमारे पास यही एक मात्र समाधान है क हम इसे क्रूस पर चढ़ा दें। आत्मा में चलने से ऐसा करने में मदद मलिती है।

हालाँक, पौलुस जो कहता है, वह यह है कअिगर हम परमेश्वर के करीब आते हैं, तो हमारा शरीर नहीं मटिता, बस उसके फ़रमाइशों को बंद करने की शक्तआि जाती है । यदआिप अपने शरीर को क्रूस पर चढ़ाते हैं, तो यह अगले दनि या सप्ताह फरि से जीवति हो जाता है। प्रभु के साथ चलने को प्राथमकिता देना महत्वपूर्ण है, जो आपके शरीर की वासनाओं को पूरा करने से बचने की शक्तदिता है। शरीर की वासना नहीं जाएगी, लेकनि आप उसे पूरा करना रोक पाओगे। खुजली अभी भी रहेगी, लेकनि आपके पास शक्तहोगी इसे नहीं खरोंचने के लिए और अंत में खुजली कम हो जाएगी।

हाल ही में, मुझे एक जाने माने वचन से अंतर्दृष्टप्रिाप्त हुई। एक वचन जो मैं बचपन से जानता हूं, क्योंकमिेरे माता-पिता इसका इस्तेमाल करते थे मुझे अनुशासति कने के लिए। "लड़के के मन में मूढ़ता की गाँठ बन्धी रहती है, परन्तु छडी़ की ताड़ना के द्वारा वह उस से दूर की जाती है।" (नीतविचन 22:15, एनआईवी)। कभी-कभी बातें हमारे दलि में बंध जाती हैं, शायद हमारी जंदिगी में नहीं, लेकनि हमारा दलि कसिी ऐसी चीज से जुड़ जाता है जसिकी क्षमता हमें परमेश्वर से दूर करने की होती है । एक शक्तहै जो उसे दूर करती है, उसे अनुशासन की छडी़ कहा जाता है। छडी़ इंगति करती है कआिपके जीवन में अनुशासन डालना मीठी कैंडी खाने जैसा नहीं है। वास्तव में, इससे थोडी़ देर के लिए तकलीफ हो सकती है , लेकनि भवष्यि में वह श्रेय योग्य होगा।

बचपन में हमारे माता-पिता ने वह छडी़ हम बच्चों को लगाई। अब बडे़ होने पर, हमें अपनी ज़दिगयिों में अनुशासन लागू करना सीखना होगा।

शष्यिता नयिति से जोड़ती है

अपनी स्वतंत्रता को बनाए रखने और अपनी नयिति तिक पहुंचने के लिए शष्यिता महत्वपूर्ण है । एक बंधे हुए गधे को यीशु के अनुयायियों द्वारा छोड़ा गया था और उसके पास लाया गया था। वही शष्यि जनि्होंने इस गधे को स्वतंत्र कयिा,उन्होंने तब तक उसका मार्गदर्शन कयिा जब तक यीशु उस पर नहीं बैठा । हमारी मसीही चाल में लोगों को हमारे साथ चलने की अनुमति दिना हमारी नयिति को न खोने की कुंजी है। शष्यित्व एक मूल्य के साथ आती है। आपको खुद को वनिम्र करना होगा,जवाबदेही के लिए प्रतबिद्ध होना होगा, अपने माता-पिता का सम्मान करना होगा, अपने पासवान की बात सुनना होगा,और एक छोटे समूह में भाग लेना होगा। जब आप अपने गुरु और माता-पिता की आड़ में होते हैं, यह एक छाता होने जैसा है, जो आपको जीवन में बुरी चीजों से रक्षा करता है ।

हम सभी या तो गलतयिों से सीखते हैं या गुरुओं से। गलतयिाँ चोट लगने के बाद हमें सबक सखिाती हैं , गुरु हमें दुःख पहुंचने से बचने का सबक सखिाते हैं | शायद कसिी को आपत्ति होगी कि उन्हें कसिी की भी आवश्यकता नहीं है लेकनि प्रभु, यीशु मसीह की। खैर, यीशु के गधे पर बैठने से पहले, उस गधे को उसके अनुयायियों ने मार्गदर्शति कयिा था।

सेवकाई के लिए अभषिक्ति होने से पहले, यीशु, स्वयं अपने माता-पिता के अधीनता में रहते थे । सेवकाई में, उन्होंने वह कभी नहीं जसिसे वह प्रसन्न होते, इसके बजाय उन्होंने वह कयिा जो उनके स्वर्गीय पिता ने दखिाया और उनसे जो करवाना चाहा। वे सांसारकि माता-पिता की आज्ञा मानने से लेकर,मृत्यु पर्यंत उनके स्वर्गीय पिता की आज्ञा मानने तक गए । कोई आश्चर्य नहीं कि यीशु के पास जब वो बोलते थे अधकिार था । वह सत्ता के अधीन रहते थे।

यदि आप अधकिार के अधीन नहीं रहते हैं तो आप अधकिार में नहीं चल सकते। माता-पिता के प्रति सम्मान से ही शष्यिता शुरू होती है। आज्ञाकारिता सम्मान के समान नहीं है। आज्ञाकारिता एक क्रयिा है, सम्मान एक दृष्टकिोण है। हम आज्ञा मानते हैं क्योंकि यह करना सही बात है, लेकनि हम सम्मान करते हैं क्योंकि इसके लिए एक इनाम है। 10 आज्ञाओं में से, संलग्न इनाम के साथ एकमात्र आज्ञा है अपने पिता और माता का सम्मान करना। मेरे जीवन में कई सारी गलतयिाँ माफ़ की गयी क्योंकि मैंने अपने माता-पिता और पासवान की आज्ञा मानी।

हमारे जीवन में हमारे माता-पिता के अस्तित्व का उद्देश्य है हमारी नयिति को आकार देना और नर्दिेशति करना । यूसुफ मसि्र में खत्म हुआ, जहाँ वह समृद्ध हुआ, लेकनि इसकी शुरुआत उसके पिता द्वारा सरल कार्यों को करवाने द्वारा हुई, जैसे अपने भाइयों के लिए

स्वतंत्र होना / पंजिडे से छूटना

भोजन लाना। शाऊल ने अपना राज्य अपने पति के लिए काम करने से पाया, राजा बनने की कोशशि करके नहीं| दाऊद ने गोलयित से लडाई की, लेकनि वह उस मैदान में सेना के लिए भोजन वतिरति कर रहा था, जो कुछ उसके पति ने उसे करने के लिए कहा था। ये आदमी अपनी नयिति की तलाश में नहीं थे, नयिति ने उन्हें पाया। इसके बजाय वे अपने माता-पति द्वारा उन्हें जो कुछ भी प्रस्तुत कयिा गया था, उसे करने में व्यस्त थे। वे अपने माता-पति की आज्ञा का पालन कर रहे थे, न केवल प्रार्थना और उपवास परमेश्वर द्वारा उपयोग में आने के लिए । माता-पति का अपमान करने पर श्राप लगता है। पर दूसरी तरफ, अपने माता-पति का सम्मान करते हुए जीवन जीने में बहुत बड़ी आशीष है।

शष्यिता हमारे चरति्र का नरि्माण करती है, यह हमें हमारी नयिति की ओर नरि्देशति करती है और हमें उत्तरदायी रखती है। यहोशू को मूसा की जरूरत थी। दाऊद को शमूएल की ज़रुरत थी। एलीशा को एलयि्याह की ज़रुरत थी। शष्यिों को यीशु की ज़रुरत थी। तीमुथयिुस को पौलुस की ज़रुरत थी। हम सभी को पासवान, माता-पति और गुरु की ज़रुरत है,हमारी मदद करने और हमें नरि्देशति करने के लिए, हमारे चरति्र को आकार देने के लिए, और गर्व और मूर्खता से हमारी रक्षा करने के लिए ।

अपने गुरुओं का सम्मान करना सीखें, अपने सलाहकारों की बात सुनें या आपको अपनी गलतयिों से सीखने की जरूरत होगी।

प्रार्थना

"पाप करने के बाद, और अब मैं आपके प्यार से मलि रहा हूँ यीशु, मुझे पता है कि मैं फरि से वही नहीं हो सकता। मैं अच्छे के लिए बर्बाद हो गया हूं। मैं साधारण जीवन नहीं जीना चाहता हूँ। मैं दूसरों की तरह नहीं बनना चाहता हूँ। मैं आपके पीछे चलना चाहता हूँ, यीशु। मुझे मेरे जीवन में सही गुरु दें, लेकनि सबसे महत्वपूर्ण बात,मुझे उनके प्रति सही रवैया दें जो आप मेरे आस पास पहले ही ला चुके हैं।"

अध्याय 14
देने के लिए उठाया गया

15 साल की उम्र में शावर्स नाम के एक लड़के का एक लोगों के एक समूह के साथ झगड़ा हो गया जिन्होंने उसे पीटा, उसके गले में एक पत्थर बांध दिया, उसे एक झील में फेंक दिया और चले गए। वह उसके हाथों से रस्सियों को निकालने में सफल रहा, उसकी गर्दन के चारों ओर पत्थर, और झील की सतह तक तैर कर आया। इस अनुभव ने उसे तैराकी शिक्षा लेने के लिए प्रेरित किया । वह तेजी से तैराकी के खेल में शीर्ष पर पहुंच गया 17 साल की उम्र में अर्मेनिया का चैंपियन बन कर। वह "सोवियत संघ के खेल के मास्टर" होने से "अंतरराष्ट्रीय वर्ग के मास्टर" होने से "यूरोपीय चैंपियन" का विश्व रिकार्ड तोड़ा। तैराकी के खेल में उन्होंने अविश्वसनीय उपलब्धि हासिल की - फिन तैराकी में 17 विश्व चैंपियनशिप, फिन तैराकी में 13 यूरोपीय चैंपियनशिप, और फिन तैराकी में 7 सोवियत चैंपियनशिप।

सिर्फ तैराकी चैंपियनशिप के अलावा उनकी जिंदगी सबसे उल्लेखनीय उदाहरणों में से एक है की हमें कैसे दुसरो की मदद के लिए बुलाया गए है। एक बार, अपने तैराकी स्कूल के लिए बस की सवारी करते हुए, खतरनाक पहाड़ी सड़क पर चालक ने पहिया के पीछे नियंत्रण खो दिया और लगभग चट्टान से पार चला गया। शावर्स ड्राइवर के सीट के पास कूद गया और बस को सही रास्ते पर चलाने में मदद की, जिससे स्वय सहित 30 लोगों की जान बच गई।

दो साल बाद, 16 सितंबर, 1976 को, अपने भाई के साथ सामान्य रूप से 12 मील दूर चलाते हुए, उसने 92 लोगों को ले जाने वाली एक ट्रॉलीबस देखी जो नियंत्रण खो दी और सड़क से उड़कर बर्फीले पानी में चली गयी। बस येरेवन झील में गिर गई। ट्रॉलीबस झील के नीचे करीब 80 फीट पर पड़ी थी, किनारे से 33 फीट से दूर की गहराई में झील। समय को बर्बाद नहीं करते हुए, शवर्ष कारापेट्यिन उस जलाशय की ओर भागा और खराब परिस्थितियों के बावजूद उसमें तैर गए। उसने अपने दोनों पैरों से बस के पीछे का शीशा

तोड़ दयिा| उसने करीब 30 मनिट ठंडा पानी में बतिाए और बस के मलबे के नीचे लगभग 30 गोते लगाने में सफल रहा। उसके भाई ने घायलों का देखभाल कयिा जब वह उन्हें बचाने के लिए नीचे गया। एक-एक करके उसने बहुत से लोगों को बाहर नकिाला, लेकनि उनमें से केवल 20 जनि्हें जो बहार आए थे वे जीवति थे और बच गए थे। (मैं सचमुच में इस घटना के दौरान फ्लोरडिा में एक महलिा से मुलाकात हुई जो 13 साल की थी और उस झील के पास रहते थे। साहस और की कहानी सुनकर वह बहुत खुश हुई संयुक्त राज्य अमेरकिा में उसके शहर से उद्धार।)

अपने 30वें गोता लगाने के बाद वह बेहोश हो गया। साहस का यह कार्य उसके तैराकी आजीवकिा को वहीं समाप्त कर दयिा और लगभग उसकी जान ले ली। ठंडे पानी और कांच के टुकडों से कई बार चोट लगने के कारण वह 45 दनिों तक बेहोश रह गया। रूसी पत्र ने एक लेख प्रकाशति कयिा इसमें दो साल लग गए थे जसिका शीर्षक था, "द अंडरवाटर

चैंपयिन की लड़ाई।" उन्हें मान्यता दी गई और बहुत सारे समर्थन पत्र प्राप्त कयिा ।

एक साक्षात्कार के दौरान, उन्होंने उनसे पूछा कि सबसे भयानक हसि्क्यासा कौन सा था, उसने जवाब दयिा:

"मुझे पता था कि मैं केवल इतने लोगों की जान बचा सकता था, मुझे गलती करने से डर रहा था। वहां इतना अंधेरा था कि मैं मुश्कलि से कुछ भी देख सकता था। एक डाइव पर, मैंने गलती से एक यात्री के बजाय एक सीट पकड़ ली... मैं इसके बजाय एक जान बचा सकता था। वह सीट अभी भी मेरे बुरे सपने में मुझे परेशान करता है। "13

मैं इस आधुनकि समय के नायक से बहुत प्रेरति हूं जसिने उसके आसपास दूसरों को बचाने के लिए अपने जीवन दावपर लगाया। कई बार इसने खुद के स्वास्थ्य को खतरे में डाल लयिा। उसका एक ही मलाल था कि उसने और लोगों की मदद नहीं की। हीरो हर आकार और रूप में आते हैं, लेकनि उनमें एक चीज आम होती है कि वे दुसरों को बचाने के लिए अपनी जान की बाजी लगाने को तैयार हैं। मैं अभनिताओं, कलाकारों, खलिाडी़ से प्रभावति नहीं हूं – असली नायक वो है जो परमेश्वर के स्वभाव को दर्शाते हैं । वे उसी के लिए जीते हैं जसिके लिए यीशु मरा - आत्माएं। यदि आप लोगों को बचाने को अपना लक्ष्य बना लेते हैं, तो परमेश्वर आपको शुना या नायक बना देगा। आपका परीक्षण आपकी गवाही बन जाएगा, और आपकी गड़बडी़ एक संदेश में बदल जाएगी।

आप उपयोग किए जाने के लिए उठाए गए

"अपने सामने के गाँव में जाओ, और तुरन्त तुम जाओगे एक गधी बँधी हुई, और उसके साथ एक बच्चा मिले जाए। उन्हें खोलकर मेरे पास ले आओ "(मत्ती 21:2)। गधे को मुक्त करने के पीछे असली उद्देश्य यीशु को यरूशलेम में सवारी करने के लिए एक वाहन उपलब्ध कराना था। यीशु को शहर जाने के लिए सवारी चाहिए थी। उसका उबेर गधा था। फिर भी, आज, यीशु सामाजिक प्रभाव के सात पहाड़ों में प्रवेश करना चाहता है। वह कलीसिया,परिवार, शिक्षा प्रणाली, सरकार, मीडिया, कला और मनोरंजन,और व्यापार में प्रवेश करना चाहता है। वह हमें वाहनों के रूप में उपयोग करना चाहता है जो उसके संदेश और महिमा को अखाड़ों में ले जाएगा।

आप पाप, लत और बंधन के वस्त्र से मुक्त हो गए हैं ताकि आप प्रभु द्वारा उसके उद्देश्य के लिए उपयोग किए जा सके। उद्धार और स्वतंत्रता के बाद, उसके लिए और उसकी इच्छा के लिए जीना अपने जीवन का लक्ष्य बना लो। अपने जीवन के उद्देश्य को केवल शादी करने ,एक परिवार शुरू करने, घर बनाने, छुट्टियों पर जाने, घर का भुगतान करने, और सेवानिवृत्ति के लिए बचत करने तक सीमित न करें। अपना जीवन स्थापित करने में उच्च गलत नहीं, लेकिन एक मसीही के लिए जो यीशु की मृत्यु से बचाया गया, जिसका घर स्वर्ग में है,जो जानता है नरक गर्म है और अनंत काल लंबा है - यीशु के लिए मरने के अलावा किसी भी और चीज के लिए जीना गलत है!

कभी-कभी, हम सोचते हैं कि परमेश्वर की इच्छा को पूरा करने के लिए हमें नौकरी छोड़कर मिशिनरी के रूप में बाहर जाना होगा। कुछ लोगों को ऐसा करने के लिए बुलाया गया हैं, लेकिन हम में से बाकी लोगों के लिए, यीशु हमें स्वतंत्र करता है ताकि वह मिशिनरी के रूप में हमें हमारे प्रभाव के स्थानों पर भेज सके'। एक मिशिनरी स्थान से अधिक मानसिकता है। यह एक इरादे से जीना है ताकि परमेश्वर के राज्य को अपने प्रभाव के स्थान पर लाए। हमारा काम यीशु को लेकर दुनिया में जाना है| पवित्र आत्मा चमत्कार के अवसर बनाना शुरू करता है उन लोगों के लिए जिन आर हमारा प्रभाव होने के लिए बुलाया गया है ।

जैसे ही यीशु गदहे पर बैठा, वह उसके लिए शहर में जाने के लिए परिवहन बन गया। जब पवित्र आत्मा हम पर आता है, तो वह हम पर बैठता है, हमें समर्थ करने उसके गवाह बनने के लिए । मेरे लिए पवित्र आत्मा मुझ में है, लेकिन वह दूसरों के लिए मुझ पर है।

पवित्र आत्मा का बपतिस्मा अन्य भाषा बोलने और प्रार्थना जीवन तक ही सीमित नहीं है, इसके बजाय, आत्मा आप पर आता है आपको गधा बनाने जो यीशु को आपके यरूशलेम में ले जाएगा। अफसोस की बात है, हम पेंटेकोस्टल आत्मा के बपतिस्मे को

अन्यभाषा में बोलने तक सीमति कर दए है। यह उस से भी अधकि है। आपको साक्षी होने की शक्तप्रािप्त होगी - वही बपतस्मिा के लए वास्तवकि लक्ष्य है। मैं बहुत से ऐसे लोगों को जानता हूं जो अन्य भाषा बोलते हैं, परन्तु कभी लोगों को कलीसयिा में नही लाते। वे अपने वश्विास को बांटा नहीं करते हैं, न ही वे मशिन के काम की परवाह करते हैं। उन्हें इस बात से कोई फर्क नहीं पड़ता कजिसि कलीसयिा में वे भाग लेते हैं उसमे कई वर्षों से लोगों को उद्धार पाते हुए नहीं देखा है। आश्चर्य है, क्योंक उिन्हें केवल अन्य भाषा ही प्राप्त हुई थी, शक्त निहीं।

स्वतंत्रता और आत्मा से भरे जाने का उद्देश्य हमारे गवाह बनने के लए है। हमें आत्मा द्वारा इसलए सशक्त नहीं कयिा गया की वकील बनकर बहस करें, लेकनि गवाह जो बांटे की क्या देखा और सुना है । परमेश्वर हमें जीबहसतने के लए नहीं, बल्क आित्माओं को जीतने के लए अभषिेक करते हैं।

यह स्वतंत्रता का अंतमि लक्ष्य है।

इस तरह के समय के लए पैदा हुआ "क्योंक जिो तू इस समय चुपचाप रहे, तो और कसिी न कसिी उपाय से यहूदयिों का छुटकारा और उद्धार हो जाएगा, परन्तु तू अपने पति के घराने समेत नाश होगी। फरि क्या जाने तुझे ऐसे ही कठनि समय के लयि राजपद मलि गया हो?"(एस्तेर 4:14)। एस्थर बाइबलि की एक नायकिा है जसिने परमेश्वर के उद्देश्य की पूर्ति के लए अपने मंच का लाभ उठाया । शुरुवाती चीजें उसके लए अच्छी नहीं रहीं। उसके माता-पिता ने हदस्सा नाम दयिा था, जसि उसने खो दयिा था जब इज़राइल पर बाबुल द्वारा आक्रमण कयिा गया। एक अनाथ बंदी बन गयी। उसके रश्तिेदार मोर्दकै ने उसे गोद ले लयिा और उसका नाम बदलकर एस्तेर रख दयिा।

राजा क्षयर्ष की पत्नी ने उसका अपमान कयिा, इस प्रकार उसका मुकुट खो दयिा। रानी का स्थान खाली हो गया। एजेंट अच्छी लड़कयिां ढूंड रहे थे को उसकी जगह भरने के लए और एस्तेर उन महलिाओं में से एक थी जो चुनी गयी थी। उसके जीवन पर अनुग्रह ने उसे शीर्ष पर रखा और वह राजा की पत्नी के रूप में चुनी गयी। वह धन्य थी; कुछ उसे वह बहुत भाग्यशाली कहेंगे। शुन्य से नायक, रंक से राजा तक। लेकनि परमेश्वर के पास उसके मंच के लए एक अलग योजना था। उसकी नई पद का एक उद्देश्य था। यह उद्देश्य तब स्पष्ट हो गया जब उसके लोग सर्वनाश के खतरे के अधीन थे। उसका जीवन महल में आरामदायक था। मोर्दकै महल के भीतर और उसके बाहर दोनों ही दुनयिा में रहता था।

देने के लिए उठाया गया

वह अपने लोगों के सामने पीड़ा और मृत्यु को देखा,कुछ ऐसा जो एस्तेर के संपर्क से बाहर था। उसने उसे विश्वास दिलाया कि उसका महल का एक उद्देश्य था।

पवित्र आत्मा हमारा मोर्दकै है, जो भविष्य का सामना करने के बारे में जानता है हमारी दुनिया, उनके लिए जो यीशु को नहीं जानते। वह जानता है कि उन जो यीशु को ग्रहण नहीं करते वे अनन्त भावनात्मक पीड़ा, शारीरिक पीड़ा का सामना करते हैं पीड़ा, आत्मिक अलगाव, और बहुत से लोग मसीह रहित अनन्तता की ओर जा रहे हैं।

आत्मा हमारे आराम को दृढ़ विश्वास के साथ अशांत करना चाहता है। जैसा मोर्दकै ने एस्तेर से कहा, वैसे ही आत्मा हमें बता रही है, कि हमें बढ़ाया गया एक कारण के लिए। परमेश्वर ने आपको बचाया, दूसरों को बचाने के लिए। परमेश्वर ने आपको उठाया, दूसरों को उठाने के लिए। ऐसा इसलिए नहीं है कि आप दूसरों से बेहतर थे इसीलिए दया और कृपा प्राप्त की। यदि यह परमेश्वर के प्रेम के लिए नहीं होता, तो तुम उद्धार के बिना नरक की ओर जाने वाली जनता से अलग नहीं होते। आप सोच सकते हैं कि परमेश्वर इसके बारे में कुछ क्यों नहीं कर रहे हैं। दरअसल, उसने सब कुछ किया! सवाल यह है की- आप इसके बारे में कुछ क्यों नहीं कर रहे हैं? क्या हमने कुछ किया है उस उद्देश्य के लिए? क्या हमने सब कुछ किया है?

परमेश्वर की आत्मा हमें याद दिलाने के लिए है कि हम भुगतान करने के लिए तैयार रहें लोगों को बचाने के उद्देश्य को हमारी सर्वोच्च प्राथमिकता बनाने के लिए ।

बहुत से लोग दूसरों को बचाना पसंद करते हैं, जब तक कि यह सुविधाजनक और खर्चीला ना हो। यही दिक्कत है! जब भी आप उद्धार के साथ वितरण कर रहे हैं , तुम्हें कीमत चुकाने के लिए तैयार रहना चाहिए। अपने आराम और स्वार्थ को जोखिम में डालें, और अपने डर को चुनौती दें। इस डर से खरीदारी न करें की आप अपना प्रभाव खो देंगे यदि आप इसका लाभ उठाते हैं केवल उद्धार के लिए। वह एस्तेर का डर था। यदि वह राजा के पास उसके देश के लिए भिक्षा मांगने जाती, वह मर जाएगी। एस्तेर ने अपने देश को बचाने के लिए रखे मुकुट को नहीं खोया। हम में से अधिकांश नहीं हारेंगे जब हम दूसरों को बचाने को खोजते हैं। लेकिन भले ही हम अपने बुलाहट के कारण अपने अस्थायी नुकसान का अनुभव करते हैं - यह शाश्वत लाभांश की तुलना में एक छोटी सी कीमत है |

प्रभावशाली, धनी लोगों को समाज के उच्च स्थानों पर देखकर दुख होता है,जो अपनी रोशनी को राजनीतिक शुद्धता या डर से चमकने देने से डरते हैं। वे उद्धार लाने की अपनी बुलाहट को कम कर देते हैं केवल प्रेरणा प्रदान करने में। प्रेरणा देने का चलन बनता जा रहा है। उस विचार में कुछ भी गलत नहीं है, लेकिन यह एक लक्ष्य नहीं हो सकता जो

जानते हैं कि नरक गर्म है और सदैव बहुत लंबा समय है। मैं केवल कल्हीपना कर सकता हूं कि क्या होगा यदि एस्तेर कहती,"मोर्दकै, यह संपूर्ण उद्धार की बात थोड़ी जोखिम भरी है और मैं अपना पद खो सकती हूं। मैं अपना जीवन रानी के रूप में जीऊंगी ताकि छोटी लड़कियों को प्रेरति करूँ बडे सपने देखने के लिए।"

जब आप जानते हैं कि लोग मरने जा रहे हैं,दुसरो को प्रेरणा देने के लिए जीना स्थल को खोना है। हमें उद्धार लाने के लिए बुलाया गया है,ना की केवल एक मरती हुई पीढ़ी को प्रेरणा प्रदान करने के लिए। अगर एक आदमी एक चट्टान की ओर चल रहा है, उसे प्रेरणा की आवश्यकता नहीं है, उसे आपके प्रेरणा की आवश्यकता है उससे दूर भेजने में। अगर कोई घर जल रहा है, तो उसमें रहने वाले लोगों को प्रेरणा की आवश्यकता नहीं है, लेकिन बचाया जाना है। यदि कोई व्यक्ति डूब रहा है, तो वह उसे "वहाँ लटके रहने" के लिए प्रेरणा की आवश्यकता नहीं है, उसे एक उद्धारकर्ता की आवश्यकता है। यीशु प्रेरति करने के लिए नहीं, बल्कि खोए हुए लोगों को बचाने के लिए आया था।

मूसा के जन्म से पहले, यह कहता है "...और इस्राएली कठिन सेवा के कारण लम्बी लम्बी सांस ले कर आहें भरने लगे, और पुकार उठे, और उनकी दोहाई जो कठिन सेवा के कारण हुई वह परमेश्वर तक पहुंची| और परमेश्वर ने उनका कराहना सुनकर अपनी वाचा को, जो उसने इब्राहीम, और इसहाक, और याकूब के साथ बान्धी थी, स्मरण किया।" (निर्गमन 2:23-24)। मूसा का जन्म बंधन में लोगों के रोने का एक उत्तर था। परमेश्वर ने नदी में मृत्यु से रक्षा की। उसे जानबूझ कर मृत्यु से बचाया गया था, इसलिए नहीं क्योंकि वह भाग्यशाली था, या दूसरों से बेहतर था। शायद तुम बहुत सारी चीजों से बक्शे गए हो जिससे हमारी पीढ़ी के लोग संघर्ष कर रहे हैं। ऐसा इसलिए नहीं है कि आप एक बेहतर परिवार में पैदा हुए हैं, या आपने बेहतर चुना किए हैं। आपके जीवन पर परमेश्वर का हाथ था। यह एक उद्देश्य के लिए है, यह बताने या दिखाने के लिए नहीं कि आप कितने महान हैं, ताकि तुम उद्धार के लिए परमेश्वर के हाथ में एक उपकरण बन जाओ।

मूसा एस्तेर की तरह महल अनावृत था। महल आपको आरामदेह और थोड़ा गौरवान्वति महसूस कराता है यह सोचकर की आप वहां हैं क्योंकि आपने कड़ी मेहनत की है। अगर आप सोचते हैं, "मैं इसके लायक हूं," तो आप अपने अस्तत्वि के पूरे बिंदु को खो दिया है।

कुछ ही समय बाद, जब मूसा दूसरों के दर्द से अनावृत हुआ अपने उन भाइयों और बहनों से मिलकर जो गुलाम थे। दूसरों का दर्द के प्रति अनावृत नया दृष्टकोण पैदा करता है। आप अब उसी तरह महल में नहीं रह सकते हैं। जब आप एक तिहाई दुनिया में गरीबी देखते हैं, या बेघर आश्रम देखने, जेल में सेवकाई करने, या जो अपनी मृत्यु शैय्या पर हैं

उनसे मलिने जाए, आपका दृष्टकिोण बदल जाता है। यद आिप चाहते हैं खोए हुए के लिए करुणा प्रापूत करें, अपना हृदय उस सूथान पर लगाएं जहाँ लोगों का दरूद पर है। फरीसी मत बनो जसिने लहूलुहान मनुषूय को सड़क पर देखा और दूसरी तरफ पार कर गया ताकि मानवता की पीड़ा के पास ना आए। इस खुलासे ने मूसा को परेशान कर दयिा। वह नाराज हो गए, मामले को अपने हाथ में लयिा और नूयाय लाने की कोशशि की। मूसा दूसरों के बंधन के पूरत उिदासीन नहीं था। परमेशूवर को उसके बारे में यही अचूछा लगा। उसने गलतयिाँ कीं, लेकनि उदासीन रहना उनमें से एक नहीं था।

मूसा के कूरोध के पूरकोप ने एक मसि्री के जीवन को समापूत कर दयिा और उसे जंगल में चालीस वरूष बतिाने पडे। फरि परमेशूवर आए। मूसा परमेशूवर की उपसूथतिकि संपरूक में आया, जसिने उसे उद्देशूय दयिा। इससे पहले कविह अपना उद्देशूय पाता, उसने लोगों को मार डाला। परमेशूवर के उपसूथतिमिं, वह लोगों को बचाने के लिए चला गया। परमेशूवर की उपसूथतिहिमेशा आपको आपके उद्देशूय की ओर ले जाता है। आपका उद्देशूय दूसरों की मदद करना होगा।कूया आपको उस महल से अवगत कराया गया है जसिके परणिामसूवरूप आराम मलिा? कूया आपने टूटी हुई दुनयिा के दरूद के संपरूक में आने का अनुभव कयिा है,

और कूया इससे आपके दृषूटकिोण में परविरूतन आया है? आपको अब भी ज़रूरत है परमेशूवर की उपसूथतिकि संपरूक में आने के लिए ताकपिरमेशूवर के उद्देशूय को अपने जीवन में सकूरयि करे।

परमेशूवर ने मूसा को उस सूथान पर भेजा जहाँ वह रहा करता था, जहाँ उसके जैसे ही लोग रहते थे। परमेशूवर आपको अपनी पीढ़ी में भेजना चाहता है उद्धार, चंगाई और छुटकारा लाने। आप जहाँ हैं वहां रहने का कारण परमेशूवर की दया और उसके उद्देशूय है।

परमेशूवर ने आपको एक कारण से बढ़ाया है। कारण को उसकी इचूछा मान लो,

वह यह है कि कोई नाश न होगा, परनूतु यह कि सब यीशु उनके उद्धारकरूता के रूप में जानेंगे।

रोने का उत्‌तर देने के लिए बुलाया गया

“सो अब सुन, इसूराएलयिों की चलि्लाहट मुझे सुनाई पकूकी है, और मसि्रयिोंका उन पर अनूधेर करना भी मुझे दखिाई पडा है, इसलए आ, मैं तुझे फरीौन के पास भेजता हूं कि तू मेरी इसूराएली पूरजा को मसि्र से नकिाल ले आए।” (नरि्गमन 3:9-10)। परमेशूवर ने मूसा को उसकी बुलाहट के लिए तैयार कयिा जनि बातों से वह उसे ले गया। महल में होने के कारण वह जानता था महल में उन लोगों को कैसे संबोधति करें। जंगल में होने के कारण,

वह जंगल के माध्यम से एक राष्ट्र का नेतृत्व करना जानता था। परमेश्वर के उपस्थिति में हो कर, वह जानता था कि लोगों को परमेश्वर से मिलाने के लिए कैसे नेतृत्व करना है। आप जो कुछ हो के माध्यम से जा रहे हैं आपको अपने उद्देश्य के लिए तैयार करने के लिए है।

मूसा के लिए परमेश्वर की बुलाहट मिस्र में उत्पीड़ित लोग के रोने का उत्तर था। परमेश्वर नहीं बुलाता अगर लोग रोते। मैं परमेश्वर से प्रार्थना करता हूं कि आप इसे अपनी आत्मा में समझें। परमेश्वर आपको इसी एक कारण से बुलाता है क्योंकि वह आपकी पीढ़ी के रोने का जवाब दे रहा है। परमेश्वर रोने का जवाब नहीं दे सकते जब तक आप बुलाहट का जवाब नहीं देते। परमेश्वर इसे मूसा के सामने स्पष्ट करना चाहता था कि वह उसे इस शक्तिशाली सेवकाई में उसे प्रसिद्ध और शक्तिशाली बनाने के लिए नहीं बुला रहा था, बल्कि घायल लोगों की कराहने का जवाब देने के लिए।

यह मेरे लिए वास्तविक हो गया, वर्षों पहले, जब मैं कलीसिया के करीब अपने घर में चला गया। मैं अपने पड़ोसियों से मिला था और उनमें से एक को कुछ समय बाद कलीसिया में आमंत्रित करने की योजना बना रहा था, बसने के बाद। कलीसिया मेरे घर से कुछ ब्लॉक दूर है। मैं इसे धकेलता रहा दूसरे के लिए, अधिक उपयुक्त, समय के लिए। कुछ दिनों बाद मैं मेरे पड़ोसी को देखना बंद कर दिया| एक दिन जब मैं अपने पत्नी के साथ रोलरब्लाडिंग कर रहा था, उसने मुझसे कहा कि वह हमारे पड़ोसी के बारे में भारी महसूस कर रही है। मैंने उससे कहा कि मैंने उसे महीनों से नहीं देखा है। कुछ दिन बाद, मैंने FBI के वाहनों को पूरे स्थान को उलटते हुए देखा। मैं ऑनलाइन जाकर और उसके सोशल मीडिया प्रोफाइल की खोज की और उसका नाम गुगल किया। यह पता चला कि मेरा पड़ोसी पिछले दो महीनों के लिए पहले से ही मर चुका था । क्या मुझे दोषी ठहराया गया था। मैंनें मेरे विश्वास को बाँटना स्थगित करता रहा, और अब वह मर चुका था।

कुछ महीने बाद, घर बिक्री के लिए रखा गया और ज़मीन जायदाद प्रतिनिधि मेरे पास आया जब मैं अपने सड़क में अपनी कार धो रहा था । उसने पूछा कि क्या मैं घर जाकर देखना चाहता हूं। मैंने यह कहकर मना कर दिया मुझे दूसरा घर खरीदने में कोई दिलचस्पी नहीं थी। उसने कहा, "अरे नहीं, खरीदने के लिए नहीं, बस देखने के लिए। मैंने तय किया कि जाकर घर देखूँ ताकि वह मुझे अकेला छोड़ दे।

मैंने उसके साथ घर का दौरा किया और बैठकखाना में देखा कि 8 फुट x 4 फुट का कालीन का टुकड़ा बैठकखाना के बीच में से गायब था । मैंने एक टिप्पणी की कि यह अजीब है

बैठकखाना के बीच को छोड़कर हर जगह कालीन है।

वह जवाब दयिा, “आप नहीं जानते कि वह कैसे मर गया?” मैंने कहा, “नहीं, मैं नहीं जानता। वह कैसे मरा?” उसका जवाब मुझे ईंटों की टन की तरह लगा और मै समझ गया कि क्यों परमेश्वर उसे मेरे हृदय पर बठिा रहा था। एजेंट ने कहा,”उसने बैठकख़ाना में आत्महत्या कर ली।” मैं मेरे आँसू मुश्कलि से रोक सका। मैंने वह घर छोड़ दयिा और घर भाग गया, अपने आप को अपने कमरे में बंद कर लयिा और, कुछ देर रोया। मैं रोया, मैंने पश्चाताप कयिा, और परमेश्वर के प्रोत्साहनों को फरि से अनदेखा नहीं करने का वादा कयिा।

वहाँ, मेरे कमरे में, परमेश्वर ने मुझे उस पद की याद दलिाई, जब उन्होंने इस्राएल की सहायता के लिए मूसा को बुलाया। यह लोगों के रोने का जवाब देना था। उसने मुझे बताया कि जब उसने मुझे उस आदमी की मदद करने के लिए बुलाया, तो वह उसके दलि की पुकार का जवाब देने के लिए कोशशि कर रहा था, लेकनि मैंने कभी जवाब नहीं दयिा। मैं समझ गया। मेरा बुलाहट कसिी के रोने का उत्तर देना था। मैं इसके बाद अपनी बुलाहट को अनदेखा नहीं कर सकता । मुझे इसे पूरा करने के लिए उत्सुक रहना होगा। ऐसे लोग होंगे जो बचाए और उद्धार कएि जाए, क्योंकि आप और मैं बुलाहट का उत्तर देते हैं। जब व्यक्ति, परवािर और यहां तक कि शहर भी बदले जाएंगे जब हम बुलाहट का जवाब देते हैं।

योना परमेश्वर के बुलावे से भागा। बाइबल कहती है कि वह परमेश्वर की उपस्थिति से भागा। जब आप परमेश्वर के उद्देश्य से भागते हैं, तो आप परमेश्वर से भागते हैं। योना को क्या ही पता था कि बुलाहट का जवाब देने से परमेश्वर को अनुमति देता पूरे शहर की पुकार का उत्तर देने और इसे बचाने।

बुलाहट का जवाब दें। परमेश्वर को उनके रोने का जवाब देने दें। आप मसि्र से मुक्त हैं, दूसरों को मसि्र से मुक्त करने के लिए। बहाने ना दें कि आप बहुत छोटे हैं, बहुत बूढ़े हैं, बहुत अनुभवहीन हैं, बोल नहीं सकते,पैसे नहीं है, या सम्बन्ध नहीं है - खोये हुओं के लयिे अपने हृदय में एक जलती हुई आग रखें, और पवति्र आत्मा बाकि ले आयेगा।

प्रार्थना

“यीशु, आपने कहा था कि आप अपने अनुसरण करने वालों को मनुष्यों के पकडनेवाला बना देंगे। मुझे एक ऐसे व्यक्ति में ढालें जो मन में अनंत काल लेकर जीवति रहेगा। मैं प्रार्थना करता हूं कि आप मेरा अभषिेक करेंगे अपनी पीढी़ पर प्रभाव डालने और इरादे से जीने के लिए मदद करेंगे। मुझे खोए हुए और मरने वाले लोगों के लिए और अधकि करुणा दें।

लोगों को अनन्त मृत्यु से बचाने के लिए मेरा उपयोग करें। पवित्र आत्मा, मुझे अपने विश्वास को बाँटने के लिए अवसर दें।

परशिषि्ट 1
कैसे उद्धार प्राप्त करे?

“प्रभु यीशु मसीह पर वशि्वास करो, और तुम उद्धार पाओगे,” (प्रेरतिों के काम 16:31)। इससे पहले कि आप यीशु पर अपने उद्धारकर्ता के रूप में वशि्वास कर सकें, आपको यह जानने की आवश्यकता की आपको कनि चीजों से उद्धार पाना होगा। एक छाता आपको गलि होने से बचाता हैं। हेलमेट आपको चोटलि होने से बचाता है। यीशु आपको पाप के शक्ति और दंड से बचाता है।

हम में से प्रत्येक ने परमेश्वर के वरिुद्ध पाप कयिा है (देखें रोमयिों 3:23)। यहां तक की अगर हम वास्तव में अच्छा बनने की कोशशि करते हैं, तो हम अभी भी परमेश्वर के सदि्ध स्तर से पीछे रह जाते हैं। उसकी आज्ञाओं का पालन न करके हम प्रतदिनि परमेश्वर के वरिुद्ध पाप करते हैं , जैसे कि उसे सबसे अदकि प्यार करना, अपने माता-पिता का सम्मान करना, और सच बोलना।

परमेश्वर पवति्र है (सदि्ध और पाप से अलग), वह दण्ड देगा अवशि्वासी, पापयिों को अनन्त मृत्यु के स्थान नरक पर अलग करके (रोमयिों 6:23 देखें)। परमेश्वर के अपने पुत्र को क्रूस पर मरने को भेजा ताकि हिम वशि्वासयिों को दंड से बचा सके। तब यीशु मरे हुओं में से जी उठा, उसने पाप और मृत्यु पर अपनी वजिय को प्रमाणति कयिा।

“की यदि तू अपने मुह से यीशु को प्रभु जानकर अंगीकार करे और मन से वशि्वास करे की परमेश्वर ने उसे मरे हुओ में से जलिाया तो तू नशि्चय उद्धार पायेगा क्योंकि धार्मकिता के लिए मन से वशि्वास कयिा जाता है और उद्धार के लिए मुह से अंगीकार कयिा जाता है ” (रोमयिों 10:9-10)। यदि तुम यीशु मसीह और उसके उद्धार को प्राप्त करना चाहते हैं, तो कृपया इस प्रार्थना को करें:

मैं तुम्हारे पास आता हूँ, यीशु, अपना हृदय और अपना जीवन देने के लिए। मैं अंगीकार करता हूं की तू मेरा जीवन का प्रभु है मैं नहीं। मैं आपसे मेरे पापों को क्षमा करने और शुद्ध करने के लिए कहता हूं। मैं स्वीकार करता हूँ आपने मेरे पाप अधर्म के लिए कीमत चुकाए

है। मैं, अब, अपने हृदय में तेरी धार्मकिता को ग्रहण करता हूँ और घोषणा कटा हूँ कि मैं उद्धार पाया हुआ आपका संतान हूँ!"

परमेश्वर के परविार और मसीह में आपके नए जीवन में आपका स्वागत है!

परशिष्ट 2
अध्ययन संदर्शकि

परचिय - सहि हत्यारा

वचन की कुंजी: 1 शमूएल 17:34-37

वचिार करने के लिए वषिय:

- इससे पहले कि आप सार्वजनकि रूप से गोलयित से लड़ सकें, आपको शेरों का सामना करना होगा नजिी तौर पर।
- उद्धार एक प्रक्रयिा है जसिमें पहचान करना शामलि है, दुश्मन का सामना करना और वरिोध करना।

मनन का वषिय:

1. कसि बात ने आपको इस कतिाब को लेने के लिए प्रेरति कयिा?
2. क्या आपके जीवन के कुछ क्षेत्रों ने आपको कसिी पुस्तक का चयन करने के लिए प्रोत्साहति कयिा? आज़ादी?
3. 1 से 10 के पैमाने पर, 1 "पूरी तरह से बंधन में" और 10 के साथ "पूरी जीत में जी रहे" होने के नाते, आप अपने को कतिना आंकेंगे? स्वतंत्रता के संबंध में वर्तमान रुख? आपने इस संख्या को क्यों चुना?
4. वर्तमान में आप अपने जीवन के कनि क्षेत्रों में शेरों और भालुओं का सामना कर रहे हैं?
5. क्या आपने प्रार्थना करते समय कसिी शैतानी गतविधिकिा अनुभव कयिा है दूसरों की सेवा करते समय?

6. सही या गलत। हर व्यक्ति जो परमेश्वर द्वारा उपयोग किया जाना चाहता है, पहले शैतान के वश में होना चाहिए, ताकि वे संबंध स्थापित कर सकें उत्पीड़ित लोगों के बेहतरी के लिए।

अध्याय 1 - गधे को मत मारो

वचन की कुंजी: इफिसियों 6:10-20
विचार करने के लिए विषय:

- पाप के पीछे शैतान है।
- एक प्राकृतिक युद्ध दुष्ट लोगों को हटा देता है, एक आत्मिक युद्ध लोगों के जीवन से दुष्टता को हटा देता है।
- परमेश्वर ने आपको शैतान से युद्ध जीतने के लिए अभिषिक्त किया है, न कि लोगों के साथ तर्क-वितर्क करने के लिए।

मनन का विषय

1. आपके विचार में यीशु ने सार्वजनिक रूप से छुटकारे का प्रदर्शन क्यों किया?
2. क्या वर्तमान में आपके जीवन में ऐसा कोई क्षेत्र हैं, जहां आप समस्या की जड़ के बजाय उसके लक्षणों पर ध्यान केन्द्रित कर रहे है?
3. क्या आप किसी ऐसे व्यक्ति को जानते हैं जो वास्तव में एक दुष्ट व्यक्ति था, लेकिन बाद में परमेश्वर ने उन्हें आज़ाद किया और वे एक सबसे अच्छे इंसान में बदल गए? उनकी काहानी साझा करें!
4. आपको क्यों लगता है कि पुराने नियम में दुष्ट आत्माओं को निकालने का विषय कम है?
5. सही या गलत। यीशु ने छुटकारे की सेवकाई को लोगों के नज़रों से छुपाकर किया था।

अध्याय 2 - छह दुष्ट आत्माएँ

वचन की कुंजी: मरकुस 5:1-20
वचिार करने के लिए वषिय:

- दुष्टात्माएँ अशुद्ध आत्माएँ हैं जो अशुद्ध स्थानों में रहना पसंद करती हैं।
- दुष्ट आत्माएँ लोगों, जानवरों और प्रदेशों पर कब्ज़ा करना चाहती हैं।
- सभी दुष्ट आत्माओं का एक ही लक्ष्य होता है लुभाना, परेशान करना, पीड़ा देना, दास बनाना, अपवत्रि करना, धोखा देना और शरीर पर हमला करना।
- उल्लखिति दुष्ट आत्माओं के नामों में शामलि हैं: भय की आत्मा, अजगर की आत्मा वासना की आत्मा, गर्व की आत्मा, दुर्बलता की आत्मा और बंधन की आत्मा।
- कीट खून चूसने के लिए काटते हैं, सांप जहर नकिालने के लिए काटते हैं, लेकनि अजगर अपने शकिार को दबोच कर मार डालता है।

मनन का वषिय:

1. कौन सी दुष्ट प्रधान आपके क्षेत्र को प्रभावति और शासति कर रही है? क्या आप इसके वरिुद्ध प्रार्थना करते हैं?
2. आपको क्या लगता है कि यीशु ने दुष्टात्माओं को बोलने क्यों दयिा, क्योंकि उनका मालकि झूठ का पिता है?
3. भय की आत्मा के कुछ कार्य क्या हैं? वासना की आत्मा? लत की आत्मा? अजगर की आत्मा? दुर्बलता की आत्मा? गर्व की आत्मा?
4. अजगर बाकी सभी सांपों से कतिना अलग है? यह कैसे आत्मकि युद्ध से संबंधति है?
5. बाइबलि में वर्णति छह आत्माओं में से आप कसि देखते हैं आपके परविार और आपके नजिी जीवन में प्रभाव डालते हुए?
6. सही या गलत। हम दुष्टआत्मा से कुछ भी आपने रूचि के वषिय में पूछ सकते हैं।

अध्याय 3 - खुले द्वार

वचन की कुंजी: इफिसियों 4:27-30

विचार करने के लिए विषय:

- शैतान एक चोर है जो रात में और गुप्त रूप से कार्य करता है।
- शैतान पट्टे पर बंधे कुत्ते की तरह है, वह केवल भौंक सकता है काट नहीं सकता मसीहियों को अगर वे उसके स्थान से दूर रहे।
- तंत्र-मंत्र में प्रवेश करना दुष्टआत्मा के लिए एक खुला द्वार है।
- शापित वस्तुएँ आपके जीवन में अभिशाप लाती हैं।
- अस्वीकृति विद्रोह को जन्म देती है।

मनन का विषय:

1. हमारे शत्रु का स्वभाव किस तरह चोरों के अनुरूप है?
2. क्या आप कभी तंत्र-मंत्र में शामिल रहे हैं? क्यों?
3. शापित वस्तुओं का विषय पढ़कर क्या आपके मन में ऐसी कोई बात आती है, जो आपके पास है, जिसके विरुद्ध हटाना या प्रार्थना करना है?
4. वे कौन से तरीके हैं जिनसे लोग आघात के माध्यम से दुष्टआत्मा को प्राप्त कर सकते हैं?
5. सही या गलत। यदि आपके साथ दुर्व्यवहार किया गया है, तो आप 100% सुनिश्चित हो सकते है कि आपके पास दुष्टात्मा है।

अध्याय 4 - क़ब्र के कपडे

वचन की कुंजी: व्यवस्थावविरण 28

वचिार करने के लिए वषिय:

- जो कुछ धन्य है वह कई गुना बढ़ जाता है; जो कुछ शापति है वह कुम्हला जाता है।
- श्राप के लक्षण अकाल मृत्यु, परविारों का टूटना, दुर्घटना की ततपरता, माता-पिता की बार-बार नकारात्मक नयिता, पुरानी बीमारयिाँ, भय और डर, नरिंतर गरीबी है।
- श्राप तीन प्रकार के होते हैं: पीढ़ीगत श्राप, ढाले गए श्राप, और अर्जति श्राप कयिा।

मनन का वषिय:

1. कौन सा चरत्रि और शारीरकि लक्षण आपको आपके माता-पिता से वरिासत में मलिा है?
2. आप अभी कनि नकारात्मक बातों से लड़ रहे हैं, जो आपके परविार में पहले से उपस्थति है?
3. क्या आपने अधकिार में बैठे लोगों को आपके वषिय में नकारात्मक शब्दों को बोलते सुना है?
4. नयिमति रूप से आपने अपने बारे में कौन सा मुहावरा या कथन कहा है, जो परमेश्वर के वचन के अनुरूप नहीं है?
5. श्राप के लिए छः खुले द्वार कौन से हैं?
6. उन छह पापों में से कौन सा पाप आपके लिए श्राप लाता है जसि लिए आप को पश्चाताप करने का ज़रूरत है?
7. सही या गलत। जब आप चोरी करते हैं, तो आप दुष्टआत्मा के लिए द्वार खोल देते हैं।

स्वतंत्र होना / पंजिड़े से छूटना

अध्याय 5 - बच्चों की रोटी

वचन की कुंजी: मत्ती 15:21-28

विचार करने के लिए विषय:

- हम बचाए गए हैं, हम बचाए जा रहे हैं, और हम बचाए जाएंगे।
- उद्धार आत्मा, प्राण और शरीर के लिए है।
- बच्चों के लिए रोटी क्या है, विश्वासियों के लिए उद्धार क्या है। स्वतंत्रता हमारा अधिकार है।
- हम जीत के लिए नहीं लड़ते, हम जीत से लड़ते हैं।

मनन का विषय:

1. उद्धार कोई घटना नहीं है, यह एक प्रक्रिया है। उस प्रक्रिया के तीन चरण क्या हैं?
2. यदि पवित्र आत्मा मसीही की आत्मा में रहता है, तो दुष्ट आत्माएं कहाँ पर रह कर प्रताड़ित करते हैं?
3. यूनानी शब्द "सोज़ो" का क्या अर्थ है?
4. यीशु ने अपनी कलवारी की मृत्यु के द्वारा कौन सी 10 चीजें प्रदान कीं?
5. पवित्र शास्त्र किन पाँच जानवरों की तुलना शैतान से करता है? वे शैतान के कार्य को कैसे प्रकट करते हैं?
6. सही या गलत। शैतान हार गया; इसलिए, वह और कोई समस्या नहीं है।

अध्याय 6 - स्वतंत्रता प्राप्त करें

वचन की कुंजी: यूहन्ना 8:31-36

वचिार करने के लिए वषिय:

- बंधन धोखा देने वाला होता है, ज्यादातर लोग जो बंधन में होते हैं आश्वस्त हैं कि वे स्वतंत्र हैं।
- पाप का अंगीकार करने से छुटकारे का द्वार खुल जाता है। पाप के पश्चाताप से दुष्ट आत्माओं के लिए द्वार बंद हो जाता है।
- यदि आप अधकिार में चलना चाहते हैं, तो आपको यीशु मसीह के अधकिार के अधीन रहना होगा।
- छुटकारा पाने की प्रक्रयिा में दुश्मन को पहचानना शामलि है, पाप से पश्चाताप करना, शत्रु को डांटना, शत्रु का वरिोध करना, शत्रु को परमेश्वर से बदलना, और हमारे मन का नवीनीकरण करना। वे सभी उपसर्ग "पुनः" से शुरू होते हैं।

मनन का वषिय:

1. क्या आप कभी कसिी ऐसे व्यक्त से मलि हैं जो कसिी लत या दुष्ट आत्मा से बंधा हो, यद्यप वि सोचते हैं की वे बंधन में नहीं है? ऐसा क्यों?
2. पश्चाताप करने का क्या मतलब है? अपने जीवन से एक उदाहरण दीजिए।
3. 3. क्या आप एक ऐसे स्थान में है, जहां आप यीशु को कुछ ही कमरा दिए हैं, पर पुरे घर की चाबी उनको नहीं सौंपे हैं?
4. यदि शैतान तुम्हारे छुटकारे के बाद अपनी सेना समेत लौट आए संदेह, भय और प्रलोभन से, तुम क्या करोगे?
5. सही या गलत। जब आप अपने पूर्वजों के पापों को स्वीकार करते हैं, तो आपके पूर्वजो को परमेश्वर दूसरा मौका देते हैं अगर वे नरक में हैं।

अध्याय 7 - शैतान का चारा

वचन की कुंजी: मत्ती 18:21-35

विचार करने के लिए विषय:

- क्षमा के बिना कोई स्वतंत्रता नहीं हो सकती।
- ठोकर शैतान के लिए चारा है।
- उपेक्षित घाव संक्रमित हो जाते हैं। घाव कहते हैं कि आपको चोट लगी है, निशान इस बात की गवाही देते हैं कि आप ठीक हो चुके हैं।
- आपको दूसरों को, स्वयं को और परमेश्वर को क्षमा करना चाहिए।

मनन का विषय:

1. यूनानी शब्द "स्कैंडलन" का क्या अर्थ है? यह कैसे हमें नष्ट करने की शैतान की योजना से संबंधित हैं?
2. घाव और निशान में क्या अंतर है?
3. विश्वासघात और कटुता में क्या अंतर है?
4. क्षमा न करना इतना हानिकारक क्यों है?
5. क्षमा करने वाला सबसे कठिन व्यक्ति कौन है?
6. "परमेश्वर को क्षमा करने" का क्या अर्थ है?
7. सही या गलत। आपको खुद को माफ कर देना चाहिए क्योंकि अगर आप ऐसा नहीं करते हैं, तो तुम परमेश्वर से कह रहे हो कि तुम उससे अधिक पवित्र हो।

अध्याय 8 - स्वतंत्रता का मकसद

वचन की कुंजी: 2 कुरन्थियों 3:17
वचािर करने के लएि वषिय:

- स्वतंत्रता वह नहीं है जो आप चाहते हैं, यह वह है जो आपको करना उचति है।
- परमेश्वर हमें स्वतंत्र करता है ताकि हम उसकी सेवा करें, न कि इसलएि कि हम और अधकि स्वार्थी हो सकें।

मनन का वषिय:

1. स्वतंत्रता मांगने का आपका वास्तवकि कारण क्या है? इमानदारी के साथ।
2. परमेश्वर ने फरीौन से इस्राएल को कैद बाहर नकिालने का क्या कारण बताया?
3. "मुझे दो" और "मुझे बनाओ" के रवैये में क्या अंतर है जैसा उड़ाऊ पुत्र की कहानी में चति्रति कयिा गया है? आप अपने दृष्टकिोण में कसि ओर झुकते हैं?
4. सही या गलत। जब कोई लत से स्वतन्त्र होता है तब वह सच में स्वतन्त्र है।

अध्याय 9 - गढ़ों को तोड़ना

वचन की कुंजी: 2 कुरन्थियों 10:4
वचािर करने के लएि वषिय:

- बलवान एक दुष्टात्मा है, गढ़ एक वचिारों का घर है। बलवान जल्दी आता है और आमतौर पर तेज़ी से बाहर नकिल जाता है। गढ़ बनने में समय लगता है और उसे तोड़ने में भी समय लगता है।
- आप अपने मन को नयिंत्रति कर सकते हैं, लेकनि आपकी मानसकिता आपको नयिंत्रति करती है।

- सत्य साबुन की तरह होता है, लगाने पर ही काम करता है।
- हमारा दमिाग एक जहाज की तरह है - एक बार जब यह जीवन के हमिखंडों से टकरा जाए, तो इसमें छेद हो जाते हैं और आसपास का पानी अंदर खसिकने लगता है,इस्ससे एक गढ़ बन जाता है।
- मसीहियों की तीन मानसकिताएँ हो सकती हैं: एक दास, एक उत्तरजीवी, और एक सैनकि।

मनन का वषिय:

1. दुष्ट आत्मा ग्रसति और गढ़ों में क्या अंतर है?
2. वे कौन से दो मुख्य तरीके हैं जनिमें यीशु ने स्वतंत्रता लाने के लिए युहन्ना अध्याय 8 में बोलते है?
3. जब मूसा के साथ सब कुछ ठीक नहीं चल रहा था, तब फरि़ौन उसकी बात नहीं सुन रहा था, इस्राएली परेशान थे, और मूसा नराश था—परमेश्वर ने मूसा के समाधान के रूप में क्या दयिा?
4. वर्तमान में तीन में से कौन सी मानसकिता आपके वचिारों के कब्जे में है?
5. आंशकि वजिय मलि तो क्या करना चाहिए?
6. सही या गलत। परमेश्वर ने मनुष्य को चुदाने के उद्देश्य से बनाया है।

अध्याय 10 - मन का नवीनीकरण

वचन की कुंजी: रोमयिों 12:2
वचिार करने के लिए वषिय:

- जहाँ मन जाता है, मनुष्य उसके पीछे चलता है।
- इससे पहले कि आपके जीवन की गड़बड़ी को वह ठीक करे, परमेश्वर आपके मन में एक चमत्कार लाना चाहता है।
- वशि्वास आशा नहीं पाना है, आपके चमत्कार का प्रमाण पत्र है।

मनन का वषिय:

1. पहले दनि परमेश्वर ने क्या बनाया? प्रकाश कैसे आ सकता है सूरज के बनिा?
2. वशि्वास क्या है?
3. अपने को नवीनीकृत करने के लिए बताए गए सात व्यावहारकि कदम क्या हैं? आपने पहले से कौन से कदम उठाए हैं? कौन से कदम हैं जसिमे आप वर्तमान में संघर्ष कर रहे हैं?
4. सही या गलत। मन का नवीनीकरण उद्धार के समान है, यह सब परमेश्वर पर नर्िभर करता है।

अध्याय 11 आग पर बने रहना

वचन की कुंजी: लूका 12:35
वचिार करने के लिए वषिय:

- इससे पहले कहिम कुछ गलत करें, हम आमतौर पर कई काम करते हैं जो बुद्धमिानी नहीं हैं। जसि कारण से हम नासमझ चीजों को क्षमा करते हैं क्योंकवि आमतौर पर गलत नहीं होते हैं।
- पाप के साथ छेड़खानी आमतौर पर पाप में गरिने की ओर ले जाती है।
- अनुग्रह पाप से खलिवाड़ करने का बहाना नहीं है, यह पाप पर वजिय प्राप्त करने की शक्तहिै।
- हमें परमेश्वर की और से बुलाया गया है की हम पाप से दूर रहे आर उनके साथ बने रहे जो इन वचिारों को रखते हैं।

मनन का वषिय:

1. क्या व्यावहारकि तरीके आप कार चलते वक्त खाई से दूर रहते हैं? यह सद्धिांत जीवन के वकिल्पों पर कैसे लागू होता है?
2. परमेश्वर के लिए आग में बने रहना क्यों महत्वपूर्ण है?

3. परमेश्वर के आग में बने रहने के लिए हमें कौन-सी तीन चीजें करनी चाहिए?
4. सही या गलत। आप अपने सांपों को पासवान के आग में डालते हैं।

अध्याय 12 - जैसे आप बढ़ते हैं

वचन की कुंजी: मत्ती 11:28-29

विचार करने के लिए विषय:

- स्वतंत्रता है जो तब आती है जब आप यीशु के पास आते हैं, परन्तु स्वतंत्रता भी है जो तब आती है जब आप यीशु में बढ़ते हैं।
- अपने मुद्दे को अपनी पहचान न बनने दें।
- जैसे-जैसे आप आगे बढ़ते हैं, नदी की तरह बढ़ते जाते है।

मनन का विषय:

1. खजूर का पेड़ कैसे मसीही जीवन का प्रतीक है?
2. चिंता से मुक्त होने के दो उपाय कौन से हैं?
3. परमेश्वर का वचन किस तरह दवा की तरह है?
4. हमारे अंदर परमेश्वर की नदी को बढ़ाने के लिए हमें जिंदगी में कौन से दो काम करने?
5. सही या गलत। अगर किसी के लिए प्रार्थना करने पर आप मुक्त नहीं हुए, आपका एकमात्र विकल्प किसी और की तलाश करना है जो उनसे अधिक शक्तिशाली है प्रार्थना करने के लिए।

अध्याय 13 - दो शाऊल की कहानी

वचन की कुंजी: मत्ती 5:29

विचार करने के लिए विषय:

- दंड पापियों के लिए है, अनुशासन संतों के लिए है।
- परमेश्वर के साथ हर अनुभव को पश्चाताप की ओर ले जाना चाहिए।
- शरीर से भागकर हम संसार पर जय पाते हैं, आत्मा को खिलाकर हम परमेश्वर के वचन के द्वारा शैतान से लड़ते हैं।

मनन का विषय:

1. सजा और अनुशासन के बीच पांच अंतर क्या हैं?
2. यदि दोनों शाऊल का परमेश्वर के साथ अद्भुत सामना हुआ, तो क्यों दोनों का अंत इतना अलग हुआ है?
3. क्या इससे पहले आपका परमेश्वर के साथ अद्भुत सामना हुआ है? क्या इससे आपके जीवन में कुछ बदलाव आया?
4. हमारे तीन शत्रु कौन से हैं और हम उनपर कैसे विजय पा सकते हैं?
5. वर्तमान में आपके जीवन में किन अनुशासनों की कमी है जो आपके नियति में बाधा हैं?
6. वर्तमान में आपकी बुलाहट को पूरा करने के लिए कौन आपको अनुशासित कर रहा है?
7. सही या गलत। आप किसी दुष्टात्मा को अनुशासित कर शरीर से बाहर नहीं निकाल सकते।

अध्याय 14 - उद्धार करने के लिए उठाया गया

वचन की कुंजी: एस्तेर 4:14
विचार करने के लिए विषय:

- आप छुड़ाए गए हैं ताकि आप का उपयोग किया जा सके।
- केवल मात्र प्रेरणा ही नहीं, उद्धार से आपको फ़ायदा उठाना है।
- आपकी बुलाहट आपके प्रार्थना का उत्तर है।

मनन का विषय:

1. गधे की कहानी से आपकी स्वतंत्रता का उद्देश्य क्या है?
2. आपकी बुलाहट क्या है? क्या आप इसकी ओर जी रहे हैं?
3. सही या गलत। प्रत्येक मसीही का आह्वान दूसरों को प्रेरित करना है।

परशिष्ट 3
लेखक के वषिय में

व्लादमीर सावचुक हंग्रीजेन आंदोलन का नेतृत्व करते हैं और एक स्पष्ट, केंद्रति दृष्टि के साथ एक बहु-सांस्कृतकि कलीसयिा के पासवान है। जनिका दर्शन आत्माओं का उद्धार, चंगाई, छुटकारा और युवा नेताओं आ उत्थान। वह वार्षकि सम्मेलन "राइज्ड टू डलिीवर" का नेतृत्व करते हैं, जो दुनयिा भर से हजारों लोगों को आकर्षति करते हैं। वह दो अलग-अलग शीषक कार्यक्रम भी करते है, जो एक कशिोरों के लएि और दूसरा जवानों के लएि। पासवान व्लाद सम्मेलनों में एक लोकप्रयि वक्ता क रूप में परचित हैं।

व्लाद का जन्म यूक्रेन में हुआ था और उनका पालन-पोषण एक मसीही घराने में हुआ था। वह 13 साल की उम्र में यू.एस. में आ गए और 16 साल की उम्र में एक युवा पासवान बन गए। हाल ही में, वह हंग्रीजेन कलीसयिा के प्रमुख पासवान बने।

उन्होंने अपनी खूबसूरत पत्नी लाना से शादी की है, जसिके साथ वह आनंद लेते, समय बतिाते और एक साथ सेवकाई करते हैं।

परशिष्ट 4
जुडे रहें

Facebook.com/vladhungrygen

Twitter.com/vladhungrygen

Instagram.com/vladhungrygen

YouTube.com/vladimirsavchuk

यद‍ि आपके पास इस पुस्तक को पढ़ने का गवाही है, तो कृपया ईमेल करें vlad@hungrygen.com

यद‍ि आप इस पुस्तक के बारे में अपने सोशल मीडिया पर पोस्ट करना चाहते हैं, तो कृपया

#pastorvlad #hungrygen #breakfreebook हैशटैग का उपयोग करें।

यद‍ि आपको एक छोटे समूह को चलने के लिए एक वीडियो अध्ययन मार्गदर्शिका की आवश्यकता है, तो, आप इसे www.hungrygen.com पर प्राप्त कर सकते हैं।

टप्पिणयिाँ

1 ब्राइट, बी। (2018, 18 फरवरी)। वशि्व की शांत- फ़रवरी 19। से लयिा गया https://www.christianity.com/devotionals/insights-from-bill Bright/the-world-s-peace-feb-19.html

2 मनोगत। (रा।)। 10 जून, 2018 को पुनः प्राप्त कयिा गया http://www.dictionary.com/browse/occult?s=t

3 रूसी फैंटम डेथ केयर। (रा।)। 10 जून को पुनःप्राप्त, 2018, से http://www.hauntedvehicles.com/jamesdeanspyder.html

4 डनलप, हारून। (2014, 28 अक्टूबर)। द ज्यूक – एडवर्ड्स कहानी: परविार में एक नरिंतरता https://thinkgospel.wordpress.com/2014/10/28/the-juke edwards-story-a-contrast-in-family-legacy/

5 चैप्पाक्वडिकि के रहस्य। (1969, 1 अगस्त)। 8 जून, 2018 को पुनः प्राप्त कयिा गया http://content.time.com/time/magazine/article/0,9171,901159-1,00.एचटीएमएल

6 टाइमलाइन: द केनेडी कर्स। (2012, 17 मई)। पुनः प्राप्त कयिा 8 जून 2018, से https://www.telegraph.co.uk/news/worldnews/northamerica/

यूएसए/9271425/टाइमलाइन-द-केनेडी-कर्स.html

7 नीतवििचन 26. (एनडी)। 10 जून, 2018 को 1 से लयिा गया। https://www.biblestudytools.com/commentaries/matthew henry-complete/proverbs/26.html

8 एकमैन, जे। (2016, 22 अक्टूबर)। यहूदी-वरिोधी का अभशिाप। 8 जून, 2018 को पुनः प्राप्त कयिा गया https://graceuniversity.edu/iip/2016/10/the-curse-of-anti semitism/

9 सुचर्ड, जे., और लोवेचयिो, एफ. (1999, 17 जून)। वषि रैटलस्नेक द्वारा थॉट टू बी डेड। 10 जून, 2018 को पुनःप्राप्त, से
https://www.nejm.org/doi/full/10.1056/NEJM199906173402420

10 मरने के लयि चुना, जीने के लथि चुना है। (रा।)। 11 जून को पुनःप्राप्त, 2018, से https://candlesholocaustmuseum.org/file_download/inline/20073489-b76a-4f74-a7ff-630efb9b1b1a

11 दस मस्रिी वपित्तयिाँ दस मस्रिी देवी और देवताओं के लिए । (रा।)। 14 जून, 2018 को पुनः प्राप्त कयिा गया
http://www.stat.rice.edu/~dobelman/Dinotech/10_Eqyptian_gods_10_Plagues.pdf एक वास्तवकि जीवन के सुपरहीरो की

12 सच्ची कहानी: शवर्ष कारापलि्टन। (2014, 8 फरवरी)। 16 जून, 2018 को पुनः प्राप्त कयिा गया
https://www.peopleofar.com/2014/02/08/true-story-of-a-real life-superhero-shavarsh-karapetyan/

13 शवर्ष करापलि्टन - एक वास्तवकि जीवन नायक। (2014, 4 फरवरी)। 16 जून, 2018 को पुनः प्राप्त कयिा गया
https://kindnessblog.com/2014/02/04/shavarsh-karapetyan-a real-life-hero/

Printed by Libri Plureos GmbH in Hamburg,
Germany

9 781951 201340